南盘江流域发展论坛

NANPAN JIANG LIUYU FAZHAN LUNTAN

2018

云南省社会科学界联合会
文山州社会科学界联合会　编

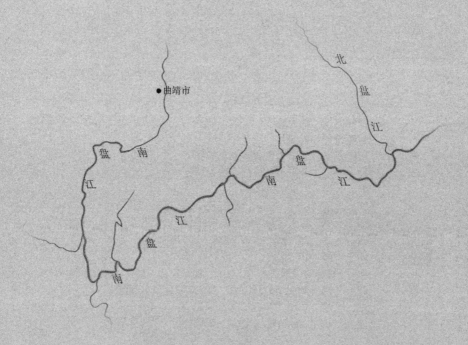

中国大百科全书出版社

图书在版编目（CIP）数据

南盘江流域发展论坛. 2018 / 云南省社会科学界联
合会，文山州社会科学界联合会编. -- 北京 : 中国大百
科全书出版社，2019.12
ISBN 978-7-5202-0693-8

Ⅰ. ①南… Ⅱ. ①云… ②文… Ⅲ. ①南盘江－流域
经济－文集 Ⅳ. ①F127-53

中国版本图书馆CIP数据核字（2020）第028250号

南盘江流域发展论坛

NANPAN JIANG LIUYU FAZHAN LUNTAN

2018

云南省社会科学界联合会 编
文山州社会科学界联合会

责任编辑	韩周航	
封面设计	殷明月	
出版发行	中国大百科全书出版社	
地　　址	北京市阜成门北大街17号	
电　　话	010-88390093	
网　　址	http://www.ecph.com.cn	
印　　刷	北京军迪印刷有限责任公司	
开　　本	787毫米×1092毫米　　1/16	
印　　张	16.75	
字　　数	310千字	
印　　次	2020年4月第1版　2022年8月第2次印刷	
书　　号	ISBN 978-7-5202-0693-8	
定　　价	84.00元	

目　录

南盘江流域跨省区党组织建设研究

黎克雄[1] 韦贵廷[1] 龙化勇[2] 刘建开[2]
（1. 中共西林县委党校；2. 西林县社会科学界联合会）

近年来，滇、黔、桂三省（区）结合部为了适应经济社会发展变化的新要求，积极创新农村基层党建工作理念、方法和手段，加强联系对接，探索成立滇、黔、桂跨省（区）联合党总支部，优化接边村党组织设置，改进党员教育管理方式，促进接边村党组织和党员作用的充分发挥，为南盘江流域经济和社会全面协调可持续发展提供强有力的组织保障。

一、创建跨省区联合党组织建设工作取得的成效

经过不懈的努力，南盘江流域三省（区）结合部现已成功组建鲁维舌坡安沙梅坪联合党总支部、马麻当别联合党总支部、猫街花子寨三卡联合党总支部、渭归大房同应联合党总支部、土黄那卡底先联合党总支部、木呈弄追小八达落里联合党总支部、皿帖那洞联合党支部、木顶者岭联合党支部、新隆上马草平老联合党总支部等 50 个跨省区接边联合党支部，以党建联建为切入点，共同协商制定有关跨省区民生、政法、计生、妇女、共青团、安全维稳等 21 项合作项目，同时建立 5 个流动服务站，推行流动党支部、流动农技校、流动医疗车、流动代办点等多种服务模式，进一步把党建联建工作推向纵深发展。目前，这些联合党总支部在调解矛盾纠纷、防范各类安全、产业联动发展、义务教育学龄儿童入学和新农合的缴纳报销等方面都充分地发挥了促进跨省区域经济社会发展和社会和谐稳定的重大作用。

二、创建跨省区联合党组织建设工作存在的问题

随着区域经济结构的不断调整和社会群体构成的变化，面对公共服务、公共管理、公共安全等社会治理工作出现的新情况、新需求、新挑战，跨省区联合党建工作在不断推动创新社会治理和加强基层建设方面还存在着一些亟待解

决的问题。

（一）跨省区联合党建工作对县乡党委的依赖性有待解决

南盘江流域联合党总支部都是由县乡党委推动成立的。当县乡党委领导能够集中精力重视跨省区联合党建工作时，跨省区联合党总支部就能够成立起来，而且成立后的各种活动开展得比较正常；但县乡党委领导一旦忙于其他中心工作而关注不到跨省区联合党建工作时，跨省区联合党总支部就有可能"停摆"或"摆动不正常"。归根到底，跨省区联合党总支部的建立和运转主要还是依靠乡党委推动，依靠领导重视，依靠人情维系，而不是由流域内的党组织自发内生形成的。

（二）跨省区联合党建工作促进基础设施的改善有待努力

由于历史原因，各省（区）农村接边地区一般都存在交通闭塞、信息不畅和水电落后等现象。虽然通过实施西部大开发和开展基础设施大会战之后，各省（区）大多数的基础设施得到了极大的改善，但是一些事关民生的基础设施改善得还不够彻底，成为严重影响各省（区）产业共兴、民生共保及和谐共创的重要因素。

（三）跨省区联合党建工作的服务机制有待创新

经过不断探索和实践，南盘江流域跨省区联合党建工作在推动各方经济社会发展诸方面都取得了一定的成效，得到了上级党组织和人民群众的充分肯定和普遍认可。但是，随着社会的发展、党建工作要求的提升和人民群众需要的提高，联合党建工作服务机制的缺陷与不足越来越明显，主要表现在服务方式还比较单一，服务事项还不够明确，服务流程还不够规范，服务体系还不够健全，特别是交流合作的力度还需要进一步加强，服务资源还需要进一步整合，服务功能还有待进一步提升。

（四）跨省区联合党建工作的产业共兴有待拓展

南盘江流域跨省区联合党建工作通过合作社等平台，对各方产业在技术、销售等方面做到了一定程度的统一，收到了一定程度的成效。但产业共兴在深度和广度上还有待进一步拓展，比如在种植业方面，由于各方的土质、光照、传统技术和政府主导方向不同等多种原因，各自种植的规模都还比较小，技术还相当落后。就是条件都大体一样的产业，也因为政策机遇和政府的主导差异而未能得到规模种植、连片共建、产业化经营。又如在养殖业方面，由于抱团联动不紧、开养时间不同时、养殖周期不同步、养殖品种不同种等原因，同样未能使跨省接边地区的养殖业做到科学化、规模化、特色化的共建共兴。

（五）跨省区联合党建工作的经费保障有待加强

南盘江流域三省（区）结合部各行政村目前每村每年公务经费都在12 000～30 000元。这一数额用以维持原有的日常村务开支都已举步维艰。在建立了跨省区联合党组织后，由于工作联系交往加大，组织联谊活动增多，协调处理问题增量，普遍存在"无钱办事"的现象，党组织基本活动开展不正常，议定的民生实事没有财力支撑。

三、深化南盘江流域跨省区党组织建设工作的对策和建议

要紧紧围绕"抓执政基础、抓联建共治、抓惠民实效"这一主线，在跨省区党建工作体系、运作机制及队伍培育上下功夫，力求形成以区域化党建工作服务群众、推动发展的良好局面，有力夯实党执政的基层基础。

（一）加大引导，强化管理，努力提高跨省区党组织的战斗力

1. 引导跨省区党组织负责人为党建工作做出应有的贡献

要通过多种途径加强跨省区联合党组织负责人对中国特色党建理论的理解和认同，引导他们树立正确的跨省区党建共建理念，坚定地以党的十九大及十九届一中、二中全会精神和习近平新时代中国特色社会主义思想为指导，以落实全面从严治党要求为核心，以加强党员干部党性修养、改进工作作风为重点，不断加强跨省区党总支部思想、作风、组织和制度建设，增强跨省区联合党总支部的凝聚力和战斗力，自觉带领全体党员为跨省区党总支部正常高效地开展工作出谋划策，做出应有的贡献。

2. 要强化对党员的教育管理，确保跨省区党组织规范化运作

对于跨省区党组织党员的教育管理，要做到组织生活、教育培训等活动共同开展，建立健全统一的"三会一课"、发展党员、党员活动日、党员目标管理与民主评议党员等制度，确保联合党组织规范化运作。县乡党委要对所属的党组织参与跨省区党建共建提出明确的要求，形成长效机制。联建各方要相互借鉴各自在党建、产业发展等方面的成功经验和做法，取长补短、相互促进、共同提高，共同创建先进基层党组织，不断增强基层党组织的凝聚力和战斗力。

3. 深化合作，发挥优势，形成促进接边地区经济社会共赢发展的强大合力

促进区域协调发展，是我国在新世纪新阶段坚持以科学发展观统领经济社会发展全局的重大战略。南盘江流域要紧紧抓住国家区域发展的总体战略机遇，通过进一步深化跨省区合作，让区域内的党组织增强互动，充分发挥各自资源优势，在组织共建、人才共育、学习共抓、产业共兴、信息共享、服务共推、文明共创等方面深化合作，在加强生态环境保护，建立水资源生态补偿机制和维护接边地区安全稳定等领域强化协作，从而形成促进接边地区经济社会互利

互补、共赢发展的强大合力。

（二）建设"产业党建联动区"，增强扶贫产业连片共建发展合力

1. 坚持区域协调融合的发展道路

要按照"联合党工委—乡（镇）党委—产业党建联动区或行政村党总支—合作社党支部—专业党小组"模式，整合区域资源，把地域相邻、产业相近的若干行政村规划建设为"产业党建联动区"，在林业、蔬菜产业、水果产业和特种养殖等产业链上建立党支部。要积极建立健全议事机制，共同探索制定相连水域管理规章，充分发挥水域资源优势，做大做强产业。据了解，目前天生桥水电站库区内90%的船舶没有通过正规造船设计部门设计和厂家建造，更没有船舶质量工程技术人员监督，不少船舶存在安全隐患。为此，跨省区党支部要牵头设立跨省区船舶联合管理委员会，探索制定船舶联合管理规章，共同管理好辖区内各类船舶，预防水上交通安全生产事故，确保人民群众生命财产安全。同时，要充分利用天生桥库区宽阔的水面、良好的生态资源、优美的自然环境、优越的区位优势、便利的交通条件等优势，带领贫困群众着力打造生态休闲渔业，促进贫困群众增收致富。

2. 积极探索扶贫产业连片共建方式

要积极探索扶贫产业连片共建方式，不断探索"党组织＋合作社＋党员＋贫困户""党组织＋合作社＋基地＋农户""党员＋农户"等多种经济发展模式，扶助贫困户加入合作社投入生产，带动贫困户走上致富路。要以促进贫困农户增收、产业增效为目标，以推进扶贫产业结构调整和产业化经营为线路，创建基础设施过硬、科技含量高、运行机制灵活、发展模式合理、带动辐射效应明显、有利于贫困农户持续增收的扶贫产业，形成跨省区扶贫产业全覆盖。要大力发展砂糖橘种植示范基地、油茶种植示范基地、茶叶种植示范基地和杧果种植示范基地等。同时，要开展"三培两带"活动，把合作社致富能手培养成党员，把党员培养成致富能手，把党员致富能手培养成村干部，最终达到带头致富和带领群众致富的目的。要让党员致富能手发挥示范引领作用，努力在种植、养殖各种产业上实现资源共享，产业共兴，优势互补，互利共赢。

（三）探索联合党建新机制，不断提升服务群众能力

1. 围绕合作协议，不断探索联合党建新机制

要紧紧围绕跨省区党建合作框架协议，加强互访交流，在稳定联防联解，合力争取政策，整合区域资源，保护生态环境，共促社会发展等领域不断探索联合党建新机制。要进一步探索群众工作社会化的新路径，推动跨省区党组织的工作体系向社会领域拓展，使党的工作更紧密地与跨省区社会相融合，从而带动更多的社会组织、群众组织融入跨省区联合党建工作。要通过开展各种活

动，搭建党员发挥作用、服务群众的平台，制定区域内各种管理规章，发挥好接边资源优势，做大做强种养产业。要健全矛盾调处联建机制，强化联合调解委员会职责，定期或不定期召开联合调解委员会议，对群众生产生活方面存在的矛盾纠纷进行调处。要建立健全信息互通机制和应对突发公共事件应急机制，切实维护好接边地区的社会稳定和谐。

2. 要着力解决群众急难愁各种问题

跨省区联合党支部要坚持直接联系、服务群众，深入基层一线，掌握群众共性和个性困难，尤其是围绕群众普遍关切的问题，聚焦重点、落实举措，把工作做到群众的需求上，着力解决群众急难愁各种问题，让群众得到实实在在的实惠。要建立跨省区社会事业服务中心和社会事务共管流动服务站，整合医疗卫生、文化教育、社会保障等平台资源，不断完善新农合、大病救助、低保、教育文化资源等群众关注的社会保障体系，使接边群众都能方便快捷地享受同等政策待遇和服务，提高群众的幸福指数。要完善基层基础设施，尤其是要加大对危旧村部的修缮力度，对交叉山界道路、接边村屯断头路的建设力度，对接边码头道路的硬化力度等。

3. 联合开展各种关爱互助活动

南盘江流域的三省（区）结合部是一个劳务输出较大的区域，有许多空巢老人和留守儿童，联合党支部要针对这一实际建立联席会议制度。每季度召开一次联席会议，积极开展以"关怀空巢老人、关爱留守儿童，让空巢老人舒心、让留守儿童开心、让外出务工人员放心"为主要内容的"两关三心"活动，及时研究解决各方关爱留守儿童和空巢老人工作中的具体问题。尤其在农忙时节，要及时组织党员到空巢老人或无劳力家庭进行义务帮工。县乡两级要建立好劳务输出人员家庭档案，对留守儿童（或空巢老人）家庭地址、联系电话、父母（或子女）务工单位和联系电话、监护人或其委托监护人情况等进行详细登记，实行动态管理。联合党支部要开展党员干部"一对一""多对一"帮扶留守儿童和空巢老人的活动，动员党员干部争当爱心家长、爱心儿女，每个星期至少上门走访一次，同时要定期与留守儿童父母或空巢老人子女取得电话联系，家庭有困难和问题的应及时给予协调解决。

（四）加强民族文化共建，继续探索联合党建发展新路径

1. 联合开展各类节庆活动，推动联合党建工作不断深化

民族文化是一个民族的灵魂，是一个民族存在的根基，是一个民族发展的活力源泉，也是一个民族拥有凝聚力的核心因素。大力发展民族文化，促进文化交流，是南盘江流域基层党组织不可推卸的责任。为此，在深化跨省区联合党建工作中，要充分认识到保护、传承和发展民族文化的重要性。南盘江流域

三省（区）结合部居住着不少相同的少数民族，具有共同的民族文化，要通过联合开展春节、壮族"三月三"山歌节、苗族跳坡节、瑶族盘王节、布依族泼水节、彝族火把节、七一建党节、十一国庆节等各类节庆和斗牛、斗鸡、斗鸟、打陀螺、唱山歌、祭祀等各种民族文化活动，进一步强化互通互信，共同促进民族团结和民族文化的繁荣发展，推动联合党建工作不断深化，让党建深入民心。

2. 改变用人观念，大力提拔年轻干部和少数民族干部

组织部门要改变用人观念，把思想好、作风好、政治形象好，能干事、会干事，能够从大局着眼、小处着手办好事，特别是能够为群众办事，对家乡、对群众、对民族文化、对发展农村经济抱有炽热情怀的同志选到党组织的领导岗位上。特别要注意选拔任用年轻干部，充实到村支委会班子，不断增强班子的战斗力。同时，要注重"把民族文化传承人培养成党员，把党员培养成民族文化传承人，把民族文化传承人和劳动致富能手培养成村组干部"。这样，既可以培养大批民族文化人才，又可以为跨省区联合党组织注入代表先进文化方向的新鲜血液。

（五）积极开展多方筹措，切实落实村级公务经费保障措施

1. 加大财政支持力度

各级地方党委和政府要严格落实好省（区）、市、县相关农村基层党建工作经费的文件精神，进一步建立和完善农村党建工作财力保障机制，要将创建跨省区联合党建工作经费纳入各级地方每年的财政预算之中。

2. 鼓励自筹资金

要鼓励联合党组织通过号召区域内企业单位和各类合作社以自愿捐资的方式筹集村级党务经费，进一步拓宽创建跨省区联合党建工作经费的来源渠道，逐步形成以财政投入为主、社会支持为补充的村级党务活动经费保障体系，确保跨省区联合党建工作得以正常开展。

3. 全面落实跨省区联合党组织建设经费

落实好基层党建工作经费、党员活动经费、支委会委员生活补助经费等基层组织建设经费。建议给创建跨省区联合党支部的村每年增拨 30 000 元党建公务经费，进一步加强经费的使用监督，提高资金的使用效益。同时，适当提高跨区域党支部支委的工资待遇，以激励支委会委员积极探索深化跨省区联合党建工作，努力为跨省区联合党建工作做出新的更大的贡献。

【参考文献】

[1] 朱尤飞. 战斗堡垒的引力——滇、黔、桂跨省区联合党工委见闻 [N]. 民族时报，2013 – 09 – 11.

[2] 韦忠纯. 西林深化区域党建提升服务水平 [N]. 右江日报，2015 – 09 – 02.

弘扬"西畴精神" 决战脱贫攻坚

文山州扶贫办

2016 年 12 月，云南省委书记陈豪同志在考察调研西畴后，特别作了"重读、重解、重用西畴精神"的重要批示。

2017 年 1 月 2 日，《云南日报》头版头条刊登了《石漠山乡展新颜——西畴县发扬"西畴精神"奋力脱贫攻坚》；3 月 20 日，《人民日报》头版头条刊登了《云南西畴：石旮旯里劈出致富路——等不是办法，干才有希望》，"西畴精神"在全国上下引起广泛关注和热烈反响。"西畴精神"是文山人民在艰苦环境中谋生存、谋发展，通过坚韧奋斗、顽强拼搏所创造出来的精神财富，是"撸起袖子加油干"的真实写照，对激励各族人民决战脱贫攻坚、决胜全面小康具有重要意义。

一、"西畴精神"形成历程

（一）谋生存，不等不靠解决"吃饭"问题

为解决生活口粮，从 20 世纪 90 年代初蚌谷乡木者村开辟第一片"三保台地"开始，西畴县的群众纷纷自发炸石垒埂，建造"三保台地"。之后，蚌谷乡长箐片区的中低产田（地）改造和兴街镇三光石漠化综合治理示范区的土地整治，延续了西畴炸石造地的历史，实现了更高层次、更高效益的土地改良。20 多年来，全县共建成"三保台地"10 多万亩，人均增加耕地 0.3 亩。通过在石头缝里"抠"耕地、实施中低产田改造、石漠化治理等措施，全县实现了粮食自给自足，并大步奔向全面小康。"搬家还不如搬石头嘛""苦熬不如苦干""等不是办法，干才有希望"等朴素的话语开始形成"西畴精神"。

（二）谋发展，苦干实干实现"通路"梦想

西洒镇岩头村 15 户人家居住在悬崖峭壁上，因进村的最后 1 千米被悬崖挡住，出行十分困难。村小组长李华明与村民为了修通这条路，用 12 年的时间在大石岩上錾出了一条路来。路修通之后，岩头村大力推动产业发展，组织群众

就近打工，仅两年时间就摆脱了贫困。鸡街乡肖家塘村4个人风雨无阻坚持修路，用6年时间在大山深处刨出了5千米"可以走出去，也可以走回来"的路。20多年来，西畴县在探索实践中形成了"群众主动、精神鼓动、干部带动、党政推动"的"四轮驱动"农村公路建设模式，开挖进村道路3000多千米。2017年西畴全县行政村通公路率达100%，2018年将实现通村民小组公路100%路面硬化。

（三）谋跨域，不甘落后誓要脱贫摘帽

2004年，西畴县兴街镇江龙村在没有被列为小康村建设计划的情况下，以实际行动践行着群众喊出的口号：小康是干出来的，不是等靠要来的。在党支部的带领下，群众自己筹集资金修建进村和入户道路，发展以柑橘为主的种植业，在村子四周的荒坡种树，把一个昔日的"口袋村"变成了小康村。党中央做出精准扶贫精准脱贫决策部署后，西畴人民发扬"争第一、扛红旗"的优良传统，决心在全州率先脱贫摘帽，努力成为石漠化集中连片贫困地区脱贫攻坚的标杆示范，开创"六子登科"治理模式来改造"三光（树砍光、土刮光、姑娘跑光）片区"，全县森林覆盖率由原来的不足25%上升到53.3%；突出产业扶贫这个关键，加大贫困户产业扶持资金补助，大力发展特色种养业，培育农民专业合作社300余个；精心组织5.63万人外出务工，仅务工创收就达13.5亿元。

二、"西畴精神"的丰富内涵

（一）"西畴精神"是奋斗精神

"西畴精神"具有自强不息的精神品质、艰苦奋斗的拼搏精神，是习近平同志提出的"幸福生活是靠奋斗出来的""撸起袖子加油干"等思想在基层实践的真实写照，与新时代的奋斗主旋律高度一致。奋斗，是实现脱贫摘帽的唯一途径。脱贫攻坚，唯有"咬定青山不放松"，经过艰苦卓绝的奋斗，才能打好打赢。各族人民只有以永不懈怠的精神状态和一往无前的奋斗姿态，奋战到底、拼搏到底，才能实现脱贫攻坚目标。

（二）"西畴精神"是实干精神

"西畴精神"的核心就是"实干"，干才有希望。脱贫摘帽不是等来的，而是干出来的。坚持"实"字当头、"干"字为先，不驰于空想、不骛于虚声，一步一个脚印，把脱贫规划、方案、政策、措施落实到行动上，转化为增收、安居、强基、提质的实际成效，做到扶贫工作务实、脱贫过程扎实、脱贫结果真实。

（三）"西畴精神"是创新精神

"西畴精神"不是不顾实际的盲目瞎干，而是与时俱进、不断创新。西畴人民群众不甘贫穷、不甘落后，穷则思变，大胆探索、敢为人先，不怕困难、不怕失败，走前人没有走过的路，干前人没有干过的事，从炸石造地转向综合整治、植树造林，从修路保通转向路面硬化、提档升级，从传统耕作方式转向学科技、用科技，顺应了经济社会发展的规律，符合时代的发展趋势。脱贫攻坚工作越到后期，越是难啃的硬骨头，就越需要善于探索、勇于突破、敢于拍板。只有发扬创新精神、细化措施、精准发力，因人、因地、因贫综合施策，多角度、多领域探索扶贫模式，用改革创新的办法促进脱贫，才能实现贫困地区和贫困群众短期可脱贫、长远能致富、一起奔小康。

三、普遍存在的问题和困难

截至 2017 年底，文山州贫困村从 819 个减少到 630 个，贫困人口从 63.8 万人减少到 29.56 万人，贫困发生率从 20.2% 降低到 9.36%。虽然脱贫攻坚取得了一定成绩，但是还面临着不少困难。

（一）基础设施建设压力大

8 个县、市都是国家扶贫攻坚重点县，财力弱，部分项目县级配套资金少，改善基础设施建设需要的投资额度巨大，纵深推进路网、水网、能源网、互联网等"五网"基础设施建设难度高，危房改造、易地搬迁、活动室、卫生室等项目建设工期紧，与脱贫摘帽的时间要求还有较大差距。

（二）产业发展较为滞后

一是产业发展滞后。整体上产业仍处于"小、散、弱"的发展局面，没有规模化、集中化的生产经营模式，发展方式粗放，科技化投入不足，拓展市场能力弱，整体水平较低。二是新型农业经营主体带动力不强。新型农业经营主体建设的融合层次还较低，大多数还处于"先解决有无"的阶段，带动力普遍不强，在产业推广、市场营销、科技推广、合作经营等方面有待提升。三是品牌效应不高。农业产品虽然在小范围内有一定的名气，但都缺乏有效的地理标志或地方特色品牌保护，产品在市场上容易混同于其他产品，没有将产品质量与产品价格挂钩，有时候甚至会出现有好品质没有卖上好价格的情况。四是产业发展见效慢、辐射弱。推广的产业需要较长时间培育，如柑橘产业、猕猴桃产业等，至少需要 3 年时间才能逐渐见效，短期内难见效益。同时，贫困户本身资金筹措能力低、抗风险能力低，持观望态度的多，削弱了合作社等新型农业经营主体的辐射带动能力。

（三）政策执行不到位

一是政策执行有难度。为了如期实现贫困群众脱贫，党中央、国务院和云南省委、省政府制定出台了精准扶贫、脱贫攻坚的好政策，一部分政策的执行和落实需要相应的资金跟上，但是县市级财力弱，在资金的投入上有困难，致使一些政策没能及时执行到位。二是脱贫攻坚政策宣传有盲点。党委、政府扶贫攻坚、精准脱贫的好政策没能及时、全面、准确、完整地宣传到贫困群众之中，贫困群众对政策了解不全面、不完整，政策的知晓效率不高，一定程度上影响了贫困群众的积极性和主动性。

（四）责任落实有待强化

一是层层传导压力不到位。部分工作没有将压力传导到位，出现了"上面风风火火，下面四平八稳"的情况，少部分干部在经历了长时间的连续奋战后，有了思想松懈的情况，没有认识到脱贫攻坚的现实性和重要性。二是扶贫工作队作用发挥得不够好。部分单位为兼顾本部门工作，有的存在"业务骨干不选派，选派人员不骨干"的问题；有的存在业务工作与扶贫工作一肩挑的问题，出现"走读式"住村、"挂名式"帮扶现象。三是依规执纪管理队员有待加强。基层党组织和部门对上级选派的扶贫工作队员不敢管、怕得罪，分派任务搞照顾，执行纪律搞宽松，追究责任搞下不为例，不同程度存在"不作为、慢作为"的现象。

四、弘扬"西畴精神"，推动脱贫攻坚的建议

（一）深入挖掘"西畴精神"，提高总结层次

"西畴精神"产生于 20 世纪八九十年代，是群众自发性顺应自然、改造自然的不屈意志的体现。在当前全国、全省、全州聚力脱贫攻坚的重要时期，"西畴精神"要顺势上升到与各级党委、政府聚力脱贫攻坚的层次，对近年来党委、政府、干部、群众在脱贫攻坚领域涌现出的典型事例，从高站位、深层次、新时代的角度进行总结和提炼。

（一）打造"西畴精神"教学基地

"西畴精神"不仅是西畴人民"不等不靠不懈怠，苦干实干加油干"的精神财富，更是全州决战脱贫攻坚、决胜全面建成小康社会的强大精神动力。打造"西畴精神"现场教学基地，对传承、弘扬和践行"西畴精神"具有重要意义。目前规划的"西畴精神"现场教学点共有 10 个，教学基地建设预计投资1.65 亿，其中摸石谷、岩头村、江龙村、岔河村、戈木村、三光等核心教学点经过多年建设，基础设施相对完善，初步具备了开展教学的基础。

（三）发扬奋斗精神，压实各级责任

一是全面压实责任。落实中央关于"动员千次，不如问责一次"的总要求，从严管党治党，持续释放执纪必严、违纪必查的强烈信号，为敢抓敢管的党员干部撑腰保护，运用监督执纪的"四种形态"贯穿于扶贫工作的方方面面，着力解决"四个意识"问题，全面整治"四风"问题，给干部上"发条"，给基层添"动力"，鼓励和鞭策大家奋力脱贫攻坚。二是探索建立容错纠错机制。健全完善容错免责、澄清保护等措施，旗帜鲜明地为敢于担当的改革者、创新者撑腰鼓劲，为改革创新过程中的失误者卸下包袱，切实解决干部担当不足而"不敢为"、走走看看"慢作为"的问题。对于在扶贫工作一线成绩优秀的干部，要重点关注、及时任用，树立"脱贫工作干得好，人生才华舞台宽"的干部任用导向。三是强化考核监督。将脱贫攻坚的各项工作任务按季度分解到各责任单位，制定目标任务考核考评评价体系，对主要目标、重要任务、政策制定、组织实施、进展效果进行评估，最终形成年度综合考核成绩，每年末对实施责任主体部门进行考核考评。四是加强督促检查。根据脱贫摘帽的目标和考核目标，紧盯关键环节，对责任单位开展巡回督促检查，严格责任落实，全面掌握问题，督促问题整改，确保各责任单位按时间节点完成任务，为脱贫摘帽提供强有力的纪律保障。

（四）发扬实干精神，推动产业发展和转移就业

一是发展"短平快"产业。注重对建档立卡户在发展"短平快"产业时的扶持力度，协助企业拓展市场，使高原特色农业产业在产、供、销三个环节都享受到党委、政府政策的阳光，确保脱贫攻坚有产业支撑。二是发展持续稳定的产业。除了发展见效快、时间短的产业外，还要以打造"一村一品"为目标，加快引进带动力强、发展优势明显的龙头企业，培育扶持效益好、分配好、示范带动力强的农民合作社，发挥特殊的地理优势，在肉牛养殖、地产药材种植等多种长时间、高收益的产业发展方面下功夫，确保贫困户获得长期稳定的收益。三是强化就地转移就业模式。一方面，以产业园区为依托，鼓励农民返乡创业，启动农民工返乡创业园建设，为农民工返乡创业搭建平台。另一方面，加大外地工业园区的用工引导，吸引用工较多的企业，在本地召开劳务招聘会，根据企业实际需求吸纳劳动力，加大对贫困户权益的保护力度，引导企业增强职工福利提高吸引力，确保贫困户稳定就业。

（五）发扬创新精神，探索农民素质提升新方式

一是探索科技培训新模式。探索"专业农技师＋农业土专家＋基地＋合作社"模式，改变传统的学校教室培训模式，把教学课堂从学校搬到合作社，把内容从讲理论搬到田间地头、牲畜养殖场，融合理论知识与实际操作，结合实际、结合实物、结合实用，用直观的方式讲操作，多讲怎么做，少讲为什么这么做。二是通过教育激发内生动力。结合"自强、诚信、感恩党"主题实践活动，开展新型职业农民培训，开展农技和思想相结合的教育培训，激发贫困群众内生动力，引导他们从"要我脱贫"转变为"我要脱贫"。创新培训教育的方式方法，通过量化培训教育的效果和质量，给予听课的贫困户适当的误工补贴，一方面增强贫困户的积极性，另一方面在一定程度上帮助贫困户解决因听课造成的误工问题。

大力弘扬"西畴精神"
勠力同心推动南盘江流域乡村全面振兴

陈兴宏
（中共文山州委政策研究室）

中国特色社会主义进入新时代，我国社会主要矛盾已经转化为人民日益增长的美好生活需要和不平衡不充分的发展之间的矛盾。实施乡村振兴战略，缩小城乡发展差距，是解决新时代我国社会主要矛盾的必然要求，是决胜全面小康社会、全面建设社会主义现代化强国的重大历史任务和重要步骤。以"等不是办法，干才有希望"为核心的"西畴精神"，是立时代之潮头、发时代之先声的宝贵精神。在新时代大力弘扬"西畴精神"，就是要深入挖掘"西畴精神"的深刻内涵和时代价值，在推动南盘江流域决战脱贫攻坚、决胜全面小康新征程中彰显"西畴精神"的巨大引领力量，在推动南盘江流域实施乡村振兴战略，实现农业农村现代化中凝聚强大的精神动力。

一、为生存所迫，创造了令人叹服的"西畴精神"

西畴县位于云南省东南部，辖 9 个乡（镇）、69 个村委会、3 个社区、1 774 个村小组，居住着汉族、壮族、苗族、彝族、瑶族、蒙古族 6 个民族，总人口 26.19 万人，占地面积 1 506 平方千米，耕地面积 20.29 万亩，人均耕地0.78 亩。西畴县喀斯特石山区占全县占地面积的 75.4%，是滇黔桂石漠化片区石漠化问题最严重的地区之一，这里山大石头多、人多耕地少、水土流失严重，曾被澳大利亚地质专家称为"基本失去人类生存条件的地方"。

恶劣的自然条件和闭塞的交通状况，使西畴人民祖祖辈辈过着"石旮旯里刨饭吃，半年粗糠半年粮"的穷苦日子，沉重而贫穷的历史带给西畴人民的不仅仅是经济贫穷，还有思想上的落后和精神上的匮乏。西畴像一头被蒙着眼睛的老牛，拖着沉重的磨盘，在贫穷而漫长的道路上蹒跚而行。直到 20 世纪 80年代末，西畴县处在温饱线以下的贫困人口仍占全县总人口的 80% 以上，吃饱难、住房难、吃水难、用电难、出行难、增收难、就医难、上学难"八难"问题普遍存在，食不果腹、衣不遮体、房不遮雨是当时农村的普遍现象。

看山愁、望水愁、用地愁，是西畴县的真实写照。20世纪90年代，面对顽石雄踞、土地贫瘠、环境恶劣的生存困境，坚韧朴实、勤劳淳朴的西畴人民，以"逢山开路、遇河架桥"的坚毅勇气，"石漠压顶不弯腰、贫困面前不低头"的顽强精神，"把劣势变优势、把差距当潜力"的执着信念，敢于砸开环境恶劣、思想贫困、经济落后的枷锁，众志成城向大山进发、向石漠亮剑、向贫困宣战，搬开石旮旯要土地强产业、凿开顽石修公路活流通、掀开石窝窝建小水窖解水渴、因地制宜植树造林护生态……打响了一场场气壮山河的脱贫攻坚战，创造了闻名遐迩的"搬家不如搬石头，苦熬不如苦干""等不是办法，干才有希望"的西畴精神，谱写了石漠化地区脱贫攻坚的新篇章，先后被《人民日报》、新华每日电讯、新华社等发文点赞，传播到祖国的大江南北。

"西畴精神"的核心是穷则思变、艰苦奋斗的拼搏精神，自强不息、勤劳实干的担当精神，敢为人先、百折不挠的开拓精神，体现的是在困境中奋起抗争、在挫折中勇于进取、在贫困中意志坚毅的大无畏精神。西畴人民凭借"西畴精神"，唱响了"小康是干出来的，不是等靠要来的"时代最强音，把专家认定为"基本失去人类生存条件的地方"建设成为"山绿水清民富新村美"的和谐美丽乐土，向着2018年脱贫摘帽"最后一公里"冲刺。

二、站位新时代，深刻理解"西畴精神"的丰富启示

诞生于20世纪90年代的"西畴精神"，从最初的炸石造地要粮延续到修公路、治石漠、兴水利、护生态、建新村等系列奋斗实践，铸就了自强不息、艰苦奋斗的精神丰碑，生动诠释了"只要思想不滑坡，办法总比困难多"的深刻哲理，在新时代仍然具有强烈的现实意义和价值取向。"西畴精神"的内涵质朴而深刻，要义是不等不靠不懈怠，核心是苦干实干加油干。它是中华民族自强不息、百折不挠、顽强拼搏精神的生动缩影，是党中央倡导的发扬自力更生、艰苦奋斗、勤劳致富精神的生动体现，是贯彻省委弘扬"跨越发展、争创一流，比学赶超、奋勇争先"精神的生动写照，是对"撸起袖子加油干""幸福是奋斗出来的"的生动诠释，充分显示出跨越时空的恒久价值和旺盛生命力，对于南盘江流域地区28个贫困县具有很好的借鉴作用。

（一）旗帜鲜明讲政治

爱党爱国爱乡、忠诚担当奉献是"西畴精神"的基石。西畴县之所以在最为困难的时期、在艰苦卓绝的条件下创造出令人叹服的"西畴精神"，靠的是党的坚强领导，靠的是讲政治打头管总，靠的是政治引领带来的行动力量。西

畴人民肯干、实干，创新干、瞄准一流干，"不干则已、干就干好"的优秀品质，已经融入西畴人民血脉中。尽管条件艰苦、环境恶劣，尽管发展的起点低、欠账多，但西畴人民热爱脚下的土地，面对困难不埋怨、不懈怠。新中国成立后不久，西畴县积极响应党中央号召，成立了文山地区第一个东升农民合作社，敢为天下先。1955年，毛泽东同志对中共西畴县委上报关于东升《一个混乱的合作社整顿好了》一文做出长达308字的重要批示，对西畴县依靠党的领导整顿落后村混乱合作社的做法和成效给予充分肯定，并在批示中特别强调"领导一加上去，混乱就会立刻停止"，时刻提醒广大党员干部：出现问题责任不在群众，解决问题的关键在于党的领导。20世纪70年代末至90年代初，西畴人民坚决响应党中央"一切为了前线，一切为了胜利"的伟大号召，义无反顾、全力以赴投入对越自卫还击支前参战，为维护祖国尊严和领土完整做出了无私奉献和巨大牺牲，与人民解放军结下了生死相依、患难与共的军民鱼水情，表现出"军民团结如一人，试看天下谁能敌"的英雄气概。中越关系恢复正常化以来，西畴人民把爱党爱国爱乡的朴素情怀转化为投身经济建设主战场的积极实践，持续掀起改善环境、发展生产的建设高潮。西畴人民用自身的模范行动，生动诠释了文山各族儿女扎根边疆、建设边疆的大局意识，守土有责、强边固边的忠诚奉献，以及永远心向党、听党话、跟党走的崇高品质。奋进新时代，必须把讲政治作为根本，切实提高各级党组织的政治引领力，引导广大党员干部增强"四个意识"、坚定"四个自信"、做到"两个坚决维护"，永葆绝对忠诚的政治本色。

（二）不忘初心敢担当

"西畴精神"充分体现了共产党人不忘初心、牢记使命，带领人民过上幸福美好生活的为民情怀，充分彰显了党员干部率先垂范的责任担当精神，充分诠释了共产党员的初心和使命、担当与情怀、风骨与操守，凝聚了践行奋勇争先、赶超跨越的强大向心力和感召力。到田里帮农民犁地插秧的原县委书记郑清宽、王发龙，退休后仍然奔忙在公路建设第一线的原县长刘华荣，罹患乳腺癌仍然带领村民修路致富的村小组长谢成芳等一批党员领导干部，想群众之所想，急群众之所急，办群众之所需，带头苦干实干，营造了"喊破嗓子不如干出样子"的浓厚氛围，以干在前、冲在前的实际行动诠释执政为民理念，汇集了民智，凝聚了民心，聚合了民力，带领人民群众克服困难、走出困境，蓄积了宝贵的精神财富。新时代呼唤新担当新作为，广大党员干部只有一心一意为党为国为人民，敢于担责担难担险，才能不负重任、不辱使命，赢得人民群众的信赖和拥护。

（三）自强不息拼搏干

"西畴精神"的产生有其历史必然性，源自西畴人民自强不息的生动实践和创新探索，反过来又为西畴经济社会发展注入强劲动力，并不断取得积极的实践成果。20 世纪 90 年代，工作重心刚刚从屯粮屯兵、支前拥军转移到经济建设上来的西畴人民，面对的是生态环境遭到严重破坏，土地破碎、乱石林立、岩溶密布，一方水土养不活一方人的困境。如何突破恶劣自然环境的制约，如何在石头缝里求生存、要发展，是西畴人民必须面对的首要问题。为彻底解决温饱问题，西畴干部群众宁愿苦干、不愿苦熬，风餐露宿、日夜奋战，用热血和汗水铸就"等不是办法，干才有希望"的精神丰碑。对贫困地区干部群众来说，西畴给出了方法、给出了状态、给出了答案，宣示响亮、行动感人。面对决战决胜脱贫攻坚的关键时刻，"西畴精神"显示出更加重要的示范意义、引领意义。若要如期脱贫、稳定脱贫、高质量脱贫，关键是激发干部群众的内生动力。面对新时代，奋斗是主旋律，担当是最强音，作为是重头戏，这迫切需要激励广大人民群众发扬愚公精神、实干精神、钉钉子精神，抓紧每一天，干好每件事，一步一步向小康目标迈进，以实干、实绩和实效来诠释"西畴精神"。

（四）勇于创新探新路

思想走在行动之前，就像闪电走在雷鸣之前一样，没有思想的大解放，就不会有敢闯敢试的胆气。"西畴精神"是引领西畴县人民推进改革创新发展的不竭动力，从炸石造地转向石漠岩石综合整治，探索形成"六子登科"石漠化治理模式；从以小水窖建设为主转向"五小水利"工程建设，探索形成石漠化地区兴修水利模式；从修路保通转向路面提档升级，探索形成"四车驱动"农村公路硬化建设模式；从单一温饱村小康村转向美丽乡村建设，探索形成宜居宜业新村建设模式；从重点打击犯罪分子转向社会治安综合治理，探索形成注重社会道德教化的社会治理实践模式；从整治环境脏乱差转向推动乡村生产生活生态融合建设，探索形成"五分钱工程"撬动乡村综合治理模式……都凝聚着西畴人民"改才有出路，闯才有活路"的改革创新基因，推动如今的西畴县山变绿、水变清、村变美、产业兴、社会稳，石漠逐渐变绿洲，到处呈现出勃勃生机和美好前景。2017 年，西畴县被国家评为"全国精准扶贫旅游示范区"。进入新时代，"西畴精神"集中反映在"不等不靠不懈怠，苦干实干创新干"带来的影响力深刻转变上，为广大党员群众增添了永不懈怠、敢闯敢试的底气，激荡了以改革的思路和办法抓工作、解难题的锐气。

三、踏上新征程，聚力发挥"西畴精神"的激励作用

一个国家需要有伟大的国家精神，一个民族需要有自己的民族精神，一个

地方同样需要有自己的地方精神。地方精神是一个地方的灵魂，是一种文明素养和道德理想的综合反映，是一种意志品格与文化特色的精神提炼，是一种生活信念与人生境界的高度升华，是一种一个地方各族人民认同的精神价值和共同追求，也是展示一个地方形象、引领地方发展的旗帜。"西畴精神"是实现全面小康的典范，激励着一代又一代人为建设更加美好的生活艰苦创业、不懈奋斗。面对新时代的新形势新任务，对于南盘江流域贫困地区的干部群众来说，迫切需要大力弘扬"西畴精神"，使其内化于心、外化于行，以气壮山河的磅礴精神伟力，推动实施乡村振兴战略，奋力实现农业农村现代化。

（一）大力弘扬"西畴精神"，着力把思想和行动凝聚到实施乡村振兴战略上来

"西畴精神"鲜明的品格是信念坚定、自强不息、拼搏奋斗，立下愚公移山志，敢教日月换新天，面对挫折和困难毫不动摇、矢志不渝，"势把顽石重安排"，最终成就了在石缝中求生存、要发展、促跨越的伟大壮举。新时代是全体中华儿女勠力同心、奋力实现中华民族伟大复兴中国梦的时代。实现中国梦是新时代的主旋律，必须聚焦这一时代伟业，充分阐发"西畴精神"的信念力、团结力、推动力、执行力、创新力，引导广大党员干部群众在学习践行"西畴精神"中，凝聚同心圆梦的共识，激发干事创业的热情，增强拼搏进取的动力，眼往一处看，心往一处想，劲往一处使，坚定不移实施乡村振兴战略，奋力谱写南盘江流域"三农"发展新篇章。

（二）大力弘扬"西畴精神"，全面开启建设农业农村现代化新征程

"西畴精神"的突出特征是"干"字当头、"实"字托底、"敢"字支撑。面对山恶土少、石头顽劣的生存环境，西畴人民发扬"有条件要干，没有条件创造条件也要干"的拼搏精神，知难而上、迎难而进，几十年如一日地自力更生、艰苦奋斗，实干苦干加巧干，探索走出了一条石漠化地区精准扶贫的新路子。立足新的发展阶段，党中央确定了实施乡村振兴战略、实现农业农村现代化的路线图和时间表，作为南盘江流域贫困地区，必须紧紧围绕这一发展目标和阶段任务聚焦聚力聚效，用"西畴精神"教育和激励广大党员干部群众锐意进取、奋发有为，深入贯彻新发展理念，全力以赴实施乡村振兴战略，群策群力建设现代化经济体系，以高质量发展强势开启新时代全面建设社会主义现代化新征程。

（三）大力弘扬"西畴精神"，推动基层党组织建设全面过硬

"西畴精神"宝贵的经验是坚持把党的组织领导转化为组织优势和组织力量，充分发挥基层党组织的战斗堡垒和党员的先锋模范作用，涌现出以王廷位、刘登荣、刘超仁、刘丕荣、牟秀才等为代表的一大批优秀共产党员，为决战脱

贫攻坚，决胜全面小康提供了坚强保证。大力弘扬"西畴精神"，就是要增强"感党恩、听党话、跟党走"的思想自觉和行动自觉，更加坚定各族人民始终不渝听党话、跟党走的信心和决心；就是要深入践行社会主义核心价值观，提振艰苦奋斗、攻坚克难、锐意进取的精神气；就是要凝聚跨越发展的强大活力，以钉钉子精神苦干、实干、加油干，扎实推进各项工作任务的落实；就是要形成跨越发展争创一流、比学赶帮、奋勇争先的生动局面，激励干部群众焕发蓬勃力量，创造新气象、展现新作为、做出新贡献。"西畴精神"是加强和改善党的领导的活教材，必须着眼提高党的建设质量，用它生动阐释党的政治建设的极端重要性、党的集中统一领导的极端重要性，加强和规范党内政治生活的极端重要性等，引导各级党组织和广大党员干部特别是领导干部扛稳抓牢做实主体责任，进一步突出根本建设，注重基础建设，着眼长远建设，不折不扣落实全面从严治党各项任务和要求，以高质量党建保证高质量发展。

四、担负新使命，让"西畴精神"在乡村振兴中绽放光芒

"西畴精神"体现出"敢为天下先"的坚韧毅力。荒山秃岭、怪石盘亘，河道断流、重山阻隔，是离开故土还是绝境谋生？这曾是摆在很多西畴人面前的难题。但坚强勇敢的西畴人民为了守住祖祖辈辈留下来的乡愁情根，以誓把石漠重安排的英雄气概，创造了西畴人生存下来的伟大奇迹。"西畴精神"来之不易、弥足珍贵，要深入学习好、研究好、宣传好，弘扬主旋律，传播正能量，为广大人民群众提供更加充足的精神养分，为实现农业农村现代化提供更加强劲的精神力量。

（一）坚持以自强不息精神激发干部群众内生动力

"人无精神不立，国无精神不强。"美国著名学者舒尔茨指出："经济发展主要取决于人的质量，而不是自然资源的丰瘠和资本存量的多寡。"无论是区域贫困还是个体贫困，归根到底都是与思想贫困、思维贫困、精神贫困、智力贫困、能力贫困密切相关。"西畴精神"是自强不息精神坚忍执着的丰富实践，是习近平同志"幸福都是奋斗出来的"的深刻诠释，是决战脱贫攻坚、决胜全面小康的宝贵精神财富，是新时代引领和推动乡村振兴的强大精神力量。只有重读、重解、重用"西畴精神"，深入阐扬以"等不是办法，干才有希望"为核心的"西畴精神"时代内涵、实践价值、借鉴意义，教育引导贫困地区干部群众大力弘扬"西畴精神"，牢固树立"只有奋斗，才能不断增强成就感、尊严感和自豪感"的人生哲理，坚决破除"精神贫困"枷锁，以不懈奋斗为底色，不等不靠不懈怠，苦干实干创新干，才能将乡村振兴的美丽愿景变为美好生活。

（二）坚持以勤奋实干精神擘画乡村发展新蓝图

创新实干是"西畴精神"的重要内涵，创新引领是乡村振兴的根本动力。乡村振兴没有现成的模式可以遵循，南盘江流域各地文化、自然资源要素存在差异，区域条件千差万别。为此，实施乡村振兴战略，必须按照"打造美丽乡村、建设美丽乡（镇）、发展美丽经济"的要求，因地制宜，创新引领，创意设计，创造产业，久久为功，全力推进。乡村振兴离不开改革与创新驱动，要通过制度创新来消除限制与阻碍乡村发展的因素，以市场创新激活乡村要素，推动城乡要素自由流动，培育乡村发展新动能，激发和推动乡村经济社会的持续健康发展。创意设计是实现乡村差异化发展的关键。实施乡村振兴，必须规划先行，做好顶层设计，彻底改变千村一貌建设的弊端。根据乡村传统文化、人文地理、空间环境等条件进行人居环境与农村市场产品的创意设计，打造特色村寨、特色文创产品、特色文化旅游景观等，形成乡村发展优势，吸引人才回流，吸引资本流入，构建千姿百态的乡村创意产业集群。产业兴旺是实现乡村振兴的根本之策。坚持以推进农业供给侧结构性改革为主线，构建现代农业产业体系、生产体系、经营体系，主动形成和完善富有生机与活力的乡村产业链，培育乡村经济新增长点。牢固树立"绿水青山就是金山银山"的理念，围绕"农业产业化、产业园区化、园区景区化、景区旅游化"的目标，大力倡导绿色发展，打造绿色产业和绿色生态，打造第一、第二、第三产业深度融合发展的旅游目的地，创造出生态宜居、产业兴盛的新时代乡村图景。

（三）坚持以艰苦奋斗精神续写乡村发展新篇章

创新所描绘的美好乡村蓝图要靠奋斗者来实现，幸福是奋斗出来的，乡村振兴迫切需要不忘初心的奋斗思想。思想是行动的先导，"西畴精神"所承载的艰苦奋斗思想，是中华民族和共产党人的固有本色，是实现乡村振兴宏伟蓝图的强大指引。乡村振兴需要汇聚磅礴的奋斗力量，人才是乡村振兴的主体因素，实施乡村振兴战略，必须破解人才瓶颈的制约，大力开发人力资源，培育新型职业农民，培养一批农业职业经理人、经纪人、乡村工匠、文化能人、非遗传承人等专业化人才，筑牢乡村振兴基石；必须发挥科技人才优势，鼓励高等院校、科研院所等事业单位专业技术人员到乡村挂职、兼职和创新创业，深入实施农业科研杰出人才计划和杰出青年农业科学家项目等措施，畅通智力、技术、管理下乡通道，汇聚振兴乡村的天下人才，凝聚乡村振兴的强大合力，续写乡村发展新篇章。乡村振兴需要自强不息、百折不挠的奋斗精神。奋斗精神是党和人民的事业取得胜利的重要保证，是成就中国梦伟大事业一以贯之的永恒主题。实现乡村振兴任重道远，短板颇多，不可能一帆风顺，也不可能一蹴而就，更不可能坐享其成或敲锣打鼓就能实现，亟待广大党员干部群众共同奋斗，必须以时不我待、奋发图强的拼搏精神，必须以沉下身子、抓铁有痕的实干精神，必须以坚定信念、百折不挠的奋斗精神，奋力实现农业强、农村美、农民富。

（四）坚持以无私奉献精神塑造乡村发展新风貌

"西畴精神"所承载的无私奉献精神，彰显了中国共产党全心全意为人民服务的根本宗旨，贯穿于中国共产党带领人民进行的革命、建设和改革的全过程。进入新时代，立党为公、忠诚为民的无私奉献精神是推动乡村振兴、缩小城乡差距、增强群众获得感的强大支撑。精准扶贫充分体现了党和国家为人民服务的精神，必须牢记实现乡村振兴、摆脱贫困是前提的要求，必须坚持精准扶贫、精准脱贫，通过社会各界帮扶，留住一批扎根农村的青年人才，培养一批有奉献精神和脱贫才能的基层干部，推动乡村面貌的整体改变。积极鼓励党政干部、专家学者、医生、教师、企业家、规划师、建筑师、律师、技能人才等社会各界人士，充分发挥无私奉献精神，通过下乡担任志愿者，投资兴业，包村包项目，行医办学，捐资捐物，提供法律服务、互联网服务，进行产品设计等方式，致力服务乡村振兴事业。通过政府组织，实行学历教育、技能培训、实践锻炼等多种方式，培养和引进一批扎根农业、奉献农村、致富农民的新型职业农民。通过地方高等院校、职业院校整合教育资源，创新人才培养模式，灵活设置专业，培养一批乡村振兴亟须的专业技能人才。鼓励城市专业人才长期参与乡村振兴，鼓励甘愿奉献农村、关心农业、关切农民的人回到乡村创业，鼓励城市医生、教师、科技人员等不定期服务乡村发展，多途径多手段吸引致力乡村振兴的青年人才投身现代农业。大力培养造就一批懂农业、爱农村、爱农民的基层干部，增强服务意识，深入基层、贴近群众，全力以赴、精准施策，让乡村振兴战略落地生根结果，全力打造南盘江流域地区现代版"富春山居图"。

稳定提高南盘江流域脱贫攻坚实效的对策建议

宋　媛

（云南省社会科学院农村发展研究所）

党的十九大报告明确把打赢打好脱贫攻坚战作为新时期三大战役之一。打赢打好脱贫攻坚战、全面建成小康社会，是我国全面建成社会主义现代化强国的重要基础。2018 年的中央经济工作会议、中央农村工作会议和全国扶贫开发工作会议，强调脱贫攻坚要以提高脱贫攻坚实效为导向，由找准帮扶对象向精准帮扶稳定脱贫转变，由关注脱贫速度向保证脱贫质量转变，由开发式扶贫为主向开发式扶贫与保障式扶贫并重转变。

南盘江流域地处云贵高原西部，跨云南、贵州、广西三省（区），位于东经 102°15′~106°27′，北纬 23°04′~26°00′，流域面积 56 809 平方千米，其中云南 43 548 平方千米，贵州 7 713 平方千米，广西 5 548 平方千米。该流域为珠江源头，发源于云南省曲靖市沾益区（2016 年撤县设区）马雄山东麓，流经云南曲靖、宜良、开远等市县，经师宗、罗平县境与支流黄泥河汇合，出云南境后为贵州、广西的界河，在贵州省望谟县蔗香乡附近与来自贵州省黔西南州的北盘江汇合后称红水河，最终汇为珠江，经珠江三角洲，于广州附近的磨刀门注入南海。南盘江是下游珠江三角洲最为重要的生态屏障区，河段全长 914 千米。红水河是全国十大水力发电基地之一，其中在云南省境内全长 677 千米，占全河段 74.1%。南盘江流域是滇、黔、桂三省（区）的重要经济区域、生态保护和民族团结发展区域，一、二、三产业发展基础均较好，但因其集边境、民族、生态贫困为一体，自然环境恶劣、产业发展受限，贫困程度深、脱贫难度大。在当前精准扶贫精准脱贫的背景下，如何有效推动南盘江流域的精准扶贫精准脱贫，提高脱贫实效，保证脱贫质量，实现联动开发，加快该区域的脱贫攻坚进程，对建设边疆、稳定边疆、民族团结具有重要的现实意义和深远的历史意义。本文中的分析数据以云南省南盘江流域的 22 个县（市、区）为主。

一、南盘江流域贫困现状

根据国内学术界的界定，南盘江流域包括云南省曲靖市的麒麟、沾益、富源、陆良、师宗、罗平等 6 县（区），昆明市的宜良、石林等 2 县，玉溪市的澄江、江川、华宁、通海、峨山等 5 县（市），红河哈尼族彝族自治州的弥勒、石屏、建水、开远、蒙自、泸西等 6 县（市），文山壮族苗族自治州的砚山、丘北、广南等 3 县，贵州省黔西南布依族苗族自治州的兴义、安龙、册亨、普安、兴仁等 5 县（市），盘州市（原盘县），以及广西壮族自治区百色市的隆林、田林、西林等 3 县，共计 7 个州（市）31 个县（市、区），其中云南省 5 州（市）22 个县（市、区）。到 2015 年末，南盘江流域内总人口约 1 420 万人，其中云南省南盘江流域总人口 974.7 万人，占南盘江流域总人口的 68.64%；耕地面积 118.9 万公顷。

南盘江流域有 17 个贫困县（市），即滇黔桂石漠化片区县 15 县（市）[云南师宗、罗平、泸西、丘北、砚山、广南等 6 县，贵州兴义、安龙、册亨、普安、兴仁、盘州等 6 县（市），广西隆林、田林、西林等 3 县]、滇西片区县 1 个（红河州石屏县）、非片区县国家重点扶持县 1 个（曲靖市富源县）。这些贫困县（市）集革命老区、民族地区和边境地区于一体，自然环境恶劣，贫困程度深，脱贫难度大。

2015 年末，云南省南盘江流域 5 个州（市）22 个县（市、区）的贫困人口为 57.04 万人，贫困发生率为 6.31%，比云南省的贫困发生率低 6.4 个百分点，但比全国的贫困发生率高 0.61 个百分点。其中，云南省南盘江流域内的 8 个贫困县（市）有贫困人口 37.76 万人，占云南省南盘江流域内贫困人口总数的 66.2%，贫困发生率为 9.38%，比云南省贫困发生率低 3.33 个百分点，但比全国贫困发生率高 3.68 个百分点，比云南省南盘江流域贫困发生率高 3.05 个百分点。（详见表 1）

表 1　云南省南盘江流域贫困人口和贫困发生率变化表

	贫困人口（万人）					贫困发生率（%）				
	2011	2012	2013	2014	2015	2011	2012	2013	2014	2015
全国	12 238	9 899	8 249	7 017	5 575	12.7	10.2	8.5	7.2	5.7
云南省	1 014	804	661	574	471	27.1	21.58	17.74	15.49	12.71
云南省南盘江流域	83.07	89.54	70.97	70.30	57.04	13.34	10.28	8.18	7.83	6.31

续 表

	贫困人口（万人）					贫困发生率（%）				
	2011	2012	2013	2014	2015	2011	2012	2013	2014	2015
占全省贫困人口比重（%）	8.19	11.14	10.74	12.25	12.11	—	—	—	—	—
其中：8个贫困县	75.77	58.50	47.26	46.15	37.76	19.63	15.10	12.19	11.51	9.38

　　数据来源：全国的数据引自黄承伟主编《脱贫攻坚省级样本：精准扶贫精准脱贫贵州模式研究》（Kindle 位置829）；云南省的数据根据2013年、2014年、2016年《云南领导干部手册》相关数据整理。

　　云南省南盘江流域贫困人口的规模和贫困发生率差距较大。分县域看，2015年，流域内的石林县已经没有贫困人口，但是广南县还有9.15万人未脱贫；贫困发生率最低的石林县为0，最高的师宗县还有14.4%，次高的蒙自市为14.19%，均高于云南省贫困发生率。

　　与全国和云南省相比，云南省南盘江流域的贫困发生率远低于云南省平均水平，略高于全国平均水平。但是，从近5年农村贫困发生率的变化趋势看，云南省南盘江流域的贫困发生率平均下降速度仅为1.76%，大大慢于云南省3.6%的下降速度，8个贫困县的贫困发生率平均下降速度仅为2.56%，也慢于云南省的平均下降速度（详见图1、图2）。由此可见，现有的脱贫攻坚政策措施在南盘江流域的减贫效益下滑，未来的脱贫攻坚任务重，难度更大。

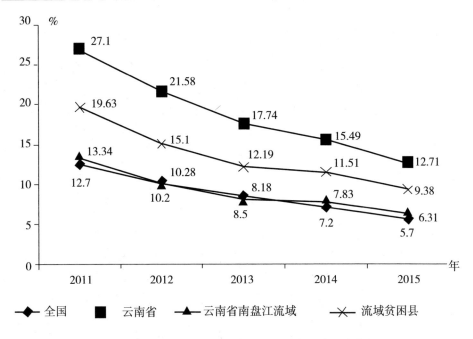

图1 全国、云南、云南省南盘江流域贫困发生率变化

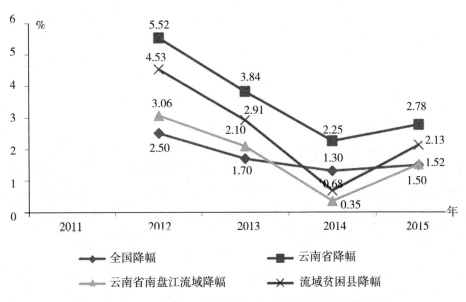

图2 全国、云南、云南省南盘江流域贫困发生率降幅变化

二、南盘江流域精准扶贫成效

2012 年 6 月以来，国家全面启动了滇黔桂石漠化片区区域发展与扶贫攻坚工作，滇黔桂石漠化片区三省（区）党委、政府和部际联席会议成员单位认真落实中央精准扶贫、精准脱贫的要求，因地制宜在贫困地区实施脱贫攻坚举措。贵州省出台了"1＋10"精准扶贫文件，扎实推进"33668"扶贫攻坚行动计划。广西以"攻坚五年、圆梦小康"为主题，实施"四步"精准管理模式，推进脱贫攻坚"八个一批、十大行动"。云南紧扣脱贫、摘帽、增收三大目标，大力实施"63686"扶贫行动计划。三省（区）还建立和加强了扶贫开发统筹协调和沟通联系，狠抓典型推广，形成了片区发展与脱贫攻坚的合力。据统计，"十二五"期间，三省（区）石漠化片区贫困人口由 2011 年的 816 万减少到 2015 年的 398 万，共 418 万人脱贫。片区累计完成投资 1.15 万亿元，完成扶贫项目 1.04 万个，农村贫困发生率由 31.5% 下降到 15.1%，农村居民人均纯收入由 2011 年的 3 481 元增加到 6 978 元。水利和林业投资年均增加 20% 以上，解决农村饮水安全人口 1 188 万人，治理石漠化面积近 4 000 万亩，森林覆盖率平均提高近 4 个百分点。扶贫开发成效显著，贫困地区整体经济水平明显提高。

党的十八届五中全会从实现全面建成小康社会奋斗目标出发，把"扶贫攻坚"改成"脱贫攻坚"，明确了新时期脱贫攻坚的目标，到 2020 年实现"两个确保"：确保农村贫困人口实现脱贫，确保贫困县全部脱贫摘帽。2015 年 11 月，中共中央、国务院颁布了《关于打赢脱贫攻坚战的决定》。2016 年 12 月，国务院印发了《"十三五"脱贫攻坚规划》。南盘江流域各省、县（市、区）都出台了一系列更精准有效的脱贫攻坚政策措施，不断加大扶持力度，扶贫成效不断提高。

（一）农村贫困人口大幅度下降

以云南省为例，2017 年与 2011 年相比，云南省南盘江流域的贫困人口减少了 80.18 万人，减贫率达到 68.99%，年平均减少 16.91%，贫困发生率大幅下降。云南省南盘江流域 2012 年、2013 年、2015 年和 2017 年的减贫率分别比云南省平均水平高 2.25 个百分点、2.96 个百分点、0.92 个百分点和 8.84 个百分点。流域内 8 个贫困县的贫困人口减少 50.35 万人，减贫率 66.81%，2012 年、2013 年、2015 年和 2017 年的减贫率分别比云南省平均水平高 2.08 个百分点、1.43 个百分点、0.25 个百分点和 9.75 个百分点，但 2012 年、2013 年、2015 年分别比流域的平均水平低 0.17 个百分点、1.52 个百分点和 0.67 个百分点（详见表 2）。与全国相比，云南省南盘江流域的减贫速度从 2012 年、2013 年分别高于全国平均水平 3.86 个百分点、4.04 个百分点降为 2016 年低于全国平均水平18.9个百分点，但在2017年高于全国平均水平4.91个百分点（详见表2）。这说明与全国和云南省相比，云南省南盘江流域的减贫难度日益加大，但是2017年以来的精准扶贫成效较好，减贫率提升较快。

表2　云南省南盘江流域减贫成效有关数据表

		贫困人口						
		2012	2013	2014	2015	2016	2017	年　均
全国	减少（万人）	2 339	1 650	1 232	1 442	1 240	1 289	1 313.14
	减贫率（%）	19.1	16.7	14.9	21.8	22.24	29.73	20.75
云南	减少（万人）	210	143	87	103	98	115.48	108.07
	减贫率（%）	20.71	17.79	13.16	17.94	20.81	25.8	19.37
云南省南盘江流域	减少（万人）	26.68	18.57	0.67	13.26	1.91	19.10	11.46
	减贫率（%）	22.96	20.74	0.94	18.86	3.34	34.64	16.91
其中：8个贫困县	减少（万人）	17.27	11.24	1.11	8.4	-0.67	13	7.19
	减贫率（%）	22.79	19.22	2.34	18.19	-1.78	35.55	16.05

数据来源：2012—2015年全国的数据引自黄承伟主编《脱贫攻坚省级样本：精准扶贫精准脱贫贵州模式研究》（Kindle位置829），2016年和2017年的数据根据相关新闻报道整理计算；云南省的数据根据2013年、2014年、2016年《云南领导干部手册》，以及相关部门有关数据整理计算。

（二）南盘江流域农民人均可支配收入显著提高

2011—2017年，云南省南盘江流域农民人均可支配收入增幅高于全省平均水平。云南省南盘江流域农民人均可支配收入从2011年的5 578元增长到2017年的12 349元，年均增长16.75%，比云南省农民人均可支配收入的年均增幅13.06%高1.10个百分点。其中，流域内8个贫困县农民人均可支配收入从2011年的4 362元增长到2017年的10 776元，年均增长16.27%，分别比云南省和云南省南盘江流域农民人均可支配收入的年均增幅高3.21个百分点和2.11个百分点。（详见表3）

分年度看，得益于各级政府精准扶贫精准脱贫政策措施的有效实施，云南省南盘江流域内8个贫困县农民人均可支配收入的增长率除了2016年略低以外，其他年份都高于云南省的增长率，与73个国家重点扶持县的增长率基本一致，仅2017年低于73个国家重点扶持县。（详见图3）

表3 云南省、73个国家重点扶持县、云南省南盘江流域农民人均可支配收入比较表

单位：元

	2011	2012	2013	2014	2015	2016	2017	年均增幅（%）
云南省	4 722	5 417	6 141	7 456	8 242	9 020	9 862	13.06
73个国家级重点扶持县	3 573	4 325	5 114	6 727	7 492	8 108	9 048	16.75
云南省南盘江流域	5 578	6 602	7 784	9 274	10 092	11 295	12 349	14.16
流域内贫困县	4 362	5 215	6 212	8 037	9 024	9 842	10 776	16.27

数据来源：根据《云南统计年鉴2013》《云南统计年鉴2017》和《2018云南领导干部手册》相关数据整理计算。

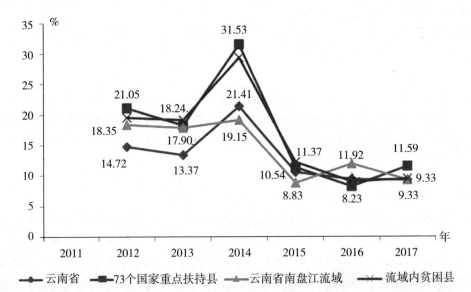

图3 云南省、73个国家重点扶持县、云南省南盘江流域农民人均可支配收入增长率变化

数据来源：根据《云南统计年鉴2016》《云南统计年鉴2017》《2018云南领导干部手册》相关数据整理计算。

（三）云南省南盘江流域经济发展水平明显提高

1. 云南省南盘江流域的人均GDP增幅高于全省平均水平

2011—2017年，云南省南盘江流域人均GDP从19 852元增长到35 646元，年均增长10.25%，比云南省人均GDP年均增幅10.22%高0.03个百分点。尤其是流域内8个贫困县的人均GDP从12 502元增长到23 598元，年均增长

11.17%，比云南省人均 GDP 年均增幅高出 0.95 个百分点，但略低于 73 个国家重点扶持县农林牧渔总产值年均增幅。（详见表 4）

表 4　云南省、73 个国家重点扶持县、云南省南盘江流域人均 GDP 比较表

单位：元

县市区	2011	2012	2013	2014	2015	2016	2017	年均增幅（%）
云南省	19 265	22 195	25 083	27 264	28 806	30 949	34 545	10.22
73 个国家重点扶持县	10 675	12 887	14 731	15 749	16 909	18 733	20 206	11.22
云南省南盘江流域	19 852	23 357	26 434	27 678	29 744	32 353	35 646	10.25
流域内贫困县	12 502	14 796	17 212	17 250	18 587	21 464	23 598	11.17

数据来源：根据 2013 年、2014 年、2016 年、2017 年、2018 年《云南领导干部手册》相关数据整理计算。

2. 云南省南盘江流域贫困地区的农林牧渔业总产值增幅高于全省平均水平

2011—2017 年，云南省南盘江流域农林牧渔总产值从 610.52 亿元增长到 1 022.86 亿元，年均增长 8.98%，比云南省农林牧渔业总产值年均增幅 8.72% 高 0.26 个百分点。其中，流域内 8 个贫困县农林牧渔总产值从 236.56 亿元增长到 425.61 亿元，年均增长 10.28%，比云南省农林牧渔总产值年均增幅高 1.57 个百分点，但比 73 个国家重点扶持县农林牧渔总产值年均增幅低 1.18 个百分点。（详见表 5）

表 5　云南省、73 个国家重点扶持县、云南省南盘江流域农林牧渔业总产值比较表

单位：亿元

县市区	2011	2012	2013	2014	2015	2016	2017	年均增幅（%）
云南省	2 306.50	2 680.10	3 056.44	3 261.3	3 383.09	3 633.12	3 808.84	8.72
73 个国家重点扶持县	1 098.52	1 364.09	1 566.52	1 686.28	1 789.02	1 924.13	1 996.13	10.47
云南省南盘江流域	610.52	739.31	848.45	900.02	898.32	994.22	1 022.86	8.98
流域内贫困县	236.56	295.09	343.03	365.15	387.84	406.78	425.61	10.28

数据来源：根据 2013 年、2014 年、2016 年、2017 年、2018 年《云南领导干部手册》相关数据整理计算。

（四）云南省南盘江流的贫困乡村面貌呈现新变化

目前，云南省南盘江流域贫困乡村发展实现了"六个呈现"。一是发展呈现

新态势。扶贫开发促进贫困地区综合经济实力明显增强，农民收入大幅增加，基础设施明显改善，社会事业明显加强，服务体系逐步建立，人居环境大为改观，实现了跨越式发展。二是产业呈现新格局。扶贫开发稳妥地推进土地流转，集中连片、成规模地发展优势产业，优化调整农业农村经济结构，形成跨区域、上规模的"一村一品""一乡一业"的特色优势产业，提高了特色产业发展质量和效益，夯实农民长远脱贫增收的基础。三是村庄呈现新面貌。扶贫开发既改善生产生活条件，发展增收致富产业，也加大了以改房、改水、改厕、改灶和治理"脏、乱、差"为重点的村庄整治力度，使贫困群众居住环境明显改善，村容村貌焕然一新。四是制度呈现新体系。通过扶贫开发工作探索，逐步建立和完善了有效的扶贫开发投入机制、资金整合机制、社会参与机制、组织保障机制、群众主体作用发挥机制。五是能力呈现新提高。扶贫开发激发了贫困群众脱贫致富的积极性，各地在实践过程中，一方面，通过项目的实施加强对贫困群众的科技培训，通过教育扶贫加大对贫困地区人才培养的力度；另一方面，通过建立健全专业协会等农民自我组织，提高了农民的组织化程度。贫困农户自我发展能力得到明显提升。六是基层组织呈现新气象。扶贫开发开展培育先进党组织和党员干部致富带头人活动，把致富带头人培养成村两委班子成员，把村两委班子成员培养成致富带头人，加强基层两委班子建设，积极创先争优，发挥基层组织的战斗堡垒作用，为促进边疆稳定、民族团结、社会和谐发挥了重要作用。

三、南盘江流域脱贫攻坚面临的问题与困难

（一）贫困人口规模大，贫困程度深

2017 年末，云南省南盘江流域 5 个州（市）22 个县（市、区）的贫困人口还有 36.04 万人，流域内贫困人口占全省贫困人口的比重达到 10.85%。虽然比云南省 2011 年的 11.46% 降低了 0.6 个百分点，但是剩余的贫困人口贫困程度更深，脱贫难度更大。

根据 2014 年云南省建档立卡贫困人口数据库的资料分析结果，云南省南盘江流域建档立卡贫困人口的贫困程度深，且地区差距很大。云南省南盘江流域的 22 个县（市、区）建档立卡贫困人口的贫困深度指数[①]是 0.117，比云南省平均水平（0.171）低了 0.054，流域内贫困深度指数的地区差异较大，最高的蒙自市（0.226）比最低的江川区（0.021）高了 9.76 倍。流域内 8 个贫困县的

---

① 贫困深度是指某个国家或地区某一贫困群体的收入水平与贫困县的差异程度，称为收入差异率。收入差异率 =（贫困线 − 人均收入或人均消费额）/贫困线。引自郑宝华、陈晓未、崔江红等著《中国农村扶贫开发的实践与理论思考——基于云南农村扶贫开发的长期研究》，中国书籍出版社 2013 年版，第 30 页。

贫困深度指数达到0.176，比云南省贫困深度指数高0.005。22个县（市、区）中，砚山县（0.174）、石屏县（0.176）、富源县（0.182）、丘北县（0.195）、泸西县（0.196）、建水县（0.199）、广南县（0.222）、蒙自市（0.226）等8个县的贫困深度指数高于云南省平均水平，其中贫困深度指数较高的建水县和蒙自市是非贫困县。

（二）南盘江流域经济增长受挫，农民持续稳定增收难度大

受国内外经济形势的影响，南盘江流域的经济增长受挫，农民持续、稳定增收困难。分年度看，2011—2017年，云南省南盘江流域农民人均可支配收入的增长率呈曲折下降趋势，从18.35%下降到了9.33%。与云南省农民人均可支配收入的增长率相比，其在2012年、2013年分别比云南省高3.64个百分点和4.54个百分点，但是2014年出现下滑，2014年、2015年分别比云南省低2.26个百分点和1.17个百分点，2016年比云南省高2.48个百分点，2017年又比云南省低0.01个百分点。（详见图3）

同期，云南省南盘江流域人均GDP和农林牧渔业总产值的增长率呈快速下降趋势，持续稳定增长较困难。人均GDP的增长率，从2012年、2013年的17.66%和13.17%，高于云南省增长率2.45个百分点、0.16个百分点，下滑到2014年的4.71%，比云南省平均水平低了3.99个百分点；2015年、2016年分别回升到7.46%、8.77%，分别比云南省平均水平高1.81个百分点和1.33个百分点；2017年增长率虽然达到10.18%，但比云南省平均水平低1.44个百分点，难以达到2012年和2013年的增长水平。（详见图4）农林牧渔业总产值的增长率，2012年为21.2%，2013年为14.76%，分别高于云南省增长率4.9个百分点、0.72个百分点；2014年下滑到6.08%，2015年负增长0.19%，分别比云南省平均水平低0.62个百分点和3.92个百分点；2016年回升到10.68%，比云南省平均水平高3.28个百分点；2017年快速下降到2.88%，比云南省平均水平低1.96个百分点。（详见图5）

其中，云南省南盘江流域内8个贫困县人均GDP和农林牧渔业总产值的增长率快速下滑趋势更加明显。人均GDP的增长率，从2012年、2013年的18.35%和16.33%，高于云南省增长率3.15个百分点、3.32个百分点，下滑到2014年的0.22%，比云南省平均水平低8.48个百分点；2015年、2016年分别回升到7.75%和15.48%，比云南省平均水平高2.1个百分点和8.04个百分点；2017年增长率快速下降到9.94%，比云南省平均水平低1.68个百分点。（详见图4）农林牧渔业总产值的增长率，从2012年、2013年的24.74%和16.25%，高于云南省增长率8.54个百分点、2.20个百分点，下滑到2014年、2015年的6.45%、6.21%，比云南省2014年的平均水平6.70%低0.25个百分点，但比2015年的

3.73%高2.48个百分点；2016年、2017年持续下降到4.88%和4.63%，分别比
云南省平均水平低2.51个百分点和0.21个百分点。（详见图5）

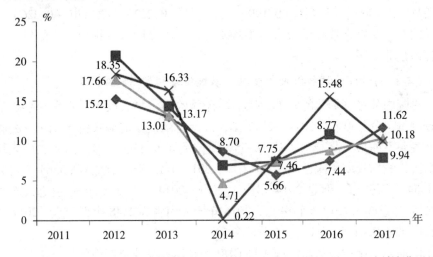

图4 云南省、云南省南盘江流域、流域内国家贫困县人均GDP增长率变化

数据来源：根据《2013云南领导干部手册》《云南统计年鉴2014》《云南统计年鉴2016》相关数据整理计算。

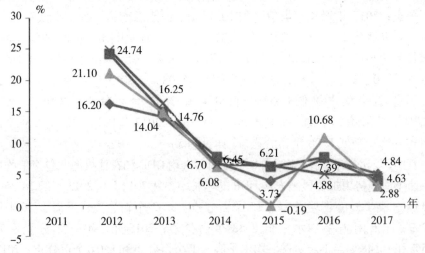

图5 云南省、云南省南盘江流域、流域内国家贫困县农林牧渔业总产值增长率变化

数据来源：根据《2013云南领导干部手册》《云南统计年鉴2014》《云南统计年鉴2016》相关数据整理计算。

（三）致贫因素复杂多样，返贫压力较大

在传统致贫因素的基础上，条件型、能力型贫困叠加凸现，市场风险成为致贫返贫的重要成因。贫困地区往往自然灾害多发，据统计，贫困地区遭受严重自然灾害的概率是其他地区的5倍。气候环境变化对地处生态脆弱区的贫困地区影响更加明显。贫困地区防灾抗灾能力明显不足，许多生态环境脆弱区经济社会发展滞后，农业生产受灾害威胁十分严重。

（四）自然环境保护与脱贫攻坚的矛盾更加凸显

南盘江流域是珠江的上游，50%以上的占地面积为天然林保护区、生态公益林区和自然保护区，承担着流域内生态保护的重任，属于禁止开发和限制开发区域。滇、黔、桂三省（区）结合部的14个县（市、区）都属于石漠化扶贫片区县，石灰岩分布较广，是典型的喀斯特岩溶地区，区内植被覆盖率低，自然环境恶劣，水土流失和土地石漠化严重，水资源短缺，污染严重，致使扶贫产业发展空间严重受限。据有关资料统计，目前流域内水土流失面积为22 594平方千米，占流域面积的39.7%。生态保护、环境治理与经济发展、脱贫攻坚的矛盾日益突出。

（五）南盘江流域内缺乏统筹协调机制

南盘江流域区具有整体性、关联性、耗散性的特点，从共生理论的视角去看流域的经济、社会、生态发展，其作为共生系统，流域内经济社会单元之间具有紧密的联系，相互影响显著。但是，在滇、黔、桂各省（区）、各州（市）、各县（市、区）的脱贫攻坚规划和生产力布局中，往往只以本省（区）、本州（市）、本县（市、区）的规划和发展思路为中心，缺乏省（区）、州（市）、县（市、区）之间的沟通和协商，即使在资源丰富的省（区）、州（市）、县（市、区）交界地带，也常常由于开发主体利益不同而各自为政，或者项目雷同，或者过度开发，出现"以邻为壑"的现象，使得地理位置毗邻的区域产业布局不合理，产业发展水平不一，差别较大，严重影响了资源的优化组合和区域整体效益的充分发挥。目前，协调各利益主体关系、大力发展扶贫产业、摆脱贫困、改善生态环境、合理开发和保护共有资源已成为南盘江流域发展中亟须解决的问题。

四、稳定提高南盘江流域脱贫攻坚实效的对策建议

（一）以规划为龙头，坚持流域整体开发与脱贫攻坚相结合

坚持南盘江流域整体开发与脱贫攻坚相结合的发展战略，加快实施滇黔桂石漠化连片特殊困难地区发展与脱贫攻坚规划，以及各省（区）的"十三五"

脱贫攻坚规划，全面改善南盘江流域农村贫困人口的生产生活环境，以流域整体发展带动脱贫攻坚，以脱贫攻坚促进流域整体发展。建议在已有的片区规划和各省（区）"十三五"脱贫攻坚规划的基础上，进一步编制南盘江流域脱贫攻坚规划，以便更好地整合资源、统筹协调，提高脱贫攻坚的效率。

（二）做实项目库与脱贫时间表有效衔接，推进脱贫攻坚规划有效落实

南盘江流域各州（市）、县（市、区）应建立脱贫攻坚项目库，坚持"有限时间解决有限问题"的原则，突出"精准"，抓住进村入户调查摸底和行业部门审查"两个重点环节"，落实工作内容、工作步调和技术标准"三个统一要求"，做到群众需求与产业规划、帮扶措施与致贫原因、项目设置与短板分析、项目规划与行业规划"四个对应结合"，以贫困退出为目标，补齐短板。通过自下而上摸底上报，自上而下预审把关，上下结合修改完善，反复论证核实项目，最终确定入库项目。强化项目规划与脱贫目标相匹配，项目规划与资金安排、脱贫出列时间相衔接，做实项目规划分年度、分村、分户实施方案，认真审核和落实项目投入计划，注重贫困人口受益情况考核。以项目库统筹协调各行业部门的脱贫攻坚任务和进度，确保南盘江流域脱贫攻坚的有效推进，不断提高脱贫实效，保证脱贫质量。

（三）突出重点，提高脱贫攻坚的针对性和有效性

第一，以深度贫困人口为重点，实行"规划到村，扶持到户，帮扶到人"的扶贫模式，采取特殊的、更有针对性的措施，集中力量打歼灭战，着力加强对特困群体和特殊贫困区域的扶持。在脱贫攻坚规划和实施中，要进一步摸清底数，找准扶贫对象，逐村逐户制定帮扶措施。开展脱贫开发行动计划，发展特色种养业和旅游业，加强职业教育培训和劳动力转移就业服务，推进村组道路硬化、饮水安全、危房改造、贫困村信息化工程建设，增强贫困群众自我发展能力。

第二，以改善生产生活条件为根本，以产业扶贫为抓手，有效拉动贫困人口收入增长。不断加大南盘江流域贫困地区农村交通、通信、信息、能源、水利、基本农田等基础设施建设，把重大项目投资与贫困人口的生产生活需要相结合，尽快改变贫困地区基础设施薄弱对吸引投资、经济发展的瓶颈制约，是稳定脱贫的根本。与此同时，围绕南盘江流域产业建设的要求，按照国家连片特困地区产业扶贫规划要求，科学规划和实施石漠化片区产业扶贫。要树立全局意识，以市场为导向，以科技为依托，综合考虑贫困片区所处的周边环境特点和当地资源优势，考虑整个贫困片区经济发展的路径依赖性，从发展名特优产品入手，以县乡为主，因地制宜培育发展优势扶贫支柱产业，实行区域化、科学化、规模化生产，增强造血功能。重点培育带动贫困群众自我发展能力和稳定增收的扶贫龙头企业、家庭农场、农业专业合作社和农业大户，发展"企

业＋农民协会（合作社）＋基地＋农民"等多种产业扶贫模式，有效带动贫困群众脱贫致富。

第三，以教育、卫生和社会保障扶贫为基础，不断提高贫困人口自我发展能力。要加大对南盘江流域贫困地区教育、卫生和社会保障等方面的投入力度，不断提高贫困乡村的教育水平、医疗卫生水平和社会保障水平，更加注重贫困群体享有义务教育、职技教育、高等教育、公共卫生服务、养老保障、医疗保障、工伤保障、基本生活保障等基本权利，努力实现贫困地区与发达地区能享有大致均等的社会公共服务，不断提高贫困地区贫困人口的智力水平、科技水平、健康水平，进而提升贫困人口自我发展能力。

（四）强化扶贫产业与农业供给侧结构性改革有效衔接，实现稳定增收

"发展产业脱贫一批"是实施精准扶贫精准脱贫"五个一批"中首要的一批。以产业发展为重点，不断增强可持续发展能力，充分发挥南盘江流域土地、气候等资源优势，支持贫困地区依靠科技进步发展特色优势产业，转变发展方式进程，大力推进产业扶贫，是南盘江流域脱贫攻坚的核心动力。但是，产业发展必须要与农业供给侧结构性改革有效衔接，才能实现稳定增收。因此，南盘江流域的扶贫产业必须做到"四个突出、四个强化"。

第一，突出特色、强化品质。综合考虑资源禀赋、产业基础、生态环境等因素，以生物资源产业为主攻方向，大力发展优质、高效、生态、绿色、安全的现代农业，走特色与品质并重的发展之路，实行品质保障下的适度规模经营，向特色要竞争力，向品质要生产力。

第二，突出市场、强化效益。抓住抓准市场需求，大力推进农业供给侧结构性改革，在特、精、优上下功夫，提高农产品供给的质量和效率。

第三，突出绿色、强化安全。牢固树立绿水青山就是金山银山的理念，用好用活贫困地区生态绿色牌，大力发展绿色产业，着力发展"三品一标"农产品，建立健全农产品质量检测检验体系，切实把生产优势转化为经济优势，实现农业可持续发展。

第四，突出融合、强化增效。加快发展农产品加工业，着力推进精深加工，发挥贫困地区自然环境优良、文化底蕴深厚、民俗特色突出的优势，大力推进休闲养生农业与乡村旅游业的健康发展，推动贫困地区一、二、三产业的融合发展，不断提升农业产业的质量效益和竞争力。

（五）建立健全南盘江流域脱贫攻坚的统筹协同机制

要实现精准扶贫精准脱贫，必须建立与之相匹配的扶贫资源统筹整合机制，在当前脱贫攻坚资源投入与需求存在巨大矛盾的现状下，创新南盘江流域内资源统筹整合机制，以提高资源使用效率，进而提高扶贫效率。

第一，建立健全南盘江流域内各省（区）、各州（市）、各县（区）之间的协同机制。强化各级扶贫领导小组在脱贫攻坚方面统筹和规划，建立健全各省（区）、各州（市）、各县（区）之间的信息共享机制、工作推进协调机制，建立各省（区）、各州（市）、各县（区）之间协同推进的内在机制，提高各省（区）、各州（市）、各县（区）之间的信息对称性、真实性，提高价值认同度与行为协同度，从根本上突破各省（区）、各州（市）、各县（区）资源供给不足与效率不高并存的困局。

第二，建立完善南盘江流域内扶贫资源整合机制。要满足千差万别的扶贫到户的需要，必须科学、合理配置能力建设扶贫资源，应以对贫困户情况最为了解的县乡政府作为最重要的资源整合平台，建立完善资金配置和整合机制。一是要进一步完善扶贫资金管理体制，给县乡政府在资金使用上的自主权，强化财政专项扶贫资金和涉农资金、项目、权利、责任"四到县"的资源配置和整合机制，由县乡政府根据实际情况自主确定扶贫项目和扶贫方式，真正做到扶贫资金在基层的整合，提高精准扶贫的针对性和效果。从长远和根本上说，要进一步深化财政体制改革，逐步加大对贫困县一般性财政转移支付的力度，使事权和财权高度统一。二是要科学制定统筹资源的规划，将更多的行业部门和社会帮扶资源纳入统筹范围，结合贫困地区的特色和优势资源开发及产业发展的需要，统筹规划和合理配置能力建设资源，深度挖掘和有序组织全社会扶贫潜力，做好帮扶资源与扶贫对象和贫困地区的需求的紧密对接。三是要推行规划引导统筹、重点项目主导统筹、奖补资金引领统筹的方式，实行跨部门、跨年度、跨层级统筹，实行"大类间统筹、打通使用"的办法，增强资金使用的自主性和灵活性。

【参考文献】

[1] 魏科技，姜海萍，王伟，陈春梅. 南盘江流域水资源特征分析及保护对策研究 [J]. 人民珠江，2013（1）.

[2] 吕慎. 滇黔桂石漠化片区 5 年 418 万人脱贫 [N]. 光明日报，2016 - 04 - 26. 光明网. http：//epaper. gmw. cn/gmrb/html/2016 - 04/26/nw. D/10000 gmrb_ 20160426_ 6 - 08. htm.

[3] 王佳，石智雷. 基于共生理论的流域经济协同发展分析——以南水北调工程河南段为例 [J]. 水利经济，2013（4）.

[4] 汪三贵，郭子豪. 论中国的精准扶贫 [J]. 贵州社会科学，2015（5）.

[5] 林俐. 供给侧结构性改革背景下精准扶贫机制创新研究 [J]. 经济体制改革，2016（5）.

云南省民族地区精准扶贫问题调查研究

郑继承

（云南民族大学扶贫开发研究院）

一、云南民族地区贫困现状

作为全国扶贫攻坚的一个重要主战场，云南是集边疆、民族、山区、贫困四位一体的省份，贫困人口数量居中国第二位，片区县和重点县数量居中国第一位。39.4万平方千米的省域面积中，大部分属于"老、少、边、穷"山区农村，4 061千米的边境线上分布着拉祜族、景颇族、傈僳族、佤族、苗族等19个人口较少民族和沿边跨境少数民族，这些民族的聚居区是云南省贫困人口最集中、贫困程度最深、脱贫难度最大的地区。

2017年数据显示，云南全省共有373万建档立卡贫困人口，贫困发生率为10.1%；贫困人口为157万，贫困发生率为28.2%。少数民族建档立卡贫困人口主要分布在集中连片特困地区、边远山区、革命老区、少数民族聚居区和边境地区。少数民族地区和少数民族贫困人口是云南全面决胜小康社会、打赢脱贫攻坚战的重中之重、难中之难。

调研发现，云南省民族地区贫困问题呈现出贫困的区域边境性、贫困的民族特殊性、贫困的局部整体性三大特点。

（一）贫困区域体现出边境性

云南省陆地边境与越南、老挝、缅甸3个国家接壤，与泰国和柬埔寨通过澜沧江—湄公河相连，与孟加拉国、印度等南亚国家邻近，是我国连接南亚东南亚的大通道。云南省16个地级市中有8个沿边市（自治州），129个县（市、区）中有25个边境县，边境县总数在全国排第一位。2016年数据显示，云南省25个边境县（市、区）总人口为684万，其中贫困人口高达101.25万，贫困发生率为27.8%，边境县贫困人口占全省贫困人口总数的27.1%。

（二）贫困民族体现出特殊性

云南有 25 个世居少数民族、15 个独有民族，16 个地级市中有 8 个民族自治州、129 个县（市、区）中有 29 个民族自治县、1 371 个乡（镇）中有 140 个民族乡。据云南省第六次全国人口普查显示，云南省少数民族人口为 1 533.7 万人，占总人口数的 33.37%，居全国第二位（广西为第一位）。在云南省 363 万建档立卡贫困户人口中，少数民族建档立卡贫困户人口为 157 万，占全省贫困人口总数的 43.4%。

（三）贫困状态呈现出局部整体性

历史上，由于地理环境、交通条件和经济社会发展程度低等方面的原因，少数民族长期处于封闭落后状态。滇西边境山区、乌蒙山区、迪庆藏区、石漠化地区 4 个国家级连片特困地区，贫困人口占区域内总人口的 80% 以上；12 个"直过民族"（直接从原始社会过渡到社会主义社会的民族）138 万人基本处于整体贫困状态；景颇族、拉祜族、佤族、傈僳族 4 个特困民族贫困人口基本处于 100% 全覆盖；苦聪人、莽人、克木人，及僰人、勒墨人、摩梭人等少数民族人口 100% 进入建档立卡贫困户。这些少数民族群体聚居于深山区、石山区、高寒山区、革命老区和少数民族地区，表现出区域性、局部整体性贫困。

二、云南精准扶贫的"民族经验"与"国家亮点"

改革开放以来，云南省委、省政府高度重视民族地区脱贫致富问题。特别是党的十八大的第一个百年奋斗目标后，云南省委、省政府就民族地区脱贫攻坚做出战略部署，专门对怒江州、镇彝威革命老区、迪庆藏区、红河南部山区、小凉山地区 5 块民族片区谋划实施了一批针对性强、含金量高、示范带动效应好的精准扶贫重大项目、重大工程、重大政策、重大改革，一批典型的云南精准扶贫"民族经验"逐步成为"国家亮点"。

（一）聚焦"直过区"的重点扶持

云南省委、省政府聚焦 11 个"直过民族"和人口较少民族聚居区 70 万建档立卡贫困人口，出台了《云南省全面打赢"直过民族"脱贫攻坚战行动计划 (2016—2020 年)》，制订了 11 个"直过民族"和人口较少民族脱贫实施方案，通过实施提升能力素质、组织劳务输出、安居工程、培育特色产业、改善基础设施、生态环境保护六大工程，探索了"一个民族一个行动计划""一个民族一个集团帮扶"的民族地区脱贫攻坚之路。2016 年，政府完成项目资金投入 82 亿元，减少"直过民族"聚居区建档立卡贫困人口 3 万户共 11 万人。

（二）大理白族自治州健康扶贫的有效措施

云南省大理白族自治州（以下简称"大理州"）通过 4 项措施有效解决建

档立卡户"因病致贫""因病返贫"问题，切实发挥健康扶贫在脱贫攻坚战中的保障作用。（1）通过制定《大理州卫生和计划生育助力脱贫攻坚三年行动计划（2016—2018 年）》，整合各类项目资金，项目重点向贫困县、乡（镇）和村级倾斜，推进卫生计生服务体系建设。2016 年，完成 50 个贫困村卫生室标准化建设。（2）探索住院基本医疗免起付线、政策范围内住院费用不设封顶线、农村"五保户"免费参合、农村低保户等特殊困难人群财政资助 70 元等惠民政策。（3）免费为建档立卡贫困户实施白内障患者复明手术、精神疾病每年一次全免费治疗，对 6~24 个月贫困儿童免费提供"营养包"政策。（4）为建档立卡贫困户购买补充医疗保险，人社局、承保公司、卫计委、扶贫办等多个部门联合开发"建档立卡贫困户补充医疗保险信息结算"系统。

（三）怒江州泸水市教育扶贫的新模式

云南省委高校工委、云南省教育厅对口帮扶怒江州泸水市，结合泸水市教育相对薄弱的现状，提出了"教育切入、精准扶贫"的思路，探索出教育扶贫新模式。（1）投入 1 854 万元教育专项资金，用于扶持怒江州 14 年免费教育；（2）投入 6 400 万元资金用于支持怒江州发展职业教育；（3）组织开展"名师名校送培送教"等系列培训活动，为泸水市培训教师 2 664 人次。

（四）资本市场助力民族地区脱贫

按照中国证监会《关于发挥资本市场作用服务国家脱贫攻坚战略的意见》总体要求，云南省证监局联合省扶贫办、省金融办等部门共同推动资本市场助力民族地区脱贫工作。（1）积极探索资本市场与脱贫攻坚深度融合的新模式，促进华林证券成功设立香格里拉巴拉格宗 ABS，成功融资 8.4 亿元；（2）推动证券公司将"一司一县"结对帮扶措施落地云南省，已完成证券公司对民族自治县等的结对帮扶（如太平洋证券对接帮扶贡山独龙族怒族自治县），帮扶资金达 2 800 万元；（3）通过多次协调与对接，上海证券交易所和郑州商品交易所也将医疗救助、新上市咖啡期货品种等项目向云南省内倾斜。

（五）科研院所用科技践行"精准扶贫"

中国工程院发挥"国家高端智库"的功能，对帮扶的澜沧拉祜族自治县，在科技帮扶、产业扶持、智力扶贫、人才支持等方面走出了一条科技扶贫的特色道路。（1）帮助澜沧县竹塘乡蒿枝坝村民小组制订短、中、长期产业发展计划，建设 1 000 亩蔬菜科技示范园；（2）通过开展"高原特色农业"课题研究，建立特色农业产业脱贫工作点，解决退耕还林发展畜牧业、热带果蔬、中药材资源与林下生态种植、普洱茶提质增效等技术瓶颈；（3）依托科技创新，推广应用景迈山古茶林普洱茶品牌标准体系，制定与国际接轨的茶叶生产基地、生产过程、监督管理标准，建立行业标准体系；（4）挂牌"中国工程院云南澜沧院士专家咨询服务站"，搭建县、乡、村三级电商网络平台，在核桃、玛卡、反季节土豆、茶叶、柠檬、畜禽和中药材等方面分期分批进驻电商。

（六）易地扶贫搬迁彰显正能量

在云南省易地扶贫搬迁政策支持下，在政府统一规划帮扶的条件下，贡山独龙族怒族自治县丙中洛镇比毕利小组村民从土地贫瘠、交通不便、生存条件恶劣的高山统一搬迁到相对宽敞的怒江边上，搬进了民族元素十足的小洋楼。人字形的屋顶、橙黄色的墙漆、绘有民族图案的墙壁成为滇藏新通道的一道风景线，带动了当地旅游业的发展，增加了建档立卡户的家庭经济收入。

（七）央企对口帮扶民族地区显成效

2016 年 3 月，三峡集团与云南省人民政府签订《支持云南省人口较少民族精准脱贫攻坚合作协议》。一年多来，三峡集团对口帮扶 4 个州（市）11 个县（市）的怒族、普米族、景颇族聚居区脱贫攻坚工作，精准帮扶建档立卡贫困人口 10 余万人。（1）在就业帮扶上，三峡集团帮助民族地区转移贫困劳动力 1 000 多人，安排在三峡基地公司所属实业公司、水电公司乌东德和白鹤滩分公司，从事道路保洁保通、厂房绿化保洁、场地保洁等工作，并为就业贫困人群购买"五险一金"，人均年收入提高到 3 万元以上；（2）在教育帮扶上，三峡公益基金会出资 300 万元，支持丽江宁蒗普米族、怒江福贡怒族、德宏盈江景颇族各建 1 所学校；（3）在党建帮扶上，三峡集团开展少数民族聚居区基层党建扶贫帮扶活动，提高基层干部带领群众脱贫致富的能力，分期帮扶培训基层党员干部。

（八）怒江州打造国家级生态脱贫示范区

云南省怒江州根据自身的自然环境和经济发展实际，将自然生态环境保护和区域脱贫致富紧密结合起来，着力推动全国生态脱贫示范区建设。（1）贡山县茨开镇政府通过农业技术培训打造地方年轻人组成的专业技术服务队，为地方经济发展带来贡献的同时，也培养了一批种植技能型人才；（2）2013 年以来，兰坪县通过积极争取，获得了 2 000 多名国家级、省级生态护林员指标，并通过退耕还林、生态公益林补助等方式向群众补助近 1 亿元，为贫困人群提供了稳定的收入来源；（3）泸水市逐步形成了以林果、林木、林药、林菜、林苗、林畜、林菌、林旅为主的"八林经济"发展格局。

三、当前民族地区精准扶贫面临的问题与困难

精准扶贫是一份工作，一项事业，一个政治任务，也是一种经济活动。调查发现，云南省民族地区精准扶贫在取得显著成绩的同时，仍存在一些突出且具有普遍性的问题。

（一）民族地区整体脱贫的难度较大

云南省部分民族地区（尤其是"直过区"的苦聪人、克木人等人口较少的民族）整片区域、整个族群受教育水平低，整体社会发育严重滞后。在许多村寨中，上学难、看病难、出门难，因学、因病、因灾返贫的现象比较普遍，目前仍有群众居住的是权权房和石棉瓦房。加上民族地区群众的"平均主义"思想严重，家庭之间又无明显差距，有限的贫困识别指标难以覆盖更多贫困人口，如果不能提升整个地区、整体族群的生活水平，即使有少数家庭脱贫，也不能改变整个族群的面貌。

（二）领导干部对扶贫政策吃不透现象仍然存在

从整体调研情况来看，民族地区领导干部对精准扶贫政策的掌握相对不足。（1）国家对脱贫攻坚政策进行调整后，基层干部缺乏应对新形势、新政策、新方法的学习和领会，执行政策存在畏难情绪。例如，现行建档立卡贫困户每户补助不低于6万元的补助政策，与国家按人补助要求有偏差；执行建档立卡贫困户户均6万元贴息贷款政策，导致建档立卡户负债过大，与金融公司签订共享协议存在后续隐患问题，与国家易地扶贫搬迁政策也不相符，群众满意度低。（2）一些基层干部对精准扶贫的政策吃不透、吃不准，扶贫攻坚从"漫灌"到"滴灌"还不完全适应，习惯于沿用扶持农民的办法扶持贫困户，沿用扶持农村产业的办法扶持到户产业，不会或者不愿做因户因人施策的艰苦细致工作。（3）还有一些干部在脱贫摘帽上有"急躁症"，没有准确把握贫困人口脱贫标准，没有真正拿"两不愁、三保障"进行多维度衡量和测算，仅看收入指标，忽视其他指标，在"稳定"脱贫上下的功夫不深。（4）一些驻村帮扶工作队和第一书记的作用发挥不够，特别是部门一把手担任队长的，没有长期驻村深入了解帮扶村、户的情况。

（三）各级部门资源分配不平衡性明显

调研的村寨显示，各扶贫点在扶贫进度和成效上差异化明显。这主要是人力配备、资源配置、工作力度、各村具体情况不均衡造成的，但也不可否认存在制度上的缺陷。

由于各单位资源的千差万别，造成了各级单位部门对口帮扶的村寨区域间不平衡性十分明显：（1）分管项目投资的部门，项目推进快得多；掌握资金分配的部门，资金投入的多。（2）具有专项职能的部门，专项措施扶持得好。（3）职能较为弱化的部门，扶贫效果相对较弱。相同情况的村寨，在扶贫整体资金投入上，相差几倍甚至 10 倍以上，扶贫进度与成效必然相去甚远。

（四）特色产业培育和集中度不高

产业扶贫是民族地区的重点扶贫方式，主要采用特色产业帮扶和重点产业扶持。在特色产业扶贫实施过程中，主要问题表现在：（1）全面开花，产业集中度不高；（2）零敲碎打，产业规模化不足；（3）追逐跟风，对特色产业发展前景缺乏前瞻性预测；（4）按部就班，产业发展模式创新不足。

在实地调研的村寨中，每个村具有统一规划、专项投入的特色产业基本都在 3 个以上，聚焦性不强，集中度不高。因此，在资金和其他资源有限的条件下，都要做好、做稳、做大，难度很大。

（五）教育扶贫的针对性不突出

教育扶贫具有"帮读、扶智、扶职"三大职能。（1）帮读，对家庭困难的学生，给钱让他们读得起书，上得了学；（2）扶智，通过教育让贫困人口建立文化基础，提高他们的基本认知能力；（3）扶职，即通过教育和培训，帮助贫困人口学有所长、学有所用，提高其基本生产技能，特别是职业生活技能，让他们有一技之长，靠技谋生，因技脱贫甚至致富。

调查发现，在教育扶贫具体实施项目中：（1）技能培训项目与贫困人口的需求不匹配，导致培训后很难工作就业，费力费时。例如，怒江州开展的电焊培训，州内就业面太窄。（2）为了完成任务而展开的培训，效果甚微。例如，某些村在村干部的广播通知下，出现"给钱听课"的现象，听完之后拿钱走人。

（六）低保兜底的政策对接还不够完善

目前，基层对低保兜底政策的理解还停留在扶贫与低保两项制度的"衔接"上，而没有真正从低保兜底的角度来认识，简单地以为只要"两线合一"了，就可以托起最后一道防线。建档立卡户与农村低保、新农保、医疗救助等政策并没做到无缝对接，部门间依然各行其是。

调查发现，扶贫建档立卡是以户为单位，而农村低保发放是以人为单位，且有些地方低保面铺得比较大、轮流坐庄。"两线合一"之后，低保能否兜住底，难以给出确切的答案。

（七）扶贫引发的社会新问题关注不足

调查发现，部分民族地区因为贫困产生了一些社会问题，地方政府对这些社会问题的关注度却不足。具体体现在两方面：（1）跨境婚姻的合法化。边境贫困地区跨境婚姻现象十分普遍，因种种原因导致难以合法化，户籍问题使得境外人口无法解决医疗保障、社会保障，因病或意外情况加剧了贫困的深度。

（2）留守人群增多。一些扶贫培训技能项目实施后，促使劳动力（主要是男性）远赴他乡打工，导致留守儿童心理不健康、留守妇女伦理道德沦丧、留守老人孤苦无奈等问题发生。

（八）扶贫资金分配和使用效率不够高

党的十八大以来，中央和云南省财政投入扶贫的资金总量一直在增加，但同脱贫攻坚的刚性需求相比仍显不足。同时，有的地方规划设计粗放、基层资金项目难以统筹整合，有些地方"急风暴雨""大拆大建"造成资源浪费现象较为严重，个别地方脱贫规划主要成了"建房规划"，金融扶贫潜力发挥不足等现象依然存在。调查的地区均存在一个共性问题，空有扶贫政策和扶贫项目，具体资金落实困难重重，一些启动资金就位后，后续资金难以持续跟进。

（九）扶贫的均等化还未能够引起关注

在实地调查中，有两类人被忽略了，即非贫困村的贫困人员和扶贫村的非贫困人员。

在全国大扶贫的潮流中，前者成了被遗忘的角落，后者则成了事不关己的旁观者。过分强调形式上的平等与平衡，反而引发实质上的不均衡与低效率。给予不同人群、不同地区同样的客观机会，并不能给予他们同样的主管机遇，最终导致贫困村、非贫困村、贫困户、非贫困户在时间和空间上的差距矛盾。

四、决胜小康阶段民族地区精准扶贫的政策建议

围绕本次民族地区精准扶贫调研中发现的问题，课题组深入细致分析问题的根源，并针对性地提出了决胜小康阶段民族地区精准扶贫的政策建议。

（一）扶贫攻坚总战略应转换到"先难后易"的工作思路

以前各地扶贫工作多是采取"先易后难"的战略，难度越大越往后放，致使深度贫困迟迟得不到解决。现在，脱贫工作进入最后的倒计时，中央与各省（区）市签订了脱贫责任书，明确了时间任务，这就要求各级各部门要从最困难群体入手，先啃"硬骨头"，否则将很难如期交账。下一阶段，云南省脱贫攻坚应瞄准最贫困的地区、最贫困的群体、最迫切需要解决的问题，把解决深度贫困摆在优先位置，以四大集中连片特困区和88个国家级贫困县作为主战场，把精准脱贫工作作为"十三五"后半期工作的重中之重，集中力量打攻坚战，确保2020年云南省民族地区与全国同步建成小康社会。

（二）精准扶贫要尊重民族地区贫困人群的主观意愿

在制定扶贫政策和措施中加入民意调查的环节，充分尊重民族地区贫困人群的主观意愿，调动其脱贫致富的积极性、主动性和创造性，让贫困人群在脱

贫攻坚中有足够的"获得感"和"认同感"。在扶贫政策实施环节，要让群众充分享受知情权、参与权、决策权、监督权，扶贫项目做到公开、透明、民主，通过村民代表会议等方式将决策转化为群众的意愿，由"让他干"变成"他要干"。同时，应尽量避免就同一个扶贫项目多次、多单位、多环节的重复调研，尽可能少地打扰贫困户。本次调研中，课题组在与苦聪人、莽人、克木人，及僰人、勒墨人、摩梭人等"直过区"民族贫困代表座谈中深切感受到，经过多年的扶持，"直过区"深度贫困的少数民族群众有了发展的愿望，对生活有了自己的想法，知道了自己需要什么。

（三）扶贫资金的优化配置与效率效益

运用"再利用，再循环"的绿色发展理念，优化配置各级政府、各个部门、各种社会力量的扶贫资金，降低贫困人群脱贫发展致富的总体成本，提高扶贫资金使用效率和效益，防止"扶贫致贫"问题的继续发生。例如，中国农业大学李小云教授为西双版纳傣族自治州勐腊县勐伴镇河边村设计的村寨木屋，充分利用村民住房的旧木料，在基本不贷款的情况下，努力把总体建筑成本控制在政府补贴金额的水平，大大降低了村民的建房支出，满足了村民宜居和发展旅游产业的需求。

（四）争取建立国家政策性金融扶贫实验示范区

按照中国农业发展银行与国务院扶贫开发领导小组办公室联合印发《政策性金融扶贫实验示范区总体工作方案》的总体要求，积极向有关部门申请"云南省政策性金融扶贫实验示范区"，发挥政策性金融特殊融资机制优势和地方政府组织优势，探索民族地区金融扶贫的发展模式。（1）创新贫困地区基础设施建设、生态保护、特色产业发展、教育扶贫、光伏扶贫、旅游扶贫等贷款品种；（2）探索对实验示范区的扶贫开发贷款实行整区域综合授信，扩大政策性银行在贫困地区信贷投放力度；（3）探索打造专门承担扶贫开发任务的投融资主体；（4）探索政策性银行与商业银行、农村合作银行、农村信用社，以及保险、证券、基金等机构金融扶贫合作机制。

（五）产业扶贫变等待"输血"为强身"造血"

产业精准扶贫的核心是要大力扶植贫困地区特色优势产业，着重增强扶贫对象的自我发展能力，变等待"输血"为强身"造血"。（1）摒弃过去"政府热、社会弱、市场冷"的产业发展现象，更多地让社会力量参与产业扶贫，依托互联网、大数据、物联网等现代网络技术，搭建电商平台，吸收各种资源要素注入贫困地区，在遵循市场规律、增强"造血"能力的基础上发展产业；（2）打破传统"大水漫灌"的产业扶贫思路，真正做到产业扶贫"对症下药"，走出"扶强难扶弱"的困境；（3）整合农户手中少而散的土地、资金、劳动力等生产要素，促进规模经营，形成标准化生产、专业化服务、企业化管理、一体化经营服务体系，打造以龙头企业农民专业合作社为核心的新型农业生产经营主体；（4）利用民族、边境、山区的优势，发展边境贸易。

【参考文献】

［1］习近平．摆脱贫困［M］．福州：福建人民出版社，1992．

［2］习近平．在河北省阜平县考察扶贫开发工作时的讲话［N］．人民日报，2012 - 12 - 29（1）．

［3］习近平．习近平关于扶贫开发论述摘编［J］．中国扶贫：特刊，2015（24）．

［4］严佩升，刘珊珊．云南贫困山区农村剩余劳动力流动与减贫的实证分析——基于昭通市贫困山区的调查［J］．鸡西大学学报，2010，10（2）．

［5］蒋辉，刘兆阳．贫困地区公共政策、农业发展与减贫的耦合协调分析——基于贵州、云南、安徽三省数据的实证分析［J］．经济地理，2016，36（11）．

［6］崔晓波．云南贫困区与乡村旅游资源分布的重叠度研究［J］．旅游纵览（行业版），2011（10）．

［7］沈娅莉．少数民族地区贫困循环的成因及对策研究——以云南为例［J］．云南财经大学学报，2012，28（4）．

［8］宁德煌．云南贫困地区旅游业可持续发展初探［J］．经济问题探索，2000（5）．

［9］刘文光．我国人口较少民族反贫困面临的问题及对策——以云南边境地区人口较少民族为例［J］．黑龙江民族丛刊，2012（1）．

南盘江流域深度贫困地区提高脱贫质量的问题、对策与创新举措

——以广西壮族自治区百色市为研究对象

黄启学

（中共广西百色市委党校）

一、问题的提出

2017 年 12 月 28 日，习近平同志在中央农村工作会议上对精准脱贫工作又提出了新的要求，强调指出，要把提高脱贫质量放在首位，必须打好精准脱贫攻坚战。当前，贯彻落实好提高脱贫质量的要求，不仅要打赢而且要打好精准脱贫攻坚战，对于履行"不让一个地区、一个人掉队"的庄严承诺，实现决胜全面小康，加快实现中国梦的步伐，具有重要的现实意义和深远意义。为此，本文以南盘江流域深度贫困地区百色市为研究对象，以深入调研为基础，对如何提高脱贫质量这一重要问题做一探讨。

百色市位于广西壮族自治区（以下简称"广西"）西部，全市辖 12 个县（市、区）135 个乡（镇、街道），总人口 416 万，总面积 3.63 万平方千米。其中，田林、西林、隆林、乐业 4 个县就在南盘江两岸。百色是一块具有丰富区位优势、资源优势、人文优势的区域，整合、开发资源的潜力相当巨大。多年来，百色由于地处偏远山区，石漠化十分严重，成为全国 14 个连片特困区滇黔桂石漠化片区的重要地域之一，是"老、少、边、山、穷、库""六位一体"的特殊区域。正因为这"六位一体"，使得百色精准扶贫与其他贫困地区相比具有明显的特殊性，它是深度贫困区，问题更多，难度更大，过坎更艰，任务更重。百色市 12 个县（市、区）都是贫困县，其中有 9 个国定贫困县，2 个区定贫困县，1 个石漠化片区"天窗"县。2015 年精准识别后，百色还有 754 个贫困村 68.2 万贫困人口。百色经过两年多的精准扶贫，一方面，取得了显著成绩。2017 年，右江区率先脱了贫困帽，173 个贫困村 3.65 万个贫困户 15.49 万

贫困人口脱贫摘帽。另一方面，百色仍有11个县（市、区）481个贫困村未脱帽，52.71万人口未脱贫，占总人口的12.67%。百色深度贫困的状况仍未得到根本改变，脱贫攻坚的任务仍然十分艰巨，确实到了啃硬骨头、攻坚拔寨的时刻。摆在现实面前的一个新问题是：把提高脱贫质量放在首位。对于刚脱贫的贫困村贫困人口来说，要解决如何巩固脱贫成果，遏制返贫现象发生，保持可持续脱贫致富的定力；对于还没有脱贫的贫困村贫困人口来说，要未雨绸缪，坚持把提高脱贫质量放在首位，采取各项举措，确保高质量脱贫，把好可持续脱贫致富的定力，最终打好脱贫攻坚战。

据近期调研发现，如下问题直接影响提高脱贫的质量：一是提高脱贫质量的内涵与外延还没有厘清。这就直接影响到提高脱贫质量行动在作为上的精准性。二是注重"短平快"的项目。短期行为多，"长久远"项目的筹谋、实施力和作为不足，影响脱贫质量的长期性和稳定性。三是乐于某区域脱贫摘帽的胜利，对反贫困斗争的长期性和脱贫致富的可持续举措准备不足。三是享受着基础设施建设的成果，忽略了基础设施后续的完善、巩固、维护、管控。四是重视了贫困户的"一对一"对接扶贫，引导集体经济的组织、形成与有效推进的力度不足。五是扶贫与扶志、扶智相脱节，贫困农民"等靠要"的思想依然严重，有的地方比原来更甚。六是重视了现实劳动力的培训就业，关注后续劳动力全面培养的力度有待提高。七是强力推进精准脱贫，但忽视了乡村振兴、新农村建设的整体推进。八是采取了强有力的组织措施，但协调各方、关系长远的"组合戏"还有待导演协同演出。这些问题表明，要提高脱贫质量，实现高质量脱贫，问题和困难还不少，任务还很艰巨，方法还有待创新，攻坚拔寨的决心和力度还需增强。

二、提高脱贫质量的对策与创新举措

（一）要把握好提高脱贫质量的内涵和基本要求

要在脱贫攻坚的实践中真正提高脱贫质量，首先从其内涵的认知开始，进而将其作为要求予以实施，以求提高脱贫质量的实效。

那么，什么是"提高脱贫质量"？笔者认为，其内涵和基本要求主要包括以下六个方面。

第一，脱贫致富的努力是前提。其主要内容，首先是"两不愁、三保障"，即：不愁吃、不愁穿；有住房保障、有基本医疗保障、有义务教育保障。其次是"十一有一超一低于"，"十一有"指有特色产业、有住房保障、有基本医疗保障、有义务教育保障、有路通村屯、有安全饮用水、有电用、有基本公共服务设施、有电视看、有村集体经济收入、有好的"两委"班子；"一超"指年人均纯收入稳定超过国家扶贫标准；"一低于"指贫困发生率低于 3%。如果不实现上述目标要求，就谈不上脱贫致富，更谈不上高质量脱贫。即使是还没有脱贫的，也要为此而努力，这样才能拿出提高脱贫质量的举措，才是向高质量脱贫迈进。

第二，"精准"是核心。要按"对象要精准、项目安排要精准、资金使用要精准、措施到位要精准、因村派人要精准、脱贫成效要精准"的要求去办，才谈得上高质量脱贫。

第三，可持续生计是关键。如果脱贫致富了，但不可持续，不久又返贫了，那就谈不上高质量脱贫。

第四，要以"大数据"为杠杆，助力实现高质量脱贫。要创新大数据扶贫模式，通过大数据分析与应用，因地制宜、因时制宜、因人而异、分类施策，打通精准扶贫"经络"，以实现真扶贫、真脱贫和可持续。

第五，乡村振兴是新走向。必须把打赢打好脱贫攻坚战与实施乡村振兴战略、建立社会主义新农村紧密结合，实现脱贫致富，从而生活在规划合理、产业兴旺、乡风文明、绿色环保、生态宜居的美丽新农村。

第六，人的素质的提高是根本。扶贫要与扶志、扶智紧密结合，实现人的全面发展、素质的全面提高，消除贫困的代际传递，从根本上解决高质量脱贫、实现小康后的永续发展。

只有把握好上述"提高脱贫质量"的基本内涵和要求，并在实践上努力实施，才能实现高质量脱贫的既定目标。

（二）基础设施建设的成果要管、养、护、修好

以修建硬化路、通水电和广播电视特别是信息网络为主要内容的基础设施建设，既是贫困农民最迫切的愿望和期待，也是精准扶贫的客观要求和脱贫攻坚战的重点任务之一，更是实现高质量脱贫的必要条件。几年来，百色市投巨资于贫困村屯的基础设施建设，使广大贫困村和贫困人口直接受益，有力地促进了精准脱贫的进程，为高质量脱贫打下了良好的基础。截至 2017 年底，全市累计投入 91 514.8 万元，新建（续建、升级或维修）硬化路 864 条，计 2 496.77 千米；全市饮水安全工程共开工 985 处，解决 15.35 万人饮水安全问题；投入 18 470 万元用于农村电网升级改造、农村电力保障建设等项目，为广大人民群众生产、生活用电提供了更加坚实的保障；累计投入资金 5 308 万元，实施 130 个村级公共服务项目，确保全市村级公共服务设施得到进一步提升；累计投入 8 579.5 万元开展农村危房改造行动，共完成 4 829 户稳固住房建设工作，确保贫困户能住上稳固的房子；易地扶贫搬迁和其他安排 89 990.83 万元，搬迁安置 42 923 户 183 231 人。信息网络、广播电视实现村村通、全覆盖，基

础设施建设大大改善，精准脱贫成效显著。

贫困村屯的基础设施建设能不能为高质量脱贫提供稳定的保障呢？短期可以，长期不行。这是因为基础设施建设搞好之后，还存在怎么管、养、护、修的问题。现在虽然实现了村村通水泥路，屯屯通硬化路，但投资者只负责建，验收后移交了事，不理管、养、护、修的问题，使得硬化路不久就逐渐崩坏了。从百色市那坡县（与越南接壤的边境贫困县）调研看，从县城到百都乡政府所在地，全程60多千米就有100多处大小塌方，路面坑坑洼洼。原因是通高速公路后，二级路下放县管，县财政困难，管护跟不上，路坏了不能及时修。这就使县乡主干道的交通影响了农民，特别是贫困农民产品的流通，农产品走不进市场，也就影响了贫困农民的收入。再看乡（镇）通村屯的硬化路情况，从百都乡政府到红泥村35千米的硬化路已经修好，但从村通到14个屯的硬化路只修了8条，还有6个屯合计57千米进屯路未修；即使是修好的硬化路，经过一段时间，有些地方也逐步崩坏，同样遇到了后续的管、养、护、修问题。这是因为扶贫资金只解决了建的问题，而没有解决管、养、护、修等后续问题。这会对扶贫产业发展，农产品走向市场产生直接的影响。同样，电、信息网络、广播电视、地头水柜也遇到了管、养、护、修的问题。因此，基础设施建好后管、养、护、修的问题不解决，谈何高质量扶贫与脱贫！

为此，要采取如下举措：一是必须构建县、乡（镇）、村脱贫攻坚基础设施建设的管、养、护、修的领导体系和"一体化"联动机制，纳入脱贫攻坚主体责任范围，落实县、乡（镇）、村管理人员，切实做到有领导、有政策、有人抓落实，以解决基础设施建设后，无领导者抓无人员管的问题。二是要从扶贫资金和社会各方支持扶贫资金中拿出一部分作为脱贫攻坚基础设施建设后的管、养、护、修基金，确保有资金支撑，这是解决问题的关键。三要落实责任制，制定奖惩政策，做到奖惩分明，使基础设施建设无论是路、电、网络还是水利、饮水安全等，经常有人巡查，有问题及时汇报，落实人员解决。四要加强管护人员的培训，掌握基础知识和技能，以胜任巡查工作，大问题汇报解决，小问题组织农民群众解决或者组织人员解决。只有这样，才能使路网交通顺畅，电常通，网络信息常联，电视新闻常看，水利饮水安全保障，才能为脱贫攻坚提供必要条件和保障。

（三）要确保高质量脱贫致富的可持续

要提高脱贫质量，"精准"是核心，"可持续"是关键。要解决事实上存在的重"短平快"、轻"长久远"的问题，乐衷于脱贫摘帽的胜利，忽略反贫困斗争的长期性和脱贫致富的可持续等问题，就必须在"精准"和"可持续"方面下硬功夫。

要认真贯彻落实"六精准"方针，把"精准"作为提高脱贫质量的第一要义，力戒主观主义、官僚主义和形式主义。

要切实在"可持续"策略上下功夫、出狠劲、使绝招。为此，需借鉴"可持续生计"的理论与方法。可持续生计概念最早见于20世纪80年代末世界环境与发展委员会的报告，并在20世纪最后10年逐渐流行开来。1995年在哥本哈根社会发展世界峰会上通过的《哥本哈根宣言》将可持续生计概括为："使所有男人和妇女通过自由选择的生产性就业和工作，获得可靠和稳定的生计。"1998年，斯库思斯（Scoones）对可持续生计的定义为："某一个生计由生活所需要的能力、有形和无形资产以及活动组成。如果能够应付压力和冲击进而恢复，并且在不过度消耗其自然资源基础的同时维持或改善其能力和资产，那么该生计具有持续性。"罗伯特·钱伯斯（Robert Chambers）和戈登·康威（Gordon Conuway）将"生计"定义为一种"谋生的方式，该谋生方式建立在能力、资产（包括储备物、资源、要求权和享有权）和活动基础之上"。从对可持续生计的定义来看，可持续生计是个系统性概念，涉及脆弱性背景、外部性冲击、生计能力、资产状况、生计活动和策略等方面，以及这些方面之间的相互作用，以实现贫困人口的可持续生计、永久脱贫与致富。

借鉴可持续生计理论来探究高质量脱贫问题，可以从治理模式、产业发展、集体经济、人力资本的开发等主要方面采取优化策略和创新举措。

第一，深度贫困地区治理脆弱化环境，必须采取加强基础设施建设与生态保护、可持续生计培育相结合的攻坚克难新举措，以改善贫困农民的生存环境和条件，衍生多样的可持续生计的思路、目标和行动，促使他们真正实现脱贫致富。如百色市隆林各族自治县（以下简称隆林县），位于广西西北部，处于南盘江流域及滇、黔、桂三省（区）交会处，是石漠化严重的国家重点扶贫开发工作县。全县总面积3 551平方千米，其中石山面积1 240平方千米，占总面积的34.92%；石漠化面积472.8平方千米，占石山总面积的38.21%，基岩裸露率35%~70%。辖16个乡（镇）179个村（社、区），居住着苗、彝、仡佬、壮、汉等5个民族。2015年，隆从县总人口40.2万人，其中农业人口37.58万人，占总人口的93.5%；少数民族人口32.92万人，占总人口的81.9%。该县现有耕地面积32.58万亩，人均耕地0.83亩，属于典型的石漠化严重、人多地少县份之一。"十三五"时期，全县累计有88个贫困村、19 006贫困户、79 553贫困人口。为了解决石漠化严重、深度贫困的问题，隆林县采取了"六子登科"综合治理的新举措。一是山顶"盖被子"。采取封山育林、人工植树造林、生态公益林管护等措施，进一步恢复生态植被，保持水土，防治石漠化。二是山腰"系带子"。充分利用退耕还林的土地，大力发展板栗、油茶、桑蚕等特色经济林，给山腰系上绿色的"带子"。三是山脚"搭梯子"。针对坡度在15°以下、土层较厚的坡耕地进行坡改梯改造，并因地制宜地配置蓄水池和田间道路等配套措施，有效地遏制岩溶地区石漠化的进一步扩张。四是平地"铺毯子"。大搞雨水集蓄利用工程，有河水的引河水，有地下水的打井提水，发展平地种烟、玉米、中草药等经济作物。五是入户建池子。大力发展家庭沼气池建设，解决农村能源问题，降低上山砍柴等人为活动对生态环境的破坏和影响，改善农民生产生活条件。六是移位换脑子。对石漠化片区区域失去生存条件的农户实施易地搬迁、劳务输出、教育扶贫等战略，缓解人口对生态环境的压力，增强农民自我发展的能力。隆林县实施"六子登科"综合治理新举措，不但有效遏制了石漠化的蔓延，保护了生态环境，而且促进了产业的发展、贫困农民的增收，推进了脱贫攻坚向高质量发展。

第二，大力发展稳定增收、持续增长的产业，是促进高质量脱贫、可持续致富的关键举措。实施精准扶贫，较重视产业发展促进脱贫致富，但往往注重"短平快"的产业项目，而对"长久远"的产业项目重视不够、使力不足。即使是"短平快"的产业项目，也往往出现"三化"现象。一是同质化。如各地都在争相种核桃、茶叶、猕猴桃、火龙果等，彼此同质，当这些产业进入盛产期，往往出现过剩滞销的市场风险。二是低端化。养猪、养鸡、养鸭成为很多贫困户产业发展的首选，容易影响扶贫资金的使用效果，并出现生产过剩的危机。三是功利化。一些地方发放给农民的仔猪、鸡鸭苗、羊等，虽能实现当年脱贫，完成任务，但无法解决后续持续脱贫的问题。

因此，不仅要注重发展"短平快"的产业项目，更要注重发展"长久远"的产业项目；要克服"三化"现象，面向市场，筹谋长远，使产业的发展实现可持续。一是要因地制宜，发挥优势，开发市场需求、前景看好的特色产业，立足现实、面向长远。为了解决"短平快"的项目致富后又返贫的情况发生，必须做到既发展"短平快"的项目，又抓好"长久远"的项目的开发，把两者结合起来，这是高质量脱贫的必要前提。二是要采取"公司＋合作社＋基地＋农户"的模式，使公司与集体经济、农民的利益紧密联系起来，农产品通过公司走向市场，集体经济得到扩大，农民收入、素质、能力得到提高，既实现了公司、合作社、农民三赢，又可为后续可持续脱贫致富提供了可靠的经营模式和坚实基础。三是要在农产品的深加工上下功夫，以延长扶贫产业链，提升产品附加值，实现提质增效，使之成为可持续脱贫致富的长远保障。

第三，要扶持和大力发展集体经济，提高产业稳增长、抗风险、可持续的能力。目前虽然贫困山区的集体经济还很薄弱，有的甚至还是"空壳村"，但必须想办法将集体经济发展起来。要向贵州"塘约之路"学习。塘约村原是贵州安顺市的省级"贫困村",2014 年 6 月遭到一场百年不遇的洪水,更是"穷到了底",包产到户 30 多年,已是走投无路,只好另辟蹊径。于是,在村支部的带领下,经过全村村民代表"公决",在一贫如洗的废墟上,建立起"村社一体"合作社,重走集体化道路,结果才经过三年多时间,全村脱贫致富,成为"新时期的大寨"。总结他们的经验:一是要构建强有力的村"两委"领导班子,选好能人担任领头羊,这是关键;二是把土地经营权"流转"到村集体,即成立合作社,重走集体化,从根本上化解集体所有制虚化的难题;三是选好发展的产业,采取因地制宜、宜工则工、宜农则农的多元(如塘约搞农业、运输、建筑、"农夫山泉"、水上乐园等多样产业)发展模式;四是采取"合作社 + 基地 + 农户"的经营模式,经营所得收益按照比例分红:合作社 30% 、村集体 30% 、村民 40% ,做到村集体、村民、合作社三方共赢。三方利益协调好了,三者的积极性就能充分调动起来,凝聚力大大提高,致富感、和谐感、幸福感、奋进感大大增强。有了集体经济,重走集体化,是稳增长、抗风险、确保可持续脱贫致富的重要路径之一。

第四,大力推进人力资本的培育与开发,扶贫与扶志、扶智相结合,消除贫困的代际传递,激发人力资源的内生动力。只有这样,才能从根本上保证高质量脱贫和可持续。贫困农民之所以贫困,除了自然、地理和历史的原因之外,根本在于人,在于封闭半封闭状况下人口的文化与智力素质低、见识短。因此,在"生态脆弱—人口超载—资源匮乏—经济贫困—教育落后"共存的深度贫困地区,要将"树木"与"树人"、扶贫通盘考虑,以人为本,走生态与教育、扶贫并举之路。要切实抓好普通教育,同时认真实施"雨露计划",培养精准扶贫一代新人。要通过开展职业教育、创业培训和农村实用技术培训,使每个贫困农户掌握 1 ~ 2 门有一定科技含量的农业生产技术或劳务技能。要把扶贫与扶志、扶智结合起来,加强群众培育自力更生的思想观念、文化意识等知识培训,提高劳动者的道德修养、文化素质、劳动技能和内生脱贫致富的动力。通过这些措施,使贫困群众的思想观念发生转变,生产能力得到提高,从而脱贫就成为结果,可持续致富就成为必然。

(四)要以大数据为杠杆,开辟提高脱贫质量的新路径

大数据的出现,急速地渗透并改变着现代经济、科技诸领域及人们的社会生活,它的作用也越来越引起人们的高度重视。谁先利用大数据,谁就能占据发展的主动地位,发挥杠杆作用,产生发展的新动力,促使发展跃上新台阶,实现跨越式发展。哪怕是脱贫攻坚,大数据的作用也越来越明显地展现在我们的面前。我们要充分认识大数据的作用,发挥其疏通"经络",促进脱贫致富的杠杆作用。

何为大数据？大数据（Big Data），是指无法在一定时间范围内用常规软件工具进行捕捉、管理和处理的数据集合，是需要新处理模式才能具有更强的决策力、洞察发现力和流程优化能力来适应海量、高增长率和多样化的信息资产。最早提出大数据时代到来的是全球知名咨询公司麦肯锡，该公司称："数据，已经渗透到当今每一个行业和业务职能领域，成为重要的生产因素。人们对于海量数据的挖掘和运用，预示着新一波生产率增长和消费者盈余浪潮的到来。"大数据在物理学、生物学、环境生态学等领域，以及军事、金融、通信等行业存在已有时日，却因为近年来互联网和信息行业的发展而引起人们越来越高的关注。大数据有 4V 特点：大量（Volume）、高速（Velocity）、多样（Variety）、价值（Value）。越来越多的政府、企业等机构开始意识到数据正在成为组织最重要的资产，数据分析能力正在成为组织的核心竞争力。如 2012 年 3 月 22 日，奥巴马政府宣布投资 2 亿美元拉动大数据相关产业发展，将"大数据战略"上升为国家意志。联合国也在 2012 年发布了大数据政务白皮书，指出大数据对于联合国和各国政府来说是一个历史性的机遇，人们如今可以使用极为丰富的数据资源，来对社会经济进行前所未有的实时分析，帮助政府更好地响应社会和经济运行。

我们对大数据还较为陌生，认为它是深奥的高科技的事，与脱贫攻坚相距甚远，但其实两者是紧密联系的。贵州省利用大数据扶贫，已经走在全国的前面。中国发展网于 2018 年 5 月 27 日发布信息："'大数据'智助'大扶贫'，打通贵州精准扶贫'经脉'。"贵州经验让我们耳目一新。贵州立足自身实际，坚持把大数据助力脱贫攻坚作为落实新时代精准扶贫战略的重要举措，深入开展网络扶贫行动，通过大数据的聚通用，打通精准扶贫的"经络"，让"大数据＋大扶贫"成为政府提升扶贫管理能力的重要途径，发展扶贫产业的重要方向，整合扶贫资源的重要载体，汇聚扶贫力量的重要平台。一是以"扶贫云"为代表的大数据扶贫模式，破解了"精准识别、精准施策"的难题。首先，"扶贫云"一方面通过扶贫相关部门数据对贫困户进行精准画像，实时掌握国家、省、市、县、乡、村各级帮扶干部情况及对应帮扶贫困户信息，实时预测贫困户致贫、返贫现象；另一方面通过数据统计功能，实时掌握管辖区内各类指标的统计情况，为相关部门工作及成效评估提供决策支撑。其次，强力推进大扶贫和大数据两项行动，通过将"扶贫云"与"国土资源云""教育云"等云平台融合，实现了对全省所有贫困人口、贫困地区的实时观测和动态监测，精准评估扶贫项目进展、资源利用、政策落实等情况，有效提升了扶贫资源、资金和项目的精准度和有效性。二是通过大数据助力实现"真扶贫"。通过大数据分析与应用，因地制宜、因人而异、分类施策，创新开展了农村电商助力扶贫、"9＋1"对口帮扶、线上线下产销对接、网络免费广告扶贫等工作。贵州电子商务云始终围绕贵州省"大扶贫、大数据"战略目标，打造"平台＋服务＋数据"贵州特色电子商务服务全链条体系。下一步，贵州将在"大数据＋精准扶贫"方面进一步探索创新，建立健全脱贫攻战识别、帮扶、监管、评估完整的业务流程，建立健全扶贫资金项目事前预警、事中监控、事后评估的体系，充分发挥信息公开、社会参与和监督的作用。

贵州实施"大数据扶贫"，开辟了精准扶贫、提高脱贫质量的新路径，值得全国各地尤其是贫困地区学习和借鉴。对于深度贫困的百色市来说，一要高度重视大数据，走"未知—已知—熟知—建之—用之"流程，把大数据列入脱贫攻坚的重要议程来抓，制定大数据中长期发展规划。二要构建与国家大数据对接的省、市、县（区）、乡（镇）、村相连网的大数据平台，实现大数据的"共云共享"。三要打造"平台＋服务＋数据"电子商务服务全链条体系，实现脱困村屯的全覆盖，让哪怕边远贫穷山区农民也能了解市场需求，生产出来的东西能被商人知悉，收购才能走向市场，从而实现增收脱贫、可持续致富。四要建立特色优势产业的生产、加工、冷链物流、销售与市场价格全生命周期的大数据库，重点解决三大核心问题，即农业产业脱贫攻坚大数据"从哪里来、怎么来；数据如何共享、业务如何协同；到哪里去、怎么用"。五要建立产业脱贫攻坚大数据采集更新长效机制和体系。以大数据助推精准脱贫，开辟新路径，实现可持续脱贫致富。

（五）要把打好脱贫攻坚战与实施乡村振兴战略紧密结合起来

当前，脱贫攻坚战中存在的一个突出问题，就是有的地方"就扶贫抓扶贫"，没有把扶贫与乡村振兴、美丽乡村建设紧密结合起来，结果是贫困农民个人脱贫了，但乡村集体经济没能振兴起来，抗风险能力、可持续发展能力弱；乡村的新房建了不少，但缺乏规划，布局混乱，面貌不靓，路窄且高低不平，车辆通行不便；环境仍脏、乱、差、臭；"等、靠、要"思想依然严重，脱贫致富的内生动力不足；文化水平仍低，文明素质不高，民主意识淡化……这些状况如不及时改变，必然影响脱贫攻坚的有效推进及脱贫致富的后续发展，同时影响乡村振兴、美丽乡村建设。因此，我们必须站在新时代、新高度、新视角，与贫困农民一道，把脱贫攻坚与实施乡村振兴战略紧密结合起来，在实施精准脱贫攻坚过程中，促进乡村振兴，打造生态宜居、富裕文明和谐美丽新乡村。这才是我们说的高质量脱贫的价值取向。

要按照"产业兴旺、生态宜居、乡风文明、治理有效、生活富裕"乡村振兴战略的总要求，与精准脱贫攻坚的具体行动有效对接，实现协同发展、互动前行。

第一，要实施"产业兴旺"之策，促进农民增收、脱贫致富。一要因地制宜，实施产业扶贫，推进"资源变资本、资金变股金、农民变股东""三变"工程，使有限资金真正用在扶贫产业上，实现效益增值。二要实施"公司＋合作社＋基地＋农户"等多种模式，把产业做大做强，集中产品，由公司推向市场。三要把贫困农民的利益与产业扶贫项目的实施紧密地联系起来，激发贫困农民的内生动力，实现增产增收。四要促进农民在参与产业发展行动中学到技术，增长持续脱贫技能。五要协调好公司的利益与贫困农民的利益，把两方面的积极性调动起来，同时合作社的集体经济也得到扩大，努力实现三赢。六要以更开放的举措打好脱贫攻坚战，促进广大贫困农民脱贫致富，注重打造田园综合体，构建区域脱贫新格局，重点抓深度贫困地区的脱贫攻坚战，突出抓好生产、生活、生态"三生"，打造农业、加工业和服务业"三业"，最终实现产业兴旺、集体有益、农民富裕、有钱建房，促进乡村振兴、幸福家园、美丽乡村建设。

第二，要坚持走绿色发展之路，把脱贫攻坚与生态保护、构建"生态宜居"乡村紧密结合起来。一要因地制宜，大力发展绿色产业。充分和有效利用有限的资源，从农业生产的源头上实现对资源的保护和对生态的恢复。坚持绿色兴农、质量旺农，满足人民群众对良好生态的绿色化需求，实现农业的绿色发展。二要坚持规划优先原则，做好生态宜居乡村规划。规划要根据当地地理环境条件设计，划分功能区，做到合理布局，统筹兼顾，以生态宜居为本。三是对于有古村落条件的村寨，可把它"修旧如旧"，突出乡土文化和特色民居特色，与乡村旅游业开发结合起来，打造生态宜居休闲旅游乡村，吸引各方游客，使之成为旅居兴农产业，成为增加贫困农民收入的又一新途径。四要加强对规划的领导，提高乡村农民的规划执行力。乡村领导要以身作则，增强责任意识，教育农民，增强农民的规划意识和共享理念，全面开展美丽乡村建设。

第三，注重扶贫与扶志、扶智相结合，加强社会主义精神文明建设和社会治理，促进乡风文明建设。一要尽快改善贫困地区办学条件，从重视农村义务教育开始，办好学前教育、普及初高中教育，让贫困农村孩子享受公平而有质量的教育，以消除贫困的代际传递。二要解决贫困农村文化活动"缺人""缺场所"等问题，统筹各方支持贫困农村建好农家书屋、农村文化体育广场，培养农村文化艺人，组建农村传统文艺队和体育队，鼓励贫困农民积极参与乡村文化活动，丰富群众性文娱体育生活。三要加强贫困农村的社会主义道德建设，传承劳动光荣、尊老爱幼、尊师重教、男女平等、团结互助、和谐共处的传统美德和社会风尚，克服"等、靠、要"的惰性思想，解决亲情乡情缺失、人与人信任危机等问题，同时也要努力清除市场经济带来的负面影响，提升贫困乡村农民群众的整体道德水平。四要坚持深入开展乡村移风易俗工作，引导群众自觉抵制婚丧嫁娶大操大办、高价彩礼、盲目攀比等陈规陋习，着力培育乡风文明、民风淳朴和优良家风，构建文明和谐的新型村民关系。

第四，要创新乡村管理方式，实现乡村治理有效。一要坚持以自治为基础。加强基层组织建设，重点是选配好强村支书，充分发挥村党支部的战斗堡垒作用；完善基层民主制度，发展农村协商民主，强化村务公开；制定村规民约，完善"一事一议"制度。二要坚持全面依法治理和以德治理相结合。要坚持以社会主义核心价值观为指导，加强农村思想道德和普法教育，不断夯实乡村治理的思想道德和法治理念基础，在依法决策机制，构建决策科学、执行坚决、监督有力的村级治理工作机制上下功夫，健全依法维权和化解矛盾纠纷机制，引导群众依法维护自身正当权益。要发动群众积极参与民主管理、依法治理，促进乡村共治共管，共同构筑文明和谐融洽的新型乡邻关系；以乡村基层组织为引领，与宗族管理、社群自治相协调，形成有效的乡村治理模式，以保障精准脱贫、乡村振兴、可持续脱贫致富的永续的战略目标的实现。

（六）要组织社会力量，演好提高脱贫质量的"组合戏"

从实施脱贫攻坚的过程来看，百色的各级党委、政府高度重视脱贫攻坚工作，其落实主体责任，健全扶贫机制，保障脱贫攻坚有序推进，可谓全党动员、全社会参与、倾全市之力。脱贫攻坚确实取得了显著的成就，但是，能不能取得更大、更巩固、更高质量的脱贫致富的效果呢？回答是肯定的。除了应采取上述举措外，还有一大举措，那就是把社会力量整合发力，尤其是把效益好的企业与贫困村"一对一"挂钩，不脱贫不脱钩，演好提高脱贫质量的"组合戏"，必然能实实在在地加快百色高质量脱贫的步伐。

百色有两个例子很能说明问题。一个例子是国有大型企业华润集团投资5 000多万元扶持永乐乡的西百乐村（原贫困村），实行"公司＋合作社＋基地＋农户"经营管理模式，实施土地流转、大棚种植蔬菜、养猪养鸡，将产品拉到百色城的华润超市销售，实现"产—供—销"一条龙，促使公司有效益、合作社有收入、农民脱贫致富，三方受益，长久合作；也使得西百乐村实现可持续发展、乡村振兴，成为远近闻名的华润小镇。另一个例子是民营企业壮乡红谷集团扶持田阳县那满镇新立村（原贫困村）搞农业产业化开发，采取"公司＋合作社＋基地＋农户"经营管理模式，实行土地流转；由于石漠化严重，人们实施小块拼大块改造，大面积连片种植"圣女牌"西红柿、辣椒、"桂七"品牌杧果，把产业拓展到周边乡村，把产业做大做强，产品销往区内外，甚至通过"南菜北运"专列销往北京、上海；这种新农村改造，促使全村脱贫致富，生态宜居，乡风文明，提前实现小康。这两个企业扶持贫困村的实例启示我们，如果全市所有效益好的企业都挂一个村扶持，对接产业发展或者引导开发新的产业，吸纳农民工到产业基地或企业打工，就能稳稳当当地使贫困村实现高质量脱贫奔小康、可持续致富，实现永续发展。

虽然企业支撑扶持贫困村能最有效地推进高质量脱贫，但必须考究其具备的条件和演好"组合戏"的努力程度。一是参与"一对一"扶持贫困村的企业，必须是产业效益好的企业，否则难以承担扶贫的使命。二是党委、政府必须高度重视、各部门配合、企业响应，构成协调合演"组合戏"的平台，定点"山村"，一一对接，拉开"企村扶贫"序幕。三要发动企业拥有扶贫的热情和责任心，并且善于与贫困村"两委"合作，研究、策划开发适合贫困村因地制宜的产业，尽量发展与本企业对接的产业或者加工和务工，这是关系高质量脱贫永续发展的重要环节。四要采取"公司＋合作社＋基地＋农户"经营管理模式，确保实现公司、集体、农民三赢。五要坚持"创新、协调、开放、绿色、共享""五大发展"理念，推进"企村"共建共享、高质量脱贫，实现贫困农民致富，乡村振兴，可持续发展。

总而言之，"提高脱贫质量"不但是一个概念、新的要求，而且是必须实施的系统工程和必须实现的奋斗目标。我们应不忘初心，牢记使命，把握好"提高脱贫质量"的新要求，同心协力，为南盘江流域的高质量脱贫、如期实现小康和可持续发展而努力奋斗。

【参考文献】

［1］黄启学，苏进祥．西南边疆民族贫困山区精准扶贫面临的新问题与创新举措［J］．百色学院学报，2017（2）．

［2］陆五一，李祎雯，倪佳伟．关于可持续生计研究的文献综述［J］．中国集体经济，2011（1）．

［3］常贵蒋．广西隆林连片特困地区精准扶贫情况调查［J］．合作经济与科技，2017（14）．

［4］黄启学，凌经球．滇桂黔石漠化片区贫困农民可持续生计优化策略探究［J］．西南民族大学学报（人文社科版），2015（5）．

［5］黄启学．要把打好脱贫攻坚战与实施乡村振兴战略紧密结合起来［N］．右江日报，2018－04－10（7）．

发展农村集体经济　推进四区脱贫共富

王文亮

（中共百色市委党校）

党的十九大提出："实施区域协调发展战略，必须加大力度支持革命老区、民族地区、边疆地区、贫困地区加快发展。"南盘江流域是典型的"四区"，改革开放 40 年来与全国一样，农村土地实行统分结合的家庭承包经营责任制，"分"调动了农民的积极性。2006 年农村税费改革后，国家取消了农业税，也取消了村级组织向农民的提留，减轻了农民的负担，但也弱化了村级组织"统"的功能，削弱了村民自治的物质基础。尽管国家通过财政"一条腿"对乡村各项建设投入大幅增加，但却缺少了农村集体经济与之并行的"两条腿"走路的生机与活力，使得乡村特别是贫困乡村建设发展滞后，成为城乡融合发展中最为显眼的短板。因此，发展农村集体经济已经时不我待。

一、关于发展农村集体经济的理论依据

我国农业生产由新中国成立初期的农户单干（1950—1952 年）到互助组（小集体，1951—1954 年），到初级合作社（1953—1955 年）、高级合作社（1956—1959 年），再到人民公社（大集体，1958—1982 年），最终到 20 世纪 70 年代末 80 年代初开始的家庭承包经营（1982 年至今）。

总结农业生产发展历史，早在 1929 年领导百色起义和根据地建设时，邓小平同志就进行了"共耕"和"分耕"的试验。60 年代初，刘少奇、邓小平同志在中央主持经济工作期间，在具体政策上主张"三自一包"。1980 年，邓小平同志明确指出："我们总的方向是发展集体经济。""可以肯定，只要生产发展了，农村的社会分工和商品经济发展了，低水平的集体化就会发展到高水平的集体化，集体经济不巩固的也会巩固起来。关键是发展生产力，要在这方面为集体化的进一步发展创造条件。"1990 年 3 月，他又指出："中国社会主义农业的改革和发展，从长远的观点看，要有两个飞跃。第一个飞跃，是废除人民公

社，实行家庭联产承包为主的责任制。这是一个很大的前进，要长期坚持不变。第二个飞跃，是适应科学种田和生产社会化的需要，发展适度规模经营，发展集体经济。这是又一个很大的前进，当然这是很长的过程。"

1992年7月，他指出："关于农业问题，现在还是实行家庭联产承包为主的责任制。我以前提出过，在一定的条件下，走集体化集约化的道路是必要的。但是不要勉强，不要一股风。如果农民现在还没有提出这个问题，就不要着急。条件成熟了，农民自愿，也不要去阻碍。""农村经济最终还是要实现集体化和集约化。有的地区农民已经提出集约化问题了。""要提高机械化程度，利用科学技术发展成果，一家一户是做不到的。特别是高科技成果的应用，有的要超过村的界线，甚至超过区的界线。仅靠双手劳动，仅是一家一户的耕作，不向集体化集约化经济发展，农业现代化的实现是不可能的。"

与人类社会发展规律相适应，随着社会生产力的发展，农业生产制度的演进趋势是个体化—合作化—集体化—国有化—共产化。实现农业的集体化、集约化、现代化，是邓小平同志一贯坚持的思想。

习近平同志近几年来在多个场合指出，发展集体经济是实现共同富裕的重要保证，要"积极探索发展农村集体经济实力的具体形式和路子"。

2014年11月，中共中央、国务院印发《关于引导农村土地经营权有序流转发展农业适度规模经营的意见》，提出各地要结合实际不断探索和丰富集体经营的实现形式。

2016年12月，中共中央、国务院颁布《关于稳步推进农村集体产权制度改革的意见》，明确提出要探索多种形式发展集体经济。

党的十九大提出，用30年左右的时间建设社会主义现代化，实施乡村振兴战略，坚持城乡融合、乡村优先，深化农村集体产权制度改革，保障农民财产权益，推动占农户近90%的小农户衔接现代农业，壮大集体经济，实现农业农村现代化。

二、发展农村集体经济的意义、条件和原则

坚持农村土地集体所有、家庭承包经营基础性地位，发展多种经营主体，深化农村集体产权制度改革，探索集体经济新的实现形式和运行机制，不断解放和发展农村社会生产力，为坚持中国特色社会主义道路，促进农业发展、农民富裕、农村繁荣，巩固党在农村的执政基础，推进城乡协调发展，实现农业农村现代化提供支撑和保障。

（一）发展农村集体经济的意义

现阶段村集体组织（村民委员会和村民小组）除了承担经济职能外，还要承担村内有劳动能力的人就业，对生活没有依靠的老、弱、孤、寡、残、贫和遭遇不幸的村民进行生活上的照顾，对军烈属进行生活上的优抚，对困难户进行补助，形成了一个向村民提供基本公共服务、治安管理、扶贫帮困、拥军优属的小政府。单靠国家对农村各项建设的投入、"一事一议"奖补和各种支农惠农补助，既不能满足村级公益事业建设投入的需求，又不属于农民"用自己的钱办自己的事"，难以激发人们自力更生的精神，并容易产生"等、靠、要"的思想观念。因此，发展农村集体经济，特别是"四区"集体经济，就是为农村公共服务、公益事业和社会建设提供内生物质保障。其意义在于以下方面：

1. 实现脱贫奔康和社会主义现代化建设的必然要求

一方面，贫困人口之所以贫困，除了丧失劳动能力者和极个别懒惰者等因素外，主要是因为人们普遍智力低下、缺乏意志，找不到出路、不懂生产技术，不会经营管理，更不会单独走进市场。另一方面，一家一户的生产，只能解决劳动能力正常者的脱贫奔康，但无法实现以共同富裕为核心的社会主义农业现代化。根据邓小平同志第二个飞跃思想和习近平新时代中国特色社会主义思想，实现贫困人口的脱贫奔康，走共同富裕道路，建设社会主义农业现代化，都需要集体化、集约化、组织化、市场化。在"分"的积极性已经充分体现，农村社会生产力得到大发展的情况下，一定要解决好"统"的问题，以更好适应现代市场经济、规模经济的发展，真正体现和发挥"统分结合"优势的制度安排。

2. 解决农村社会福利、公共服务和公益事业所必需的开支

发展集体经济，是乡村振兴的必然要求，是农村社会治理的物质基础。如村内水管破裂了，村街道路的路灯烧了，村屯文化活动室、敬老院等场所的设备坏了，不能总让村委会打报告要求政府拨款，县乡政府也不可能管到各个村屯。因此，村屯必须有一定的集体经济收入，来解决公共服务、公益事业、社会福利等方面的大小事务所必需的开支。

3. 提高农业生产组织化程度，增强抵御市场风险和抗灾救灾能力

随着市场竞争越来越激烈，产品质量要求越来越高，家庭承包经营生产受到了诸多制约。山区农村劳动力外出务工出现的土地撂荒现象相当严重，一些地区农民群众已经逐步自愿组织起来，通过多种合作与联合陆续走上大小不一的集体化道路，逐步提高农业机械化、信息化、园区化和科技应用水平，通过土地流转、股份合作、专业合作、供销合作、信用合作、科技合作等方法，提高农业园区化、设施化、规模化、集约化、标准化生产，发展规模经营，不断增强市场竞争力和抗灾救灾能力，产生规模效益。根据习近平新时代中国特色社会主义思想，实现农村共同富裕，城乡共同发展，不让一个民族、一个人掉

队；建设中国特色社会主义现代化，需要走组织化、市场化道路，贫困山区农村也不例外。

（二）发展农村集体经济的条件

发展农村集体经济，需要具备一定的条件，总的来讲，适应农村社会生产力水平的进一步提高，适应工业化、城镇化、信息化和农业现代化的同步推进。适应经济社会市场化发展对农业生产规模化、集约化、机械化、科技化、信息化要求的经营方式和管理水平，包括以下几个重要因素。

1. 发展现代农业

现代农业需要精细化分工，依靠科技的推广应用，要想通过经营要素含量的增加、质量的提高、投入的集中及组合方式的调整等来提高效率、增进效益和催生新的业态，提高生产的规模化、多样化、集约化、标准化、机械化、信息化水平，自然需要走集体化、组织化道路。

2. 村民自愿和民主意识

村民群众自愿和愿意联合起来共同生产，并能够在组织中民主议事、集思广益，实现民主决策，民主管理。

3. 村级组织的管理能力

发展农村集体经济，需要有真心实意为全体村民谋求共同富裕的强有力的精英人物和团结务实的村级组织领导班子的坚强领导，领导成员大都会管理、懂经营，不怕艰难困苦，有无私奉献和开拓精神。

4. 财务公开

村集体经济组织要实行财务公开制度，将本村涉及各方面利益关系的财务活动情况，包括财务计划、各项收入、支出、资产、资源、债权债务、收益分配，具体如集体土地征占补偿收益，集体资产资源发包、租赁、出让、投资及收益，集体工程招投标及预决算，"一事一议"筹资筹劳及使用，其他需要进行专项公开的事项及其有关账目等，通过公开栏张贴、发放资料、电子触摸屏等形式和程序告知全体村民，并由村民参与管理、实施监督。实行村级会计委托代理服务的，代理机构也要按规定及时提供相应的财务公开资料，并指导、帮助、督促村集体经济组织进行财务公开，做到有问必答，有理有据，让村民信服。

5. 制度完善

一是产权制度。有明晰的土地、劳力、技术、资本、农具、机械等产权及其参与分配制度。二是分配制度。有经过民主协商、大家认可、明确无异的分配方案。三是管理制度。有完善的产权、生产、服务、购销、财务、审计、监督、通报、人事、福利、奖惩、决策议事等管理制度。

（三）发展农村集体经济的原则

1. 促进发展

有利于农村生产力的进一步发展和农业农村现代化的推进，有利于农民的就业和增收，有利于农村土地的充分、科学利用。

2. 农民自愿

必须尊重农民意愿，农民主动要求或愿意组织起来共同生产经营，发挥农民的主体作用，不能强迫命令。

3. 政府引导

政府做好引导服务工作，特别是对贫困群众要耐心引导，说明道理，走共同富裕道路，保障个体利益的取得和安全。政府参与投资试验，稳定人心，成功后大力推广发展。

4. 产权明晰

集体经济组织中的资源、资金、资产、土地、技术、管理等方面的产权要清晰，账目要清楚，避免出现村集体和农户、农户与农户、集体与集体之间相互侵占利益的情况，不减少农村的总收入，不增加村集体的债务，不成为产生农村腐败的土壤。

5. 私有共享

农村集体经济既有公有的成分，也有私有的成分，在社会主义初级阶段的集体经济应实行"私有共享"的经济集团，其公共利益的形成要以个体利益得以充分保障为前提，具体形式可以是农户与合作社、农业公司、村民小组、村委会、村与村之间等各种联合合作的大小经济实体，但目前还不能完全实行"公有共享"的集体化经济集团。

6. 因地制宜

要立足各村地理位置、外部环境、资源状况、干部能力素质等实际，因地制宜，量力而行，既要借鉴已有成功模式，又要鼓励创新，走各具特色的发展路子。要从自身实际情况出发，发挥优势，挖掘潜力，宜工则工、宜农则农、宜渔则渔、宜商则商。

三、发展农村集体经济的形式

发展农村集体经济，并非一味回到过去的集体。各地应根据中共中央、国务院颁布的《关于稳步推进农村集体产权制度改革的意见》精神，结合本地实际，探索发展以下几种形式的村级集体经济。

（一）用活农村土地资源，发展资产经营型集体经济

土地是农村最大的资产，村级组织要认真落实"三权分置"政策，大力推

进土地承包经营权流转，由村集体通过各种方式统一经营农户自愿转让的土地，特别是撂荒的田地，实现土地规模化、集约化经营；利用闲置的集体土地、集体建设用地、未承包到户的集体"四荒"（荒山、荒沟、荒丘、荒滩）地、林地、果园、养殖水面，以及经土地整理、宅基地整治、零星自然村迁并和村庄整治增加出来的土地等资源，由村集体采取合作、承包、租赁、抵押、作价入股等方式经营，兴办种植养殖型、加工增值型和产品运销型等各种经济实体；依托大中型企业和专业经营公司，采取村组出土地，企业出资金、出技术、出管理、包销售的办法，联合建市场、学校、酒店、仓储、物流，配套创办各种小型加工、服务实体等，从中获得集体收入。如贵州万峰林办事处纳录村通过村出土地、建毛坯房，企业出资金、负责经营管理，办起了酒店和幼儿园，获得了可观的集体经济收入，实现了本村 60 岁以上老人全年在村集体食堂免费用餐，村民享受多种福利。

（二）培植特色主导产业，发展资源开发型集体经济

村级组织要结合农业综合开发，领办和创办国家鼓励发展的特色农业、质量农业、设施农业、生态农业、观光农业等示范项目，带动村民发展本村优势明显、特色鲜明的主导产业，以农业供给侧结构性改革为主线，推进产业结构调整，形成"一村一品"的"三品一标"特色农业、特色加工业和特色服务业发展格局，既有农户自主经营又有集体经济组织与其他经营主体的联合合作经营，既促进农民增收又壮大村级集体经济实力。如广西田东县持续发展"10＋3"特色农业，在此基础上，通过土地流转并采取"村组＋龙头企业＋合作社＋农户"经营方式实行标准化生产营销，获得村集体合约分成经济收入。

（三）建立村级服务公司，发展"三农"服务型集体经济

适应发展现代农业，推进农业规模化、集约化、产业化经营的新要求，构建公益性服务和经营性服务相结合、专业服务和综合服务相协调的新型农村社会化服务体系。村级组织牵头成立各种专业技术协会、专业合作社、专业服务公司等，采取"村组＋公司（合作社、协会）＋农户"等多种形式，向农户和各类农业经营主体提供技术指导，信息传递，物资供应和产品收购、加工、销售等生产性服务与建农贸市场等，以有偿、微利的服务和管理方式收取一定的服务费，增加集体经济收入。如广西那坡县一些边远山区种有李果、八角、玉桂等名优产品，但由于零星分散、交通不便，无人下去收购，农户自销不赚钱。若能利用供销合作社渠道，通过村级便民服务公司统一收购、统一营销，不仅能为农户卖得好价钱，还可以使村集体获得服务收入。

（四）挖掘自然资源潜力，发展乡村旅游型集体经济

村级组织要积极利用本村生态环境和人文历史等资源发展休闲农业和乡村

旅游，坚持保护生态环境与开发利用资源相统一，在符合国家产业政策和法律法规的前提下，充分挖掘村域内的"四荒"地、森林、水面、自然风景和人文景观等资源以及浓郁的乡土文化优势，由村组集体吸收社会资金进行联合开发、租赁承包经营，创办经济实体，发展农家乐、度假村、休闲观光农业等，增加村级集体的经济收入。

（五）积极利用外部资源，发展异地开发型集体经济

村级组织通过利用政府扶持发展集体经济的启动资金，集中使用公益林水源林补助资金和贫困人口补助资金等，依法组建联合投资公司，依托专业投资经营公司到各开发区和产业园区投资或兴建标准厂房，设立配套生产服务企业等方式，"走出去"创业增收。特别是缺乏土地的石山村、边境范围在 0～3000 米的村（为稳边固边，原则上不允许易地搬迁）除了采取就近发展集体经济养殖项目外，应积极利用外部资源抱团发展"飞地经济"项目，获取集体经济收入。

（六）创新多种经营方式，发展各具特色型集体经济

发展集体经济要遵循市场经济规律，不断创新经营组织形式和运作方式，搞活集体经济项目，增加集体收入。村级组织可以利用政府和社会帮扶资金、整合各部门涉农项目资金等，发展村级集体经济；可以成立各种服务公司直接从事产、供、销活动获取经营收益；可以利用集体积累资金和资产，通过入股或参股产业龙头企业、村与村合作、村企联手共建、扶贫开发等形式增加集体收入；可以灵活选择独资、合资、合作经营和委托、租赁、拍卖、转让、承包经营等形式，建立健全产权清晰、管理规范、制度完善的集体资产经营管理机构，实行资本运营，实现集体资产的保值增值。

需要指出的是，要认真总结 60 年来农村生产历史，深入分析单纯的集体化和单纯的农户化的弊端，通过村组群众讨论哪些活应该农户自己做，哪些应该集体做，以发展集体经济。

四、发展村级集体经济的扶持政策

贫困革命老区的地方政府要积极利用和争取国家对"四区"的支持发展政策，扶持村级组织发展集体经济；要清理废除各种阻碍农村集体经济发展的不合理规定，营造有利于推进农村集体产权制度改革的政策环境。

（一）土地政策

村集体通过土地整理、复垦、开发增加的耕地，归村集体管理使用；村集体结合农村环境整治，实施迁村腾地工程，新增有效耕地，归村集体所有和经营；对村集体建设用地，依法办理集体建设用地土地使用权证，允许其依法按规划使用土地进行生产和经营；对新增耕地一半以上用于发展集体经济的村集体，政府从土地出让收入中按一定标准给予奖励扶持。

（二）财政政策

市级和县级政府应采取财政贴息、补助或奖励的办法，激励农村发展集体经济。市级财政每年按一定标准，建立发展村级集体经济的专项基金，各县（市、区）财政按照一定比例配套，主要用于对发展村级集体经济的重点项目贷款贴息；对村级集体经济发展较快、年集体经济收入数额较大的村，给予一定奖励。加强对集体农产品基地、小型农田水利、村庄道路、村级文化设施等公益性事业建设的投入。采取停发粮食直接补贴、良种补贴、农资综合补贴等办法遏制撂荒耕地的行为。对不符合产业规划的土地经营行为，不再享受相关农业生产扶持政策，确保土地用于农业和与农业相关的生产经营。

（三）税收政策

在村级集体企业新增税金中，县乡两级留存部分分别奖给村集体一定数额；村集体新办企业 3 年内的所得税，县乡留存部分全部奖励给村集体；村集体经济组织发展质量农业、开发"四荒"资源等项目获得的收入，从事种植业、养殖业、农产品加工所得，暂免征收所得税；含村集体经济成分的企业上缴的税收地方留存部分，按村集村经济所占比例返还到村。企业通过公益性社会团体或者县级以上人民政府及其部门对结对村社会事业的捐赠，可按税法规定在税前扣除，对兴办的涉农经济实体取得的收益主要用于农村公益事业和为农民生产生活提供服务，以及对从事农产品生产、加工、销售的经济实体，免征营业税、所得税、增值税、印花税等税种。

（四）金融政策

农业银行和农村信用社把扶持村级农业综合开发、农业产业化经营、农民专业合作社作为信贷支农的重点；扩大抵押范围，积极发展水面经营权抵押贷款、林地经营权抵押贷款、农村集体建设用地使用权抵押贷款等信贷品种。农行、信用社、邮政储蓄银行等金融机构延伸农村服务链条，创新金融产品和服务方式，培育村镇银行、贷款公司、农村资金互助社，有序发展小额贷款组织，引导社会资金投资设立适应"三农"需要的各类新型金融组织，切实解决发展村级集体经济融资难的问题。

（五）项目政策

农业、林业、水利、扶贫等部门要把项目资金向村级特别是贫困村集体经济发展项目倾斜，对农业产业化基地、农产品加工基地等村级集体经济建设项目和扶贫项目，财政支农资金优先予以立项补助和奖励。

此外，要严格界定县乡两级政府与村级自治组织的事权和责任。在推进公共服务和基础设施向农村延伸时，应由政府负担的事项不得转由村承担。对村组集体原有的高息借款，按照国家有关免息、停息、减息还本等优惠政策规定执行，减轻村组集体的债务负担，轻装上阵，加快发展。

五、加强对村级集体经济的管理

农村集体经济作为农村公有和公私兼有的经济实体和村民自治的经济基础，必须加强农村特别是贫困村管理人才队伍建设，在村级党组织的领导下，村委会或村民小组要建立完善集体经济组织的清产、产权、决策、财务、审计、监督、激励等相关管理制度，加强管理，科学经营，正常运行，让它长期存在和发展，发挥应有的功能作用。

（一）开展农村集体资产清产核资

发展农村集体经济，首先要对集体所有的各类资产进行全面清产核资，摸清集体家底。要清查核实未承包到户的资源性资产和集体统一经营的经营性资产，以及现金、债权债务等，查实存量、价值和使用情况，做到账证相符和账实相符。对清查出的没有登记入账或者核算不准确的，要经核对公示后登记入账或调账；对长期借出或未按规定手续租赁转让的，要清理收回或补办手续；对侵占集体资金和资产的，要如数退赔；对涉及违规违纪的，移交纪检监察和司法机关处理。清产核资结果要向村组集体成员公示，并经组织成员大会或代表大会确认。

（二）加强农村集体"三资"管理

严格按照制度对农村集体"三资"（资产、资源、资金）进行管理，包括"三资"的清查、登记、保管、使用、处置等，建立"三资"台账，实行不定期检查，防止集体资产流失，不断提高资产保值增值水平。村级集体经济组织的资产、资源发包出租，必须采用公开招标方式进行；村集体经营性物业资产不允许随意变更，不得对外提供担保。

（三）加强农村集体经济运行的民主管理

建立、健全村级集体经济组织生产经营民主决策机制，全面推行村级重大决策机制，规范和完善民主决策的内容、形式和程序，保障集体经济组织成员的知情权、参与权、决策权和监督权，充分听取组织成员的意见建议，采纳科学合理的成分，确保村级集体经济健康发展。要完善监督机制，以集体经济组织成员为主成立监事会，对村级集体资产的运营情况进行有效的监督。

（四）加强农村集体经济组织的产权管理

要加强对农村集体经济组织中国家（政府）、集体（村委会、村民小组）、农户、企业（公司）或股东等各方产权的登记、核查、变更等管理，建立各方资产、资源、资金等产权明细账，确保各方产权明晰，各方产权的总和等于集体经济组织的总产权，防止产权混乱，一方利益受损。集体资产等所有权确权要严格按照产权归属进行，各方依照国家政策和相关法律规章规定，行使产权所有权，参与产权利益分配、增资或转让、处置等。

（五）强化农村集体经济组织财务管理

要加强对村级集体经济组织财会审计人员的培养培训，稳定农村财会审计队伍（或实行代管制），按照财经制度和财务管理制度做好财务收支预决算、日常财务管理工作和集体经济组织资金资产资源的管理，落实民主理财，及时、真实、规范地公开相关信息，接受组织成员等监督。加强农村集体经济组织审计监督，做好日常财务收支等定期审计、村干部任期和离任经济责任等专项审计；加强农村集体经济组织资金资产资源的监管，定期通报，建立问题移交和责任追究查处制度，切实维护集体经济组织、管理人员和全体成员的利益。

【参考文献】

[1] 中共中央，国务院. 中共中央　国务院关于稳步推进农村集体产权制度改革的意见 [R]. 2016 - 12 - 26.

[2] 中共中央文献研究室. 邓小平年谱（1975—1997）：上 [M]. 北京：中央文献出版社，2004.

[3] 天门市张港镇人民政府. 张港镇发展壮大村级集体经济实施方案 [R]. 2010 - 08 - 10.

[4] 江苏沛县杨屯镇人民政府. 发展壮大村级集体经济的实施方案 [R]. 2011 - 10 - 25.

脱贫攻坚同实施乡村振兴战略有机结合路径探析

——以南盘江流域深度贫困地区百色市为例

刘承智

（中共百色市委党校教研室）

党的十九大，从全面建成小康社会、全面建设社会主义现代化国家的战略高度和新时代做好"三农"工作等方面全盘考虑，对打赢脱贫攻坚战做出了新部署，提出了新要求，做出了实施乡村振兴战略的重大决策。2018 年 3 月 5 日，习近平同志参加十三届全国人大一次会议内蒙古代表团审议时提出，要把脱贫攻坚同实施乡村振兴战略有机结合起来。因此，研究探讨脱贫攻坚同实施乡村振兴战略如何有机结合具有重要的现实意义和时代意义。下面以南盘江流域深度贫困地区百色市为例进行粗浅探讨。

一、推进脱贫攻坚同实施乡村振兴战略有机结合的必要性和可行性

（一）脱贫攻坚和乡村振兴的共同特征、相通之处

1. 实施领域相同

就实施领域而言，百色是全国 14 个特困连片地区滇黔桂石漠化片区主要区域之一，贫困人口呈既集中又分散的特点。百色经过两年多的脱贫攻坚，取得了 32 万贫困人口脱贫、248 个贫困村脱贫出列、一个贫困县脱贫摘帽的巨大成效，但至 2018 年初仍然还有 9 个国定贫困县（其中 7 个深度贫困县）、40 万贫困人口、5 个深度贫困乡（镇）和 495 个深度贫困村。这 7 个深度贫困县（市）、5 个深度贫困乡（镇）、495 个深度贫困村是贫困人口相对集中的区域，其中，7 个深度贫困县（市）共有贫困人口 34 万，占全市贫困人口总数的 66%。实际上，贫困人口在全市每一个县（市、区）、乡（镇）、村屯均有分布，呈全域分散分布的特点。也就是说，脱贫攻坚和乡村振兴战略的实施区域、实施领域都是农村全域，涵盖每一个县（市、区）、乡（镇）、村（屯），实施

领域是一致的。

2. 根本目的相同

中共中央、国务院 2015 年 11 月发布《关于打赢脱贫攻坚战的决定》、2018 年 1 月发布《关于实施乡村振兴战略的意见》，明确把提高收入作为首要的、核心的、根本的目标，把提高综合生产能力，完善基本公共服务等作为重要内容。总体上，脱贫攻坚和实施乡村振兴战略的根本目的和目标是相同的、相通的、一致的，都是为了农村农民收入增加和农村经济社会发展，以提高贫困地区农村发展质量，持续促进农民收入增加，推动农村经济社会振兴发展、繁荣昌盛。

3. 基本路径相同

《关于实施乡村振兴战略的意见》明确提出："乡村振兴，产业兴旺是重点。"《关于打赢脱贫攻坚战的决定》要求："支持贫困地区发展农产品加工业，加快一、二、三产业融合发展，让贫困户更多分享农业全产业链和价值链增值收益。"可见，脱贫攻坚和实施乡村振兴战略最根本的路径都是大力发展产业，通过发展产业促进农民特别是贫困人口收入增加。

4. 关键要素相同

《关于实施乡村振兴战略的意见》多处强调"在要素配置上优先满足""激活要素""提高全要素生产率""强化资源要素支持""城乡之间要素合理流动机制"等，《关于打赢脱贫攻坚战的决定》中对关键要素同样进行了强调，提出"政府主导""社会合力""坚持群众主体，激发内生动力"等，说明资金、技术等要素始终依附人存在、围绕人作用、随着人转移，强调"人"作为核心要素的地位和作用，把人力资本开发放在首要位置，解决全体人民共同富裕和人的全面发展的问题。因此，必须始终把"人"作为脱贫攻坚和乡村振兴的核心要素、主体力量和最大动力。

5. 发展环境相同

相同的实施领域，决定了脱贫攻坚和实施乡村振兴战略具有相同的发展环境。两个文件的大环境都是整个农村地理环境、社会环境和人文环境，都与农村的经济环境、社会环境、生态环境、文化环境、组织环境息息相关。

（二）脱贫攻坚同实施乡村振兴战略有机结合是必要的和可行的

相同的领域、目的、路径、要素和环境，说明把脱贫攻坚同实施乡村振兴战略有机结合是必要的、必须的和可行的。推进脱贫攻坚和实施乡村振兴战略有机结合，统一谋划、统筹推进，有利于做好"三农"全盘工作，有利于提高脱贫质量和农村整体脱贫、持续脱贫，有利于推动整个农村地区产业兴旺、生态宜居、乡风文明、治理有效、生活富裕，有利于甚至决定着脱贫、全面建成小康社会和社会主义现代化建设的质量。

二、推进脱贫攻坚同实施乡村振兴战略有机结合的有效路径

推进脱贫攻坚同实施乡村振兴战略有机结合，不断提高脱贫质量，推进乡村振兴，对百色等经济社会欠发达后发展、脱贫攻坚任务重的贫困地区而言更加重要。为此，建议从如下路径推进脱贫攻坚和实施乡村振兴战略有机结合，提高脱贫攻坚和农村发展质量。

（一）创新脱贫攻坚体制机制，为脱贫攻坚同乡村振兴有机结合做好顶层设计

百色作为全国全区脱贫攻坚的主战场，各级各部门主要力量集中投入脱贫攻坚战，形成了市、县、乡、村各级上下协同配合，各部门分工负责，社会力量积极参与的大扶贫格局。如果不把脱贫攻坚和乡村振兴有机结合起来，就容易出现"两张皮"的现象，难于同时兼顾好脱贫攻坚和乡村振兴及其他农村工作。由此建议，一是跳出扶贫抓扶贫。运用系统思维，创新思维谋划，推进脱贫攻坚和乡村振兴，把脱贫攻坚作为乡村振兴的头等大事、当务之急、首要目标。二是探索创新体制机制。在顶层设计上实现一个领导机构、一套实施方案、一支工作队伍，系统推进精准脱贫和实施乡村振兴战略各项工作。如2018年4月广西出台的《关于实施乡村振兴战略的决定》，明确"现有'美丽广西'乡村建设（扶贫）工作队的基础上，组建乡村振兴工作队"，实现脱贫攻坚、乡村振兴一支队伍。三是统筹贫困与非贫困。百色约250万农村人口，40万为贫困人口，210万为非贫困人口。贫困人口和非贫困人口两个群体同等重要，没有绝对界线，是动态变化的，贫困人口可以脱贫，非贫困人口也可能致贫或返贫，只不过贫困人口脱贫更为紧迫。统筹好贫困与非贫困，对实现区域经济社会持续快速健康发展，解决不平衡不充分发展问题十分重要。因此，既要聚焦深度贫困，也要兼顾一般贫困和非贫困。

（二）全面推动乡村产业兴旺，为脱贫攻坚和乡村振兴奠定物质基础

针对脱贫攻坚和乡村振兴，产业发展都是其首要任务、重点内容和根本途径。

全面推动乡村产业振兴，要大力推进改革创新。一要推进农村产业发展模式创新，构建农村一、二、三产业融合发展体系。重点构建"种养+"的生产体系、"产供销"的经营体系、"农旅服"的产业体系及"农业+"的产业发展模式。二要实施质量兴农战略，推动增产向提质转变，重点做优菜、果、茶、蚕等传统特色产业，做大做强牛、羊、猪、鸡、渔等潜力产业；实施产品创新工程，提高产品档次和附加值，重点发展生态农业、设施农业、体验农业、定制农业；实施品牌战略，加强农产品地理标志产品保护和使用。三要强化农业

科技创新，增强农业发展的创新驱动力。充分发挥农业科技园区、杧果研究院等农业研究机构作用，注重与高校、科研院所等的横向合作，构建"产业＋企业＋院所＋基地"的产学研服务体系，依托百色农业科技园区创建现代农业产业园（带）。

全面推动乡村产业振兴，要大力推进开放发展，充分发挥市场的决定性作用。一要打破城乡之间、区域之间、领域之间的要素流动障碍，鼓励、引导和推动更多人才、技术、资本等要素向农业领域、农村地区流动；二要创建政府主导、扶持、推动，企业、农户、农民合作社等市场主体经营，银行、保险、技术等服务力量参与的体制机制；三要引进、培育龙头企业，加快发展专业合作社，积极培育和扶持家庭农场和专业大户，培育更多更强的涉农经营主体；四要采取措施引导小农生产、散户、贫困户接轨现代农业，提升"小散贫"农户组织化、专业化、市场化程度，帮助"小散贫"农户对接市场、节本增效。

全面推动乡村产业振兴，要聚焦村屯组户、聚焦深度贫困实施产业兴村富民行动。百色仍有德保、靖西、那坡、凌云、乐业、田林、隆林等 7 个深度贫困县（市），田阳巴别乡、五村镇、洞靖镇及西林县那佐苗族乡、普合苗族乡等 5 个深度贫困乡（镇），以及 495 个深度贫困村。这些区域经济薄弱、生态脆弱、基础设施落后、社会发展滞后、人均收入低、贫困发生率高，是脱贫攻坚和全面建成小康社会的重中之重、艰中之艰、难中之难。对这些区域要采取扶志、扶智和扶技相结合，增强"三农"特别是贫困村屯组户的内生动力、市场适应能力和自我发展能力，确保尽快脱贫、脱贫后不返贫和生活持续改善。

（三）大力推进共享发展，为脱贫攻坚和乡村振兴做好社会保障和生计兜底

农村地区脱贫攻坚任务艰巨，社会保障薄弱。要坚持以人民为中心的发展思想，大力推进农村地区共享发展。推进农村地区共享发展，要着力补齐民生短板，着力增强贫困群众获得感，着力保障社会公平正义，实现共同发展、共同富裕。一是抓好教育扶贫。着力优化农村教育资源，提升农村教育水平。深化教育扶贫，全面落实学生资助、国家职业教育扶持等政策，确保每一个贫困学生都能及时得到有效帮扶，让更多贫困学生接受免费职业教育，切断贫困的代际遗传。有条件的情况下，可推进实施教育移民等强有力措施，通过教育移民实现移民方式转变、扶贫方式转变、农民增收致富方式转变"三个转变"，同时补充工业化、城镇化人才不足。二是抓好医疗扶贫。因病致贫、返贫是贫困的一个主要原因。抓好医疗扶贫，首先要推动更多优质医疗资源向贫困地区和贫困人口延伸，提高基层医疗卫生机构医疗服务水平，解决贫困群众就近看病、能看好病的问题。三是抓好社会保障。对没有劳动能力，无业可扶、无力

脱贫的贫困人口，要采取兜底性保障措施，做好生计兜底，重点抓好农村留守儿童、留守妇女、留守老人和残疾人关爱服务体系，确保基本生活保障。

（四）大力推进绿色发展，为脱贫攻坚和乡村振兴提供持续发展的环境

良好环境是农村地区脱贫攻坚和乡村振兴的必要条件。牢固树立"绿水青山就是金山银山"的发展理念，同时做好生产发展和生态保护两篇文章，使生产和生态协调同步、相得益彰，为脱贫攻坚和乡村振兴提供持续发展的环境。一要加强生态环境保护、治理和修复。继续推进退耕还林、江河防护林、石漠化治理和美丽乡村建设等，实施好全域生态保护与修复工程，加强野生动植物保护区、森林公园、湿地公园等的保护，全面落实河长制、耕地红线、基本农田保护等制度，着力打造一批可复制推广的绿化示范村屯，综合整治好农村环境。二要着力解决环境突出问题。深入推进大气、水、土壤污染及扬尘防控和治理。采取划定城市高污染物禁燃区、全面淘汰不达标燃煤锅炉、推进园区企业天然气直供、抓好涉气企业超低排放改造等有力举措，保护好蓝天白云；开展澄碧湖、万峰湖治理，保护好饮用水水源，保护好渔业资源和秀美山水风光；扎实推进土壤污染治理与修复。全面落实环境监管责任，落实环境保护"党政同责""一岗双责"，落实部门环保职责，延伸环保监管到乡村屯，形成政府主导、部门负责、公众参与的大环保工作格局。三要大力发展生态产业。树立生态产业化、产业生态化理念，做好调结构、转方式、促发展工作，大力发展优质高效生态农业、绿色生态旅游业。围绕人口下山、产业上山、产品出山、游客进山，对"一方水土养不活一方人"的大石山区大力实施易地扶贫搬迁，实现生产条件、生活环境、生态保护明显改善。

同时，强化农村基层党建引领，推进乡村治理法治化，积极开展村民协商自治，建立健全激励约束机制，提升道德教化水平，引导村民实现自我管理、自我教育、自我服务、自我提高，充分发挥法治、德治和自治"三治"综合功能，构建乡村治理新体系，为脱贫攻坚和乡村振兴营造良好的人文社会环境。

【参考文献】

[1] 习近平. 决胜全面建成小康社会　夺取新时代中国特色社会主义伟大胜利——在中国共产党第十九次全国代表大会上的报告 [M]. 党的十九大报告辅导读本. 北京：人民出版社，2017.

[2] 中共中央，国务院. 关于实施乡村振兴战略的意见 [EB/OL]. http://www.gov.cn/zhengce/2018－02/04/content_ 5263807. htm，2018－02－04.

[3] 叶兴庆. 新时代中国乡村振兴战略论纲 [J]. 改革，2018 (1).

［4］沈费伟，刘祖云. 发达国家乡村治理的典型模式与经验借鉴 ［J］. 农业经济问题，2016（9）.

［5］姜德波，彭程. 城市化进程中的乡村衰落现象：成因及治理——"乡村振兴战略"实施视角的分析 ［J］. 南京审计大学学报，2018（1）.

云南省农村贫困影响因素分析与扶贫对策建议

刘小燕

（文山学院思想政治理论课教学研究部）

2018 年 2 月 12 日，习近平同志在四川成都主持召开打好精准脱贫攻坚战座谈会上指出，脱贫攻坚力度之大、规模之广、影响之深，前所未有。农村贫困人口脱贫是实现全面建设小康社会的艰巨任务。云南省是全国贫困人口和贫困县最多、贫困面最广、贫困程度最深的省份之一，脱贫攻坚面临着农村贫困"面宽、量大、程度深"的突出问题，脱贫攻坚任务十分艰巨。2018 年 4 月 12 ~ 13 日，云南省委书记陈豪在昆明召开的云南省脱贫攻坚推进会议上指出，要把全面提升扶贫精准度和脱贫质量放在首位，贯彻精准方略，坚持目标标准。云南省农村贫困发生的原因是多方面的，要弄清楚哪些是致贫的主要原因，哪些是致贫的次要原因，从而有针对性地采取有效的扶贫和脱贫措施，才能更好地提升扶贫精准度和脱贫质量。因此，笔者运用灰色关联度方法，依据 2010—2016 年云南省农村贫困的相关数据指标分析云南省农村贫困的影响因素，找出影响云南农村贫困的主要因素和次要因素，以期能为相关决策部门提供一定的参考。

一、云南省推进精准扶贫和精准脱贫现状

近年来，云南省在国家精准扶贫和精准脱贫政策的指导下，脱贫成效显著。根据国家统计局贫困监测调查数据结果：按年人均收入 2 300 元（2010 年不变价）的国家农村贫困标准测算，2016 年云南农村贫困人口为 373 万人，比上年减少 97 万人，下降 20.6%，减贫人口全国排第三位；贫困发生率为 10.1%，同比下降 2.6 个百分点。2016 年云南贫困地区农村贫困人口 352 万人，比上年减少 95 万人，下降 21.2%，贫困地区减贫人口全国排第二位；贫困发生率 13.7%，同比下降 3.1 个百分点，贫困地区减贫速度快于全省平均水平。[1]30

二、云南省农村贫困影响因素分析——基于灰色关联分析方法

农村贫困的影响因素是多方面的。在扶贫工作中，我们需要确定影响农村贫困的主要因素和次要因素，这样才能更好地做到精准扶贫和精准脱贫。灰色关联分析法是用各因素对应的序列之间的几何关系，来分析同一系统中因素之间的关联度。序列的几何曲线形状越接近，因素之间的关联程度就越高；反之，则关联度越低。[2]65-68[3]73-85运用灰色关联度法分析云南省农村贫困影响因素，首先要选取反映农村贫困的指标数据作为参考序列，选取影响农村贫困的相关因素指标数据作为比较序列，各相关因素对农村贫困的影响程度用灰色关联度来表示。灰色关联度越大，说明影响因素对农村贫困的影响作用越强；反之越弱。通过对影响因素序列与参考序列的灰色关联度计算结果进行排序，可以确定云南省农村贫困的主要因素和次要因素。

（一）云南农村贫困影响因素指标的选取

农村贫困问题一直是学术界研究的热点问题，关于农村致贫的原因，国内外学者从不同的角度进行了研究。纵览国内外现有文献，学术界普遍认为农村致贫是自然环境、生产条件、产业、就业、资本、文化、医疗、制度等多方面的因素作用的结果。[4]159-167笔者选取能够反映以上因素的相关指标作为农村贫困影响因素的主要指标，从而确定云南省农村贫困影响因素的比较序列。农村居民人均可支配工资收入可以一定程度上反映农村劳动力的就业状况，所以用农村居民人均可支配工资收入作为就业因素指标，以 X_1 表示；农村居民人均可支配经营收入可以一定程度上反映自然环境，所以用农村居民人均可支配经营收入作为自然环境因素指标，以 X_2 表示；农业总产值可以一定程度上反映农业产业的生产规模和水平，所以用农业总产值作为产业因素，以 X_3 表示；农业机械总动力可以一定程度上反映生产条件，所以农业机械总动力作为生产条件因素指标，以 X_4 表示；农村固定资产投资可以一定程度上反映资本投入对农村贫困的影响，所以选取农村固定资产投资作为资本因素指标，以 X_5 表示；每万人在校中小学生数可以一定程度上反映文化对农村贫困的影响，所以选取每万人在校中小学生数作为文化因素指标，以 X_6 表示；每万人拥有的医疗技术人员数可以一定程度上反映医疗对农村贫困的影响，所以选取每万人拥有的医疗技术人员数作为医疗因素指标，以 X_7 表示；制度因素比较复杂，不好量化，而且对其他因素都有限制作用，因此制度影响在其他因素中有所体现，不再选取专门的因素指标；农村贫困人口规模一定程度上反映了农村贫困的程度，所以选取农村贫困人口规模作为参考序列，用 X_0 表示。

表1　云南省农村贫困影响因素指标表

指标＼年份	2012	2013	2014	2015	2016
农村贫困人口规模（万人）	804.00	661.00	574.00	471.00	373.00
农村居民人均可支配工资收入（元）	1 435.9	1 729.20	1 670.40	1 975.80	2 553.90
农民居民人均可支配经营收入（元）	3 328.1	3 650.40	3 967.30	4 242.40	5 043.70
农业总产值（亿元）	2 680.22	3 056.04	3 261.30	3 383.09	3 633.12
农业机械总动力（万千瓦）	2 874.45	3 070.33	3 215.03	3 333.00	3 440.00
农村固定资产投资（亿元）	277.59	346.47	424.72	431.23	456.91
每万人在校中小学生数（人）	755.43	738.14	737.78	737.81	741.30
每万人拥有的医疗技术人员数（人）	16.48	19.33	20.89	22.80	25.02

数据来源：2011—2017 年的《云南统计年鉴》《中国农村统计年鉴》，2015 年和 2017 年的《中国农村贫困统计监测报告》。

（二）云南省农村贫困影响因素的灰色关联度计算

根据表1的原始统计数据，运用灰色系统理论建模软件，可以计算出各影响因素指标与云南省农村贫困人口规模的灰色关联度。灰色关联度计算结果见表2。

表2　云南省农村贫困影响因素灰色关联度排序表

影响因素	影响因素指标	灰色关联度	排序
就业	农村居民人均可支配工资收入（元）	0.889 6	1
生产条件	农业机械总动力（万千瓦）	0.823 8	2
资本	农村固定资产投资（亿元）	0.815 7	3
农业产业	农业总产值（亿元）	0.804 8	4
自然环境	农民居民人均可支配经营收入（元）	0.785 0	5
医疗	每万人拥有的医疗技术人员数（人）	0.745 4	6
文化	每万人在校中小学生数（人）	0.604 2	7

二、结论与建议

（一）结　论

影响因素指标与云南农村贫困人口规模的灰色关联度越大，说明影响因素对云南省农村贫困的影响作用越强；灰色关联度越小，说明影响因素对云南省农村贫困的影响作用越弱。根据表 2 关于云南省农村贫困影响因素灰色关联度的计算结果，可以得出以下结论。

第一，农村居民人均可支配工资收入与农村贫困人口规模的灰色关联最大，说明就业因素对云南省农村贫困的影响作用最大。因此，加快农村剩余劳动力转移是增加云南省农村贫困人口收入的有效途径。但是，近年来云南省农村剩余劳动力转移比较缓慢，大部分劳动力从事农业生产，外出务工就业人员比较少，2012—2016 年云南省农业从业人员占乡村从业人员的比重超过 70%（见表 3）。由于外出就业人数不多，导致农村居民人均可支配工资收入占的比重较低。从表 4 可以看出，2012—2016 年云南省农村居民工资收入占可支配收入的比重均低于 30%，而且增长缓慢，年均增长率仅为 1.66%。缓慢的就业状况，粗放的农业生产模式，最终影响了云南农村贫困人口收入的增加。

表 3 云南省乡村人口从业状况表

指　标	2012	2013	2014	2015	2016
乡村人口数（万人）	3 725	3 705	3 713	3 730	3 740
乡村从业人员（万人）	2 187	2 181	2 189	2 192	2 203
乡村从业人员比重（%）	58.72	58.87	58.94	58.77	58.90
农业从业人员（人）	1 619	1 598	1 569	1 596	1 608
农业从业人员占乡村从业人员比重（%）	74.03	73.27	71.68	72.81	72.99

数据来源：《云南农村统计年鉴 2017》。

表 4 云南省农村居民人均可支配收入情况表

指　标	农村居民人均可支配收入（元）	工资收入（元）	工资收入比重（%）	经营收入（元）	经营收入比重（%）
2012	5 416.5	1 435.9	26.51	3 328.1	61.44
2013	6 141.30	1 729.20	28.16	3 650.40	59.44
2014	6 723.60	1 670.40	24.84	3 967.30	59.01
2015	7 456.10	1 975.80	26.50	4 242.40	56.90
2016	9 019.80	2 553.90	28.31	5 043.70	55.92

数据来源：2013—2017 年《中国农村统计年鉴》。

第二，农业机械总动力、农村固定资产投资位于灰色关联度排序表第二位和第三位，说明生产条件和资本投入对云南省农村贫困具有很强的影响作用。加大资本投入和改善生产条件，有利于云南省农村贫困地区脱贫和发展。云南省农村以传统的农业生产经营为主，山地多，耕地少，农业生产条件落后，生产效率低下。从表5可以看出，2016年云南省机耕面积占农用地面积的比重仅为8.55%，机播面积占农用耕地面积的比重仅为0.54%，机收面积占农用地面积的比重仅为1.62%，耕地灌溉面积占耕地面积的比重仅为29.15%。反映了云南省农村落后的生产现状。农业生产条件落后，跟农业资本的投入不足有很大关系。从表6可以看出，2016年云南农村固定资产投资额为456.9亿元，其中大部分投资用于房地产业，而农林牧渔业的投资额仅为76.9亿元，仅占投资总额的16.83%。农业生产投入不足，制约了农业生产的发展，从而影响到云南省农村贫困地区的经济发展。

表5　2016年云南省农村土地利用情况表

项　　目	数据（万公顷）	比重（%）
土地调查面积	3 831.89	100
农用地面积	3 293.24	85.9
机耕面积	281.58	8.55
机播面积	17.65	0.54
机收面积	53.49	1.62
耕地面积	620.78	16.2
耕地灌溉面积	180.94	29.15

数据来源：《中国农村统计年鉴2017》。

表6　2016年云南省农村固定资产投资情况表（亿元）

项　　目	投资额	农林牧渔业	建筑业	交通运输仓储和邮政业	房地产业	居民服务和其他服务业
数据	456.9	76.9	1.4	17	356.4	3.7

数据来源：《中国农村统计年鉴2017》。

第三，农业总产值位于灰色关联度排序表第四位，说明农业产业对农村贫困也有一定的影响。农业产业一定程度上可以反映农业生产的规模和水平，云南省大部分农村的农业生产都是以家庭生产经营为主，农业生产经营规模小而散，而且产业化程度低，很难抵御自然灾害的侵袭。根据《中国农村统计年鉴

2017》关于云南省农村受灾面积的统计，2016 年云南省农村受灾面积为 86.8 万公顷，占农用地面积的 12.1%，自然灾害主要是旱灾、洪涝灾、风暴灾和冷冻灾。生产规模的扩大，农业产业化水平的提高，可以增强农业抵御自然灾害的能力，促进农业经济的发展，从而增加贫困地区农民的农业收入。

第四，农村居民人均可支配经营收入、每万人在校中小学生数、每万人拥有的医疗技术人员数位于灰色关联度排序表后三位，说明自然环境、文化和医疗因素对农村贫困的影响作用相对较小。尽管如此，但这三个方面的因素在一定程度上直接影响着云南省贫困地区农业的发展、农村剩余劳动力的就业和农村人口的生活质量。首先，云南省农村贫困地区多数处于山区，山高坡陡，生态环境脆弱，农业生产条件的改善和农业产业化推进的难度比较大，从而制约着农业经济的发展。其次，自然环境差，农业发展缓慢，农民增收困难，加之交通不便和教育条件落后，一定程度上影响着云南省农村劳动力文化素质的提高。根据《中国农村统计年鉴》关于全国各地区农村劳动力文化程度构成的统计，云南省农村劳动力文化程度普遍偏低，2015 年云南省小学及以下文化程度的人口占了农村劳动力人口的一半，初中文化程度的人口占 40.7%，高中及以上文化程度的人口仅占 9.3%。农村劳动力文化程度低，是云南省农村剩余劳动力转移缓慢的重要原因。最后，医疗条件的落后对农村贫困人口的身体素质有一定影响。身体素质不好，会影响农村劳动力从事生产劳动和外出就业，从而影响农村贫困人口脱贫。因此，改善自然环境、教育条件和医疗条件，可以有效帮助农村贫困人口增加收入。

（二）建 议

明确云南省农村贫困的主要影响因素之后，结合云南省的实际情况来采取针对性的措施有助于更好地解决农村贫困问题。因此，下面笔者尝试提出一些有针对性的对策建议。

第一，促进农民工就业，提高农民工工资收入。从文章的分析结果可以看出，反映农民就业的农村居民人均可支配收入与农村贫困的紧密度比较大，这说明农民就业对农村贫困的影响作用比较强。因此，加强农民工技能的培训，不断完善农民工就业输转体系建设，切实扩大农民工就业，有利于提高农民工资收入，从而帮助农民脱贫。

第二，加大农村资本投入，改善农村生产条件。农业生产条件和资本投入是影响云南农村贫困的重要影响因素，提高农村资本投入，可以改善农村生产条件和生产环境。要致富，先修路，云南省大多数贫困农村地处偏远山区，交通不便，严重影响农村"引进来"和"走出去"。"引进来"是指影响招商引资，"走出去"是指影响农民外出就业和农业产品的销售。加强对农村道路建设的投入，是农村"引进来""走出去"的关键。除了修路，改善农业生产条件，加强农田水利和水电基础设施建设，提高农业机械化水平，可以为农业生产的顺利进行提供保障。

第三，加强农业生产的规模经营，提高农业产业化水平。农业生产规模和水平是云南省农村贫困的主要影响因素，成立农村专业合作社，提高农业生产规模，优化农业生产结构，培育特色农业，通过招商引资的方式吸引龙头企业，不仅可以帮助农村劳动力实现就地转移，还可以提高农业产业化的水平，从而增加农民的收入。

第四，加强农村文化建设，不断完善医疗养老保障。文化和医疗虽然不是影响云南农村贫困的主要因素，但笔者认为这是防止农村返贫的重要途径。扶贫先扶智，加强农村文化建设，可以不断解放农民思想，提高农民接受新观念和新事物的能力，逐步消除文化贫困，帮助农民实现持续脱贫。[5]138-141此外，疾病和养老问题是农民返贫的重要原因，应不断完善农村医疗和养老保障制度，为农村扶贫开发工作提供强有力的保障。

【参考文献】

[1] 国家统计住户调查办公室. 中国农村贫困监测报告 2017 [M]. 北京：中国统计出版社，2017.

[2] 刘效梅. 福建物流能力与农业发展的广义灰色关联分析 [J]. 福建农林大学学报（哲学社会科学版），2013（11）.

[3] 刘思峰，党耀国，方志耕，等. 灰色系统理论及其应用（第五版）[M]. 北京：科学出版社，2010.

[4] 曾勇，徐长乐. 基于灰色关联的贵州连片特困地区贫困影响因素分析 [J]. 世界地理研究，2017（2）.

[5] 汪晓文. 甘肃农村贫困影响因素分析——基于灰色关联度的实证研究 [J]. 兰州大学学报（社会科学版），2012（7）.

南盘江流域精准脱贫的对策建议

唐云丽

（文山州马关县幼儿园）

南盘江发源于云南省曲靖市乌蒙山余脉马雄山东麓，自珠江源至北盘江汇合口全长914千米，流域面积为56 809平方千米，流经云南省曲靖市、昆明市、玉溪市、红河州、文山州，贵州省黔西南州，广西壮族自治区百色市等7个州（市）30余个县（市、区），是关涉滇、黔、桂三省（区）生态保护、民族团结和经济社会发展的重要区域。然而，由于交通、区位及历史的原因，南盘江流域的经济社会发展滞后，是全国国家级"贫困县"最多的地区之一，也是国家重点扶贫攻坚、脱困解困的重点区域。党的十八大提出了到2020年全面建成小康社会的宏伟目标，党中央、国务院和各级党委对扶贫工作非常重视。习近平同志指出，扶贫工作开发成败系于精准，要找准"穷根"、明确靶向，量身定做、对症下药，真正扶到点上、扶到根上。南盘江流域各地政府明确提出，要加大工作力度，确保精准扶贫、精准脱贫。

一、当前南盘江流域精准扶贫工作面临的问题

（一）贫困户思想认识上仍然有偏差

（1）存在"懒惰"的心理。部分贫困户没有创业信心，懒于自我发展，缺少主动脱贫的积极性。

（2）存在"依赖性"想法。部分贫困户好吃懒做，对生产生活无规划，不寻找致富良策，依赖党委、政府出台扶贫政策，存在靠"扶贫政策过日子"的想法。

（3）存在"等待福利"的心态。有的群众误解政府的扶贫政策，把扶贫当成"我应该得到福利"，认为党委、政府会长期进行帮扶，以做建档立卡户为荣，做不劳而获的梦。

（二）基础设施建设不完善

（1）基础建设滞后。南盘江流域大部分贫困乡村交通不便，缺乏水利设施和基本公共服务设施，以致行路难、饮水难、上学难、就医难、通信难等问题比较突出。

（2）扶贫资金缺口大。南盘江流域现有的贫困乡村大都位于偏远山区，山高坡陡，基础设施建设点多线长面广，扶贫资金投入远远不能满足实际需求，缺口较大，影响扶贫工作的进度。

（三）科技扶贫有待加强

（1）主要体现在农村扶贫科技工作队伍力量不足。贫困地区基本没有科技力量，缺乏农业专业技术的科技人员，难以满足农村扶贫工作的需要。

（2）科技运用程度低。贫困地区受自然条件束缚，市场信息闭塞，劳动者多为留守老人，妇女文化偏低，导致技术推广难度大，新技术、新品种的引进和转化速度慢，科技运用程度低，科技难以到村入户，依靠科技实现自我发展的能力薄弱。

（四）具体措施难以落实

（1）大部分贫困户无发展能力。部分贫困村只会从事传统种植，土地抛荒严重，农村留守人员多为老人、小孩，文化程度普遍偏低，思想观念落后，没有科技意识，基本无经营能力，不能自主寻找发展门路，更不能规避市场风险。

（2）限制脱贫要素比较多。贫困农村大都处于偏远的地方，受市场、技术、信息等制约要素作用明显，市场信息不灵，运输困难或成本高，销售渠道单一，难以形成产业发展。

（3）传统农业收益不高。传统农业收益不高，生产周期较长，只能解决温饱问题。

（五）南盘江流域扶贫项目实施难度大

（1）受地理条件影响，驻地居民的资源保护意识淡薄。

（2）受贫困人员自身条件的影响，大部分贫困家庭的青壮年劳动力外出打工，留守在家的只有老人、妇女和儿童，有的文化程度偏低或生病无法劳动，在实施扶持项目过程中出现劳动力紧缺的情况。

（3）受市场发展规律的影响，大部分贫困群众甚至扶贫干部难以摸清市场规律，无法规避市场风险，就算帮扶的产业搞起来了，最终因市场不稳定半途而废，严重打击了农民的积极性，降低了农民对政府的信任度。

二、做好精准扶贫工作的几点建议

(一) 加强大自然保护力度，做好宣传引导工作，切实转变群众观念

(1) 要加强大自然环境保护，习近平同志指出，人类发展活动必须尊重自然、顺应自然、保护自然，绿水青山就是金山银山。南盘江流域的资源保护刻不容缓，发展任何产业都不能破坏自然环境，建议建立跨部门跨地区协调合作、信息采集和共享、纠纷协调处理应急管理等机制，进一步完善流域综合管理法制体系机制。

(2) 加大扶贫政策宣传力度，重点宣传怎么扶、扶什么。要坚持政策宣传与扶贫工作相结合，深入贫困农村广为宣传，重点做群众思想工作，帮助他们重拾脱贫致富的信心，树立人穷志不穷的决心，努力营造全社会共同关注、支持和参与扶贫工作的良好氛围。

(3) 要因地制宜，多方位发展中小型种养殖合作社。比如，文山州丘北县境内云鹏水库的贫困户利用水资源优势实行网箱养鱼和旅游观光就很有成效。

(4) 要树立模范典型，特别是对自力更生、艰苦创业而率先脱贫的先进典型和模范，要通过深入农村宣讲、电视报道、报刊宣传等方式，引导和鼓励群众自觉克服"等、靠、要"的思想，增强自主创业意识，凝聚力量，积极投入农业生产。

(二) 统筹各类资源，切实促进基础设施建设

(1) 尽量加大基础设施建设资金投入，创新资金运管机制，完善规范扶贫互助资金管理制度，运用多种政策积极引导和协调各类资金向贫困地区、贫困人口倾斜，确保扶贫工作顺利开展。

(2) 统筹各类资源，集中人力、物力、财力，优先解决贫困地区道路、农田水利设施、电力、信息等突出问题，为农村发展奠定基础。

(3) 加强对农村基础设施建设的后期维护，定期进行检查、维护和管理，杜绝只建不管的情况发生。要脱贫，就必须先实现道路通畅、饮水健康、用电正常、上学保证、就医保障、通信无阻等目标。

(4) 要彰显社会优越性。南盘江流域大部分贫困地区都处于偏远高山地带，青壮年劳动力多数外出务工，留守现象较为突出，很多村社成为"候鸟"区。在制定基础设施投入规划上，决策者应着力化山高因素为地域优势，通过旅游业和现代种养殖业，加大对偏远地区基础设施建设的投入，增强人才吸引力，彰显社会优越性。

(三) 引进新型人才，依托科技脱贫

(1) 引进符合专业的大学生村官。建议地方政府录用大学生村官时，优先聘用紧缺对口人才，并加强上岗技能培训。进一步加强贫困群众的生产技能培训，特别是要加强没有外出打工的农村青壮年的培训，确保脱贫致富的延续性。同时，要根据贫困户实际需求，提供切实可行的种养技术、农机具使用技能等，有针对性地对农民进行培训，以提高农民生产技术水平。

（2）下乡培训科技骨干。针对贫困群众文化低，难以掌握科技技术的问题，组织专业对口科技人员深入贫困乡村实地指导，向具有一定文化程度的青壮年传授科技知识，培养农村技术骨干，实际解决生产中遇到的技术问题。

（3）增强科技应用程度。根据资源优势、市场前景和技术水平，在不同地区选择具有发展前景的特色产业开发。南盘江流域有着丰富的自然条件，可以种植的品种多样，如甘蔗、香蕉、杧果、荔枝、木瓜、火龙果、橡胶、三七、丹参、草果、砂仁等名贵药材、水果，以及经济林木种植。依托南盘江水利资源、山林资源，发展渔业养殖，以及山羊、土鸡、黄牛等传统养殖业，并依托产业发展后形成的观光农业景象发展旅游业，打造集现代农业、观光旅游、民族风情为一体的综合立体型产业。

（4）依托现有国家级风景区做文章，形成旅游精品路线，以旅游业带动种养殖产业发展，以种养殖业增加旅游业客源。同时，要给予技术、信息、管理等方面的科技支撑，支持环保、无公害、具有可持续发展性的涉农产业发展，发挥其对当地经济的带动作用。

（5）当地政府应该做好产业调控、合理规划，避免部分群众跟风。如今年三七有收入就毁了果树种三七，明年水果值钱就毁了药材种果树，任何产品一旦供大于求，就会出现价格暴跌的情况。这样一来，不但没有起到扶贫的作用，反而会因扶致贫。

（6）培育农产品市场职业推广人，整合农村外出务工人员、农村大学生等新生代力量，积极参与"家乡品牌"推广或产品销售。支持涉农企业采用"公司＋农户"等产业化经营方式，带动更多的贫困人口脱贫致富。

（四）强化产业帮扶，因地制宜推进精准扶贫

（1）加强结对帮扶，以"送政策、送服务、送思路"的形式紧密联系群众，帮助群众添措施、给信息、出主意，切实解决好实际困难。

（2）实行产业帮扶，结合地方实际，因地制宜，特别要对有劳动能力和劳动积极性高的扶贫对象，采取以奖代补、帮助落实小额贷款、提供信息技术服务等方式，动员其以土地、山林、水面及劳动力等优势大力发展新型种养业。

（3）按照自愿原则，积极推进易地扶贫搬迁，对居住生存环境恶劣、基础设施极差、自然灾害频发地区的贫困人口和村落实施移民搬迁。

（4）实行保障帮扶，帮扶对象符合农村低保、医疗救助、教育救助等条件的，及时根据相关政策给予相应帮助。

（五）提高管理机制，建立扶贫工作动态

（1）管理机制不能生搬硬套。扶贫管理机制的制定要灵活，要针对贫困村和贫困人员的确定实现动态管理，在扶贫工作整体推进的过程中实现脱贫户摘帽一户，扶上马送一程，防止后期返贫，杜绝扶贫资金被浪费、挪用、闲置。防止扶贫优惠政策被"冒名顶替"。

（2）扶贫政策要随机应变，每个村庄、每个贫困户的具体情况都会因时间而发生变化，在扶贫政策上要根据地区的发展阶段特点及时修改方案。

（3）扶贫项目要灵活管理，针对不同致贫因素，在取得贫困村和贫困户发展意愿的前提下，制定扶贫办法和计划，明确靶向，精准实施扶贫项目。

（4）扶贫资金要灵活管理，地方各部门要加强监督力度，确保扶贫专项资金用于扶贫工作。要加强统筹协调，整合社会扶贫资金，全力做好扶贫工作。

（六）加强扶贫管理，明确奖惩制度，确保扶贫工作取得实效

（1）组建组织框架，由地方党委、政府牵头，有关单位为成员单位，邀请社会各界人士为成员。扶贫工作小组要全方位、全过程监测扶贫成效、监管扶贫项目，建立健全扶贫工作信息网络和扶贫对象退出机制，实行扶贫摘帽"脱贫一户，摘掉一户"。

（2）强化监督考核。要建立科学合理的考核制度，目标明确、考核结果透明，并细化责任到各部门负责人、帮扶人。要加强对扶贫工作的成效检查考评，制定考核评比办法，将扶贫工作纳入地方党政领导班子考核的重要内容，细化考核标准，制定奖惩制度。

（3）近年来，南盘江流域扶贫工作取得了一定成效，但要完成中央提出的目标任务，还需要进一步转变观念，打好攻坚战，充分发挥精准扶贫的作用。

新时代南盘江流域实施乡村振兴战略的思考

——以百色市为例

百色市社会科学界联合会课题组

2017 年 12 月 28 ~ 29 日，中央农村工作会议在北京举行。会议就"三农"工作面临的形势和任务，实施乡村振兴战略的重要政策，出台多个相关配套规划，包括土地承包期再延长 30 年的政策，确保国家粮食安全等。会议明确实施乡村振兴战略的目标任务是，到 2020 年，乡村振兴取得重要进展，制度框架和政策体系基本形成；到 2035 年，乡村振兴取得决定性进展，农业农村现代化基本实现；到 2050 年，乡村全面振兴，农业强、农村美、农民富全面实现。结合百色市的实际，实施乡村振兴战略，有几个问题值得认真思考。

一、农村美，必须规划优先

要实现农村美，就必须规划好新农村建设的宏伟蓝图。实施乡村振兴战略必须"先规划、后建设"，没有规划，就无从着手，也看不到发展的前景。因此，有必要对农村群众居住状况做些调查，对于需要保留、完善的村屯，要做些锦上添花的事情；对那些不宜居住的村屯，要做好易地搬迁的规划。同时，对选择好的新区（村）要做好详细规划，包括水电路的布局、公共设施的规划等，让群众看了心中有向往，新村就容易建设。

二、环境条件恶劣的村屯要下决心实施搬迁

现在农村居住状况千差万别，有的村有几千户，有的村有几百户，而几百户又分成三四十个自然屯（小组），有的自然屯仅一两户人家。据了解，目前，百色市 20 户（含 20 户）以下自然屯比较多，仅靖西市就有 310 个，共 4 091 户 17 999 人。如靖西市禄峒镇农贡村 38 个自然屯，321 户，总人口 2 105 人，居住比较分散，10 户以下的自然屯共有 27 个，其中只有 1 户人家的自然屯有 8 个，2 户人家的有 6 个，3 户人家的有 5 个，5 ~ 10 户人家的有 8 个。这些村屯群众收入主要是种植玉米等粮食作物和一些家庭养殖，还有部分劳务输出。即使通过干部帮扶、政府兜底扶贫可以实现脱贫，但由于没有产业支撑，过后就会返贫。同样，田东县作登瑶族乡陇穷村是典型的九分石头一分土的大石山区，全村7个自然屯9个村民小组，186户763人，耕地面积218亩，人均耕地面积0.285亩。1995年以前，该村基础设施十分落后，交通不便，信息闭塞，住房简陋，人畜饮水不安全，产业结构单一，人均纯收入不足170元，95%的贫困人口温饱没有解决。"九五"规划以来，20多年的时间里，历届百色市委和田东县委高度重视，市委（地委）书记、县委书记挂村，开展了广东帮扶、社会各界帮扶，特别是时任全国人大常委会委员长吴邦国、党和国家领导人李建国、沈跃跃、"全国扶贫状元"陈开枝和广西壮族自治区党政主要领导等多次深入该村检查指导，投入建设资金4 000多万元（人均享受6万多元），民房改造了、通村水泥路硬化了、人饮工程和学校基础设施完善了，该村面貌焕然一新，群众生活条件得到了明显改善。之后，该村安于现状，至今仍然还是贫困村，没有产业支撑，群众的收入来源主要还是靠劳务输出。笔者认为，像这样环境恶劣的穷乡僻壤，要实现村民的脱贫致富，最好的出路就是实施易地搬迁。田阳县那坡镇尚兴村原来14个自然屯的群众居住在高山上，不仅缺水，而且电、路不通，生活极端贫困。1987年开始，村民自发搬迁到平地依靠种植杧果、甘蔗、木薯等脱贫致富，成为田阳县移民搬迁的成功典范。据统计，近年来田阳县移民搬迁群众达14 000多人，世居自然条件相对恶劣山区里的贫困户走出了大山，过上了幸福的新生活。

三、认真做好土地确权登记，实施"小田变大田"

（一）有些地方的农村集体土地有必要重新确权登记

自从20世纪80年代初实施家庭联产承包责任制以来，打破了人民公社体制下土地集体所有、集体经营的旧的农业耕作模式，实现了土地集体所有权与经营权的分离，确立了土地集体所有制基础上以户为单位的家庭承包经营的新型农业耕作模式。但在实施过程中，当时也有"过急"行为，属于集体的都瓜分，集体的房屋都拆掉，分砖头、木条、瓦片给群众；大田均分小块给各户，一户五六亩土地就有十几二十处（块），不利于机械化运作，而且丈量使用的尺寸不尽相同，丈量的方法也不够规范，有的以"肥田"与"瘦田"折算，形成现在的"老亩"和"新亩"之分，土地证面积与实际田（地）块面积不相符。因此，必须按照现行田（地）块、林地重新丈量登记确权，实施土地平整，实现小田变大田，为连片流转打基础。

(二)培育发展新型农业经营主体,实现规模经营

要加强和完善家庭农场、专业大户、农民合作社、龙头企业等新型组织,完善农村农民合作社的管理,完善土地承包使用权出租、转让制度,确保农民的利益不受侵占。农民易地迁出以后,其承包的土地通过确权登记、平整,实施"小田变大田",出租或转让给公司、企业、能人进行规模经营。这样,可以通过支付租金、入股分红等方式让农民共享土地承包责任制带来的红利。在这方面,百色市是有成功经验的。比如,华润百色希望小镇位于百色市右江区永乐乡,农民把土地租让给华润集团公司,由集团公司统一规划、统一设计、统一种养、统一销售。同时,农民除了出让土地获得租金外,还能以工人身份获得集团公司付给的劳务收入。现在该村已经在公共服务设施建设方面,全面改造"水、电、路"网,建成人工生态湿地、太阳能发电站、太阳能路灯、休闲广场、综合服务楼、小学、幼儿园、文化站、敬老院、卫生院等市政设施。在民居环境改造方面,完成民房风貌改造,每户配套建设一间配有三级化粪池的卫生间、一间厨房、一座配有养殖棚的沼气池。在产业扶持方面,成立润农农民专业合作社总社,共有社员426名,股金40万元,建有育苗厂、家禽孵化厂、太阳能发电站、生态猪养殖场、农资配送中心、日用品超市等利润实体,培育千羽以上林下养鸡户14户5万余羽、种植西瓜1 000余亩、小番茄700余亩、杧果低改1 600余亩,建成百色市首个土地流转示范基地——华润希望小镇。华润希望小镇荣获"全国文明村",成为"宜居、人文、活力"之镇,一栋栋别墅,整齐的绿化带萦绕门前屋后;干净的村道上,处处鸟语花香,村民悠闲地坐在家门口聊天休憩。

四、创新脱贫理念,跳出"缺什么补什么"的扶贫思路

2015年11月召开的中央扶贫开发工作会议上,习近平同志强调,消除贫困、改善民生、逐步实现共同富裕,是社会主义的本质要求,是我们党的重要使命。《关于打赢脱贫攻坚战的决定》指出,打赢脱贫攻坚战的总体目标是:"到2020年,稳定实现农村贫困人口不愁吃、不愁穿,义务教育、基本医疗和住房安全有保障。实现贫困地区农民人均可支配收入增长幅度高于全国平均水平,基本公共服务主要领域指标接近全国平均水平。确保我国现行标准下农村贫困人口实现脱贫,贫困县全部摘帽,解决区域性整体贫困。"现在离完成既定目标时间已经不到三年,进入了啃硬骨头、攻坚拔寨的冲刺阶段,必须以更大的决心、更明确的思路、更精准的举措、超常规的力度,才能做到"决不能落下一个贫困地区、一个贫困群众"。因此,在扶贫思路上既要围绕群众脱贫攻坚的需求解决具体问题,也必须跳出过去"缺什么,补什么"的旧模式,评估投

入，能就地致富者就全力以赴解决和完善各种基础设施，不能就地致富者就狠下决心迁走。综上，只有创新举措，才能实现与全国全区同步全面建成小康社会。

（一）20户以下的贫困村屯可以考虑搞好规划搬迁合并

百色是后发展欠发达地区和全国脱贫攻坚主战场之一。在农村中，对居住分散、小屯、水电路基础设施建设条件不具备、石漠化片区人均耕地面积不足0.5亩的村屯进行搬迁合并，搞好规划，建立功能齐全的新村、新区。据统计，目前，全市建档立卡贫困人口51.5万人，贫困发生率为15.1%，其中65%以上集中在石漠化区域，10%属于特有少数民族聚居区，10%为边境地区，另有15%处于交通不便的边远山区。要在3年内彻底解决群众温饱问题，按照当前广西的脱贫要求，对20户以上村屯，要求贫困户要有稳固住房、有饮用水、有电用、有路通自然村、有义务教育保障、有医疗保障、有电视看、有收入来源或最低生活保障，人均纯收入超过国家扶贫标准；对20户以下的村屯则没有这些优惠政策，因为需投入的基础设施建设费用大大超过搬迁成本，所以必须易地安置。而易地安置或搬迁合并，都必须重视统一规划。现在一些村庄，有新房而没有新貌，车辆开不到家门口，有的户与户之间距离不到3米，整排房屋朝向不统一、不整齐，房屋一进一出不统一，没有排水沟，如德保县弄桑街道长年积水。因此，乡村振兴要认真做好规划，绘出美丽新农村。

（二）精准脱贫模式仍需完善

靖西市渠洋镇古桥村辖19个自然屯，目前仍有马英内、弄丈、弄慈上、弄慈下等4个自然屯未通路，马英内、马英外、弄丈、弄意、弄七等5个自然屯未解决饮水难问题。这些20户以下的自然屯，有部分村民被列为贫困户，有干部帮扶，享受许多优惠的扶贫政策，如搬迁只花1万多元钱就可以进城安置。但同个自然屯的已脱贫户则没有这些优惠政策，要搬迁就需多花四五十万元。

（三）合理实施跨区域易地搬迁安置

跨区域易地安置是脱贫攻坚工作新的举措，打破了以往"缺什么，补什么"的做法。百色市2016年开工建设扶贫搬迁安置点102个，已搬迁入住23 695人，计划年底安置13万人。预计到2019年，对居住分散、生存条件恶劣、生态环境脆弱、交通不便、扶贫成本高的贫困区域贫困人口，通过扶贫移民计划搬迁18万人。凌云县针对受地质灾害严重威胁，需要整屯搬迁的区域和20户以下自然屯，以及户与户之间居住分散、交通不便、水电路基础设施落后，且有意愿今后在右江河谷地区长期生产生活的人员进行跨区域易地安置，并从规划易地扶贫搬迁的3.28万人中搬迁1万人到田阳县右江河谷地区安置。

百色市通过建设深（圳）百（色）产业合作园区、标准化特色农产品种养基地等办法，充分利用深圳产业、市场、技术和资金优势，做大做强铝精深加工、特色农林产品加工等优势产业，更好地承接深圳的产业转移。同时，还要加快推进百色—田阳城乡一体化建设步伐，落实搬迁农民每户有一人进入园区就业，让居住环境恶劣的群众搬得出、稳得住、富得起、生活幸福。

（四）与旅游产业相结合，建设美丽乡村

百色是著名的革命圣地，邓小平同志曾经在这里指导了百色起义。百色也是旅游胜地，景区景点有世界上最大的天坑群景区——乐业县大石围天坑群，中国单级落差最大的瀑布——靖西通灵大峡谷瀑布，终年常绿山清水秀的布柳河热带雨林美景，以及罕见的南国雪景；有独具魅力的壮、瑶、苗、彝、仡佬、回等少数民族风情节庆活动等；有德保、靖西、那坡、凌云、乐业、隆林、西林四季如春的气候，其中乐业、凌云分别获得"世界长寿之乡"和"中国长寿之乡"荣誉，隆林被联合国教科文组织誉为"活的少数民族博物馆"。要加强民族文化的保护与传承，对特色村寨、特色民居做好保护措施，特别是在农村危旧房改造中要注重保留民族文化元素，做好非物质文化传承人的扶持和培养。要做好美丽乡村建设，打造乡村生态旅游、民族风情旅游，使群众感受到自身生活的美丽与荣耀。

南北盘江流域区域经济差异与协调发展研究

武晓英

（兴义民族师范学院）

南盘江与北盘江一同发源于云南省东北部高原上的沾益区马雄山，流经云南、贵州、广西三省（区）十州（市）。该流域具有独特的气候、丰富的矿产、生物资源及优美的生态环境，但由于历史、行政等方面的原因，除个别地方之外，经济发展滞后，同时还承担着保护生态环境的压力。

一、概念辨析

"区域"一词含义广泛，使用领域宽，范围变化大，是一个多侧面、多层次且相对性极强的概念，可以从多个角度来观察和分析。区域概念中具有根本意义的，是一个区域内部各组成部分间在特性上存在的高度相关性。这种高度相关性可以有两种情况：一种是均质区，是区域内部空间特性的一致性和相似性，并以这种一致性和相似性区别于其他区域；另一种是结节区，或称为功能区、枢纽区，它由区域内的核心及与其功能紧密相连，具有共同利益的外围地区组成。区域虽然具有丰富的含义，但从本质上来说，它仍然是基于描述、分析、管理、计划或制定政策等目的而作为一个应用型整体来加以考察的一片地区。考虑到我国的实际情况，以及本文研究的是南北盘江流域的区域差异，在区域选择上，本文按照行政划分选择州或市作为研究的基本区域单元。

在一定的空间范围内，各区域由于自然资源和历史基础，人口、技术和资金，市场、组织和管理等区域经济发展要素的不同，表现出一定的区域差异性。从内容上看，区域差异大体上可分为自然差、位势差和趋势差三种。本文区域差异的研究范围为流经云南、贵州、广西三个省（区）的南北盘江流域各个县市，结合使用单一指标法和综合指标体系法揭示南北盘江流域各个县市之间的区域差异，然后全面认识各个区域的优势和不足，为区域发展准确定位，并制定合理的区域政策。

二、区域差异测度指标体系的构建

在综合指标法测度区域发展水平方面，每个学者根据自己的研究需要提出了许多不同的指标组合。本文在借鉴先行者已有研究的基础上，按照上面的指标选取原则及特定研究对象的需要，从生产、生活和生态三个角度选取了以下16个指标建立指标体系。

（1）人均国内生产总值（人均 GDP）。区域发展说到底还是一个经济现象，而 GDP 作为反映一国或一个地区单位时间内新生产的产品与劳务的价值指标，常被学者们用来反映一国或一区域的经济发展水平。本文人均 GDP 数据是以各个州市的地区生产总值数据除以常住人口数据所得，它不仅反映了各个州市的经济发展水平，还是衡量各个州市人民收入水平的重要指标。

（2）第三产业产值比重。一般认为，城市化起源于工业化，第三产业的发达则是区域进入成熟阶段的标志，而第三产业的发达程度又可以通过其产值占整个社会经济总产值的比值情况得到诠释。所以，这一指标也是衡量区域发展水平高低的指标之一。

（3）规模以上工业总产值。城市化起源于工业化，区域发展的动力是工业生产力。虽然从长远来看，工业对区域的促进性将被第三产业替代，但就我国当前的实际情况，工业对区域经济仍是至关重要的，对贵州省来说更是如此。

（4）国有经济固定资产投资总额。固定资产投资是为一个地区未来的经济发展打下的"基本底子"，反映了区域经济的硬实力。考虑到数据的可收集性与研究的特殊对象，本文以国有经济固定资产投资来代替。

（5）社会消费品零售总额。区域的发展伴随着人们消费水平的提高及消费观念、消费习惯的转变，社会消费品零售额反映了区域经济交易的繁荣程度，同时也是居民生活水平的一个体现，所以在指标体系中加入了这一指标。

（6）单位地区生产总值能耗。

（7）非农业人口比重。此指标是用来衡量城市化水平最重要的一项，很多学者进行相关研究时，直接用这一指标来衡量一个国家或地区的城市化发展水平高低。

（8）每万人公路通车里程。

（9）移动互联网用户。交通、通信与邮电等公用服务事业的发展是区域发展的物质基础，亦是区域发展的重要表现。以上两个指标是各地区在这方面表现水平的衡量。

（10）每千人拥有医务技术人员数。区域人口生活水平和医疗、社会保障水平的提高，是城市文明的最内在含义。这个指标从医疗卫生方面反映了区域达到的文明程度。

（11）每万人高等学校学生数。区域水平提升得以体现的一个重要方面是人们科学文化素质的提高，而每万人高等学校学生数直接体现了一个地区的教育发展水平，是一个便于定量化统计的科学文化相关指标。

（12）森林覆盖率。

（13）工业、生活废水排放量。

（14）工业二氧化硫排放总量。

（15）工业固体废弃物排放量。

（16）工业固体废弃物处置率。

表1　南北盘江流域区域发展综合测度指标体系表

指标层	指　　标	单　　位
生产	人均国内生产总值	元
	第三产业产值比重	%
	规模以上工业总产值	亿元
	国有经济固定资产投资总额	亿元
	社会消费品零售总额	亿元
	单位地区生产总值能耗	吨标准煤/万元
生活	非农业人口比重	%
	每万人公路通车里程	千米
	移动互联网用户	户
	每千人拥有医务技术人员数	人
	每万人高等学校学生数	人
生态	森林覆盖率	%
	工业、生活废水排总放量	次
	工业二氧化硫排放总量	万吨
	工业固体废弃物排放量	万吨
	工业固体废弃物处置率	%

区域发展测度研究无非两种思路：单一指标法和综合指标法。到目前为止，无论是国内还是国际学术界，在综合指标法测度区域发展水平问题上都没有统一的指标体系。因此，本文只能在借鉴现有研究的基础之上，考虑数据收集的

实际情况，结合笔者对区域发展水平的理解，选择由以上 16 个指标组成综合指标体系来测度南北盘江流域区域发展水平的高低，并对各州（市）发展水平差异原因做出研究解释。诚然，本文的指标体系设置只是一次针对南北盘江流域特定区域的粗浅尝试，肯定存在不完善之处，还有待进一步提高。

三、南北盘江流域的区域差异分析

目前通过指标体系进行的综合测算较为常用的是主成分分析法，本文亦采纳此法来研究评价南北盘江流域各州（市）的区域发展水平差异。本文选定了 16 个指标来综合衡量区域发展水平不同方面的情况，而要更简洁有效地分析 16 个指标中包含的不同县市的区域水平差异信息，使用主成分分析方法是十分恰当的，也是此类研究公认的分析方法。

依据本文选定的区域发展水平综合测度指标体系，笔者将运用因子分析方法对南北盘江流域各县市的区域发展水平状况进行综合评价，根据采自于各个县市 2016 年统计年鉴的原始数据进行简单的标准化处理，利用数据统计分析软件 SPSS18.0 中文版进行因子分析。过程依次如下：

表2　南北盘江流域区域发展综合测度指标体系主成分分析表

	起　始	撷　取
人均国内生产总值	1.000	0.878
第三产业产值比重	1.000	0.581
规模以上工业总产值	1.000	0.989
国有经济固定资产投资总额	1.000	0.849
社会消费品零售总额	1.000	0.990
单位地区生产总值能耗	1.000	0.766
非农业人口比重	1.000	0.677
每万人公路通车里程	1.000	0.917
移动互联网用户	1.000	0.701
每千人拥有医务技术人员数	1.000	0.899
每万人高等学校学生数	1.000	0.981
森林覆盖率	1.000	0.802
工业、生活废水排放总量	1.000	0.977
工业二氧化硫排放总量	1.000	0.562

续　表

	起　始	撷　取
工业固体废弃物排放量	1.000	0.650
工业固体废弃物处置率	1.000	0.426

撷取方法：主体元件分析。

从表2可以看出，在对原始变量的提取中，除工业固体废弃物处置率、工业二氧化硫排放总量、第三产业产值比重以外，大部分变量的提取度较好，可以满足主成分分析和本课题研究的基本要求。

表3　变异数总计表

元　件	起始特征值			撷取平方和载入		
	总　计	变异的（%）	累加（%）	总　计	变异的（%）	累加（%）
1	8.359	52.243	52.243	8.359	52.243	52.243
2	2.551	15.943	68.185	2.551	15.943	68.185
3	1.734	10.837	79.022	1.734	10.837	79.022
4	1.303	8.145	87.167			
5	1.046	6.536	93.703			
6	0.603	3.771	97.474			
7	0.186	1.165	98.639			
8	0.136	0.853	99.492			
9	0.081	0.508	100.000			
10	5.385E−16	3.366E−15	100.000			
11	4.095E−16	2.560E−15	100.000			
12	3.312E−16	2.070E−15	100.000			
13	9.186E−17	5.741E−16	100.000			
14	−2.868E−16	−1.792E−15	100.000			
15	−3.531E−16	−2.207E−15	100.000			
16	−7.637E−16	−4.773E−15	100.000			

撷取方法：主体元件分析。

提取的3个主因子合计能解释79.022%的方差，这说明它们能包含原来16

个变量 79.022% 的信息，代表性较好。

表 4　元件矩阵 a 表

	元　件		
	1	2	3
人均国内生产总值	0.804	0.278	0.394
第三产业产值比重	0.641	0.370	0.182
规模以上工业总产值	0.992	0.069	0.030
国有经济固定资产投资总额	0.879	0.196	0.193
社会消费品零售总额	0.979	0.065	0.164
单位地区生产总值能耗	0.480	0.126	0.721
非农业人口比重	0.721	0.099	0.384
每万人公路通车里程	0.502	0.192	0.792
移动互联网用户	0.056	0.826	0.121
每千人拥有医务技术人员数	0.921	0.224	0.030
每万人高等学校学生数	0.987	0.047	0.067
森林覆盖率	0.057	0.892	0.057
工业、生活废水排放总量	0.969	0.017	0.197
工业二氧化硫排放总量	0.091	0.710	0.222
工业固体废弃物排放量	0.636	0.431	0.245
工业固体废弃物处置率	0.638	0.073	0.121

撷取方法：主体元件分析。

a. 撷取 3 个元件。

在主成分分析中，在计算主成分得分时，使用成分矩阵中各变量的系数除以对应成分特征根的平方根作为指标的系数权重。用 F1、F2、F3 代表 3 个公因子，Z1 ~ Z16 分别代表原始变量。

主成分因子表达式为：

$F1 = 0.278\ Z1 + 0.222\ Z2 + 0.343\ Z3 + 0.304\ Z4 + 0.339\ Z5 - 0.166\ Z6 + 0.249\ Z7 - 0.174\ Z8 + 0.019\ Z9 + 0.318\ Z10 + 0.341\ Z11 + 0.020\ Z12 + 0.335\ Z13 + 0.031\ Z14 + 0.220\ Z15 + 0.221\ Z16$

$F2 = 0.174\ Z1 - 0.232\ Z2 - 0.043\ Z3 - 0.123\ Z4 - 0.041\ Z5 + 0.079$

$Z6 + 0.062 \quad Z7 + 0.120 \quad Z8 - 0.517 \quad Z9 + 0.140 \quad Z10 - 0.029 \quad Z11 + 0.558$

$Z12 - 0.011 \quad Z13 - 0.445 \quad Z14 + 0.270 \quad Z15 + 0.046 \quad Z16$

$F3 = 0.299 \quad Z1 + 0.138 \quad Z2 - 0.023 \quad Z3 - 0.147 \quad Z4 - 0.125 \quad Z5 - 0.548$

$Z6 + 0.292 \quad Z7 + 0.601 \quad Z8 - 0.092 \quad Z9 + 0.023 \quad Z10 - 0.051 \quad Z11 - 0.043$

$Z12 - 0.150 \quad Z13 + 0.169 \quad Z14 - 0.186 \quad Z15 + 0.092 \quad Z16$

以每个主成分所对应的特征值占所提取主成分总的特征值之和的比例，作为权重计算主成分综合模型：

$$F = \frac{r1}{r1 + r2 + r3}F1 + \frac{r2}{r1 + r2 + r3}F2 + \frac{r3}{r1 + r2 + r3}F3$$

$$F = \frac{8.359}{8.359 + 2.551 + 1.734}F1 + \frac{2.551}{8.359 + 2.551 + 1.734}F2 + \frac{1.734}{8.359 + 2.551 + 1.734}F3$$

表5　南北盘江流域各县市综合得分排名表

地　州	F1	F2	F3	综合得分 F	综合排名
曲靖	− 0.394 9	− 0.699 4	0.298 4	− 0.361 2	3
玉溪	0.155 9	2.096 4	2.306 3	0.842 3	2
昆明	8.075	− 0.145 7	− 0.551 3	5.233 4	1
红河	− 0.799 1	0.269 6	− 0.400 5	− 0.528 8	4
文山	− 1.980 1	0.223 4	− 2.044 0	− 1.544 2	10
六盘水	− 0.706 2	− 0.001 1	− 4.149 4	− 1.036 1	8
黔西南	− 1.065 6	0.142 6	0.734 8	− 0.574 9	6
安顺	− 0.986 4	− 0.607 1	1.607 5	− 0.554 1	5
毕节	− 1.032 5	− 3.530 1	− 0.030 7	− 1.399 0	9
百色	− 1.266 2	2.251 4	− 1.501 0	− 0.588 7	7

按照因子综合得分，南北盘江流域区域发展水平可以分为三类，第一类是昆明市，发展依托于省会城市的政策优势和资源优势，综合得分远远靠前；第二类是玉溪市、曲靖市、红河州、安顺市；第三类是黔西南州、百色市、六盘水市、毕节市和文山州，相对第一、二类地区来说，其发展还比较滞后。通过反映区域发展状况的指标建立的指标体系，对南北盘江流域各县市的发展水平的区域差异进行综合测度与全面分析，可以得出以下结论。

（一）昆明市

昆明市作为省会城市，经济、社会、生态等方面在南北盘江流域具有绝对竞争力。从本文建立的区域发展指标体系中可以看到，昆明市在人均国内生产总值、第三产业产值比重、规模以上工业总产值、国有经济固定资产投资总额、社会消费品零售总额、单位地区生产总值能耗等单项指标上都位列第一，对南北盘江流域地区的经济社会发展影响重大。但我们也要注意到，昆明市在发展过程中废水、废气、固体废弃物的排放量仍然比较高，这提示下一步区域发展中，昆明市不仅要积极发展经济，还应该注重生态保护，为当地居民提供比较好的人居环境。

（二）玉溪市、曲靖市、红河州、安顺市

玉溪市、曲靖市、红河州、安顺市位于省会城市周边，受到省全城市辐射带动作用的影响，积极利用其资源优势，是各所属省份中比较重要的经济节点，在研究区域中处于次发达区域。

（三）黔西南州、百色市、六盘水市、毕节市和文山州

黔西南州、百色市、六盘水市、毕节市和文山州发展水平相对滞后，发展现状原因应根据各自情况具体分析。现主要针对其共同点进行分析。相对于其他地区来说，这5个州（市）基础设施比较落后，缺乏科技人才；有丰富的旅游资源，但相比昆明市与安顺市知名度较低；交通问题仍然是发展瓶颈，应积极构建省内与省外的交通网络，加强省内各地州与周边省份的区域联系，促进区域协作。

通过本部分的分析，可以得到本文研究的基本结论：南北盘江流域内各县市的区域发展水平差异巨大，发展不均衡，但仍然各有优势。各个区域应各取所长，加强彼此之间的联系，充分利用自身的优势资源融入南北盘江流域发展战略。

四、南北盘江流域各州（市）的发展定位分析

南北盘江流域流经云南、贵州、广西三省（区）十州（市）。其中，北盘江流经云南曲靖，贵州六盘水、黔西南、安顺和毕节，南盘江流经云南曲靖、昆明、玉溪、红河、文山，贵州黔西南，广西百色。在分析南北盘江流域各个州市的发展地位时，可将其分为三个层次：核心辐射区、源头联动区、外围协作区。其中省会城市昆明为核心辐射区，玉溪市、曲靖市、红河州、安顺市为源头联动区，黔西南州、百色市、六盘水市、毕节市和文山州为外围协作区。

（一）核心辐射区

昆明市作为云南省省会，在南北盘江流域发展战略中应当做引领、当标杆、做示范。昆明市是南北盘江流域最大的城市中心和工业中心，同时具有完善的

交通体系，陆路、航空交通发达，具有枢纽作用。单从流域范围考虑，南盘江仅流经宜良、开远、石林三个县（市），并未流经昆明市核心区域，但应充分利用后者的行政优势，来发挥流域内的资源优势。其中，宜良、石林具有知名度较高的旅游资源，开远具有丰富的煤炭等矿产资源，都可依托昆明市省会城市的优势，来促进人才、技术、资本、数据、研发机构等创新资源聚集，加大企业引进力度，同时积极发展物流、能源、商贸服务等多个优势产业，开展对外贸易，充分发挥辐射作用。

（二）源头联动区

玉溪市、曲靖市、红河州、安顺市具有共同的特征，都属于省会城市周边地区，可以充分利用自身的地理优势与资源优势发展优势产业，打破行政界线，积极融入南北盘江流域的发展战略。

曲靖市为南北盘江流域的源头，向南流经玉溪、红河，向北流经安顺，是云南重要工商城市，综合实力居云南省第二位，也是滇中经济开发区的重要组成部分。曲靖市矿产资源和生物资源丰富，建有多个工业园区及国家级、省级自然保护区。曲靖市可以凭借自身的资源优势，充分发挥原料、要素、市场、物流等比较优势，通过招商引资，着力推进高原特色农业和生物资源加工、有色金属深加工和液态金属、军民融合现代装备制造、精细化工、现代商贸物流、旅游文化和高原体育六大产业发展，推动产业转型升级，构建结构优化、支撑有力的现代产业体系。

玉溪市紧紧围绕亚洲最大的卷烟生产企业——玉溪卷烟厂，发展配套工业企业。目前，玉溪市已发展到 19 户规模以上卷烟配套企业，主导产品滤嘴棒、CA 粒子增塑剂、瞬间粒子增塑剂、金银卡纸、铝箔纸、水松纸、BOPP 烟用薄膜、白乳胶、金拉线、香精、高速卷烟带等，形成了具有特色的产业集群。同时，玉溪具有丰富的旅游资源，比如澄江月亮湾湿地公园、云南澄江化石群、古滇国文化园、华宁象鼻温泉度假村、西沙印月泉、秀山公园、高香生态茶文化旅游区、湖泉生态园、可邑民族文化生态旅游村（可邑小镇）等，因而可凭借该产业和资源优势，积极融入南北盘江流域发展战略。

红河州是云南经济社会和人文自然的缩影，是云南近代工业的发祥地，是中国走向东盟的陆路通道和桥头堡，也是云南省第四大经济体。红河州受昆明市辐射作用明显，可充分利用丰富的矿产资源和生物资源发展产业群，利用厚重的文化资源积极发展旅游产业，并以此为依托完善交通体系，加强与周边地区的联动作用。

安顺市可以凭借自身的资源优势加快发展能源原材料、装备制造、特色轻工业和旅游产业四大产业群。在能源原材料方面，以煤炭为基础，以电力为中心，坚持水火并举，加快北盘江、三岔河和格凸河流域梯级电站开发建设进度；重点发展支线飞机、通用飞机、飞机零部件制造、航空业务转包、飞机维修检测等产业，支持现有航空企业和相关配套企业扩大市场份额，加快引进一批航空制造产业配套项目，加快轿车和客车整车、汽车零部件、汽车改装和专用汽车发展，促进产业壮大；大力发展以苗药为重点的民族制药，振兴以安酒为重点的白酒产业；把具有地方特色和民族特色的工艺品、食品等转化为旅游商品，加大蜡染等旅游商品开发力度。同时，加强与周边州市的交通设施建设，完善安顺—贵阳、安顺—六盘水、安顺—毕节、安顺—黔西南、安顺—黔南的公路铁路水运交通网，以完善省域内部联结为基础，加强与南北盘江流域沿江区域的联系，实施"引进来、走出去"发展战略，积极融入南北盘江流域发展战略。

（三）外围协作区

黔西南州、百色市、六盘水市、毕节市和文山州为外围协作区，除毕节市之外，其他地区均没有联结省会城市，因此该区省会辐射作用较弱，综合排名靠后。为此，需充分利用自身的资源优势，积极发展对外交通联系，发展优势产业，积极融入南北盘江流域的发展战略。

黔西南州地处滇、黔、桂三省（区）结合部，是毗邻地区重要的商品集散地和商贸中心，基础设施完备，辐射周边人口 2 000 多万，具有资源优势、地缘优势，具备开展"一带一路"经贸活动的良好基础和条件。黔西南应积极促进产业转型升级，形成以茶叶、草地畜牧业、蔬菜、薏仁米、花卉、烤烟等为主的特色农业主导产业；强化交通设施建设，建设贵阳至兴义、南昆铁路威舍至百色段扩能改造、兴义至永州、黄桶至百色、毕节经水城至兴义等铁路项目，力争将兴义至河口、兴义至景洪等铁路纳入国家"十三五"铁路网规划建设，逐步开通兴义至西安市、台湾地区的国内航线，以及至老挝、泰国、韩国等国的国外航线，力争开通欧美航线；同时，搭建国际对外开放平台，积极发展跨境农业，加强旅游产业合作。

百色市作为南北盘江流域唯一一个广西区内区域，虽然经济水平持续增长，但整体水平仍居广西后列，因而可充分利用其南北盘江流域的地缘优势，寻找新的经济发展出口，结合自身资源优势，积极发展生态型铝产业、现代特色农业、大健康及旅游产业、现代物流和边贸产业。

六盘水市作为云贵交界城市，是西南重要的铁路枢纽城市和物流集散中心之一。六盘水在融入南北盘江流域发展战略过程中，应将工作的核心放在对外联动和对内调整上。其中，对外联动包括完善设施建设，打通与云南地区的交通联系，充分利用设施联通优势和区位优势，帮助区域"引进来、走出去"；

对内调整主要包括产业结构调整，通过实现第一产业转型、第二产业升级、第三产业优化布局来提高产业竞争力，全方位扩大对外开放，在更高层次、更广领域寻求合作。

毕节市位于贵州省西北部，是川、滇、黔三省（区）的交通要冲，矿产和水能资源富集，生物资源多样，其中烤烟产量占贵州省的40%以上，是全国四大烟区之一。毕节市应以汽车制造产业为龙头，集中发展先进制造产业，积极推进纺织工业、烤烟产业的发展，形成产业集群，建设以制造产业为主导，配套相关服务业，集聚产业、商务、居住等多功能复合的工业新城，根据自身发展的特点，充分发挥毕节试验区的优势，抓住机遇，主动融入南北盘江流域发展战略，促进毕节市各项事业的全面发展。

文山州地处祖国西南边陲云南省东南部，是一个集"老、少、边、战、山、穷"为一体的民族自治州，经济总量小，在南北盘江流域综合排名中处于靠后位置，在国内外市场具有一定竞争力的产品和企业还不多，劳动力人口受教育程度低，导致发展新兴产业的市场环境还不完善。文山州应结合自身经济社会基础和资源条件，充分衔接国家和全省战略性新兴产业发展重点，主动承接国际国内产业转移和技术转移，大力提升自主创新能力，培育现代生物、新材料、新能源、装备制造、信息技术、节能环保等战略性新兴产业，逐步完善现代产业体系，优化产业结构，提高产业核心竞争力，以保障文山州经济社会实现可持续发展。

结　论

在经济全球化的背景下，区域合作是必然选择，无论是发达地区还是欠发达地区，都应积极参与区域经济合作，拓展发展新空间。南北盘江流域沿线各州市具有地理上的天然优势，但随着国家交通网络的完善和"互联网＋"时代的到来，南北盘江流域区域化不再是一个普通的地理概念，而是一个持续生长的经济体。沿线各个州市应当加快融入南北盘江流域区域发展，借助南北盘江两条轴线，发挥省会城市昆明的核心辐射作用和以曲靖为核心的源头联动作用，充分带动外围地区的发展，分析各自区域的差异，以此寻找各自的区域优势，更好地实现区域之间的协作，加强产业联系与协作，主动借助周边区域的发展优势，打破行政界线，积极融入南北盘江流域发展。最后，要将南北盘江流域作为一个区域整体，参与国家区域发展战略。

【参考文献】

［1］田明．区域建设及区域研究的新视野［J］．科技导报，2001（1）．

［2］安树伟．中国省区交界地带经济发展研究——对蒙晋陕豫交界地带的实证分析［M］．北京：中国经济出版社，2002.

［3］王铮．区域管理与发展［M］．北京：科学出版社，2000.

［4］田苗．区域管理与发展珠江流域滇黔桂三省交界地区跨边界经济合作及协同发展研究［D］．昆明：云南师范大学，2006.

南盘江流域脱贫攻坚绿色产业体系建设研究

沈凌云　董立

（曲靖师范学院学报编辑部）

引　言

　　产业是支撑经济发展的核心和基础，产业扶贫是打赢脱贫攻坚战的核心。2014 年 1 月，中共中央、国务院印发的《关于创新机制扎实推进农村扶贫开发工作的意见》[1]明确指出，特色产业增收工作是新时期扶贫开发重点推进的十项工作之一。2015 年 11 月，中共中央、国务院《关于打赢脱贫攻坚战的决定》[2]提出"五个一批"脱贫路径，并把发展生产脱贫一批放在首位。发展生产脱贫就是产业脱贫。

　　由于交通、区位及历史的原因，南盘江流域的经济社会发展滞后，是全国国家级"贫困县"最多的地区之一，也是国家扶贫攻坚、脱困解困的重点区域。南盘江流域内的曲靖市下辖 1 市 3 区 5 县，有 2 个县是国家级贫困县；文山州下辖 1 市 7 县，均为国家级贫困县；黔西南州下辖 1 市 7 县，其中有 7 个县为国家级贫困县；百色市下辖 1 区 1 市 10 县，其中有 9 个国家级特困县、2 个贫困县，脱贫攻坚任务艰巨。[3]5-13同时，南盘江流域生态系统的承载力是有限的，不合理的规划和无序开发将导致生态系统自动调节功能的失效。由于绿色覆盖率降低，南盘江流域的丘陵谷地石漠化严重，抵御自然灾害和自我修复的能力严重衰退，成为中国水土流失最严重的地区之一。生活废水排放、畜禽养殖及工业企业违法排污等原因，使南盘江水域受到不同程度的污染。

　　"绿色崛起"是可持续发展条件下实现的经济崛起，是以生态保护为前提，以经济崛起为核心，以最小的环境代价和最合理的资源消耗获得最大的社会经济效益，推动各地在青山绿水中异军突起的科学发展模式。[4]绿色产业是在全球经济增长与生态环境之间矛盾冲突日益激烈的背景下发展起来的，并逐渐演进为经济发展的主导产业。[5]67-68在南盘江流域地区发展绿色产业，既能突破生态

环境约束瓶颈，又能破解经济发展难题。因此，认真贯彻落实习近平同志的
"绿色"发展理念，必须厚植地区发展优势，踏实做好绿色文章，让青山绿水
成为南盘江流域地区发展的永续增长点。发展绿色产业，构建绿色产业体系是
实现南盘江流域地区脱贫攻坚、经济可持续发展的重要途径之一。

一、南盘江流域构建脱贫攻坚绿色产业体系的优势

（一）交通经济快速发展

　　南盘江流域云南境内的曲靖、昆明、玉溪、红河和文山五州（市）位于云
南中东部，历来是云南通往两广及我国东部沿海地区的重要通道。这一区域除
了各个机场都开通多条民航航线和各州、县都有高速公路连通省内以外，沪昆
高铁和南昆高铁相继开通，交通出行条件得到了极大改观。贵州黔西南州已实
现了县县通高速公路。广西百色机场开通了百色至广州、百色至重庆和百色至
桂林等多条航线，已修通了百色至隆林的高速公路，百色至乐业、百色至云南
罗平的高速公路建设也正在加紧实施之中。近年来，南盘江流域经济社会发展
呈现出良好态势。（见表1、表2）2017年实现地区生产总值（地区GDP）1.29
万亿元，占滇、黔、桂三省（区）总值的25.62%；常住人口超过3 100万人，
占滇、黔、桂三省（区）常住人口总数的22.27%；人均GDP达到4.15万元，
远高于滇、黔、桂三省（区）平均水平。

表1　2017年南盘江流域七州（市）经济社会发展相关指标统计表

州　市	地区生产总值（亿元）	常住人口（万人）
曲靖市	1 941.12	661.18
昆明市	4 857.64	678.3
玉溪市	1 415.1	238.1
红河州	1 478.6	468.1
文山州	809.1	363.6
黔西南州	1 067.6	286
百色市	1 361.76	417.57
合计	12 930.92	3 112.85

　　数据来源：七州（市）2017年国民经济和社会发展统计公报。

表2　2017年滇、黔、桂三省（区）经济社会发展相关指标统计表

省　区	地区生产总值（亿元）	常住人口（万人）
云南省	16 531.34	4 800.5
贵州省	13 540.83	3 580
广西壮族自治区	20 396.25	5 600
合计	50 468.42	13 980.5

数据来源：滇、黔、桂三省（区）2017年国民经济和社会发展统计公报。

（二）生态旅游资源富集

一是气候宜人。南盘江享有"一江跨三省"之称，雨量充沛，年平均降雨量在1 100毫米左右。其中，云南、贵州境内流域四季如春，气温均在10℃～21℃；广西境内流域气温温差较大，最高时为38℃左右，最低也有12℃。二是水资源丰富。南盘江全长914千米，河道平均坡降为1.74‰，流域面积为56 809平方千米，在100平方千米以上的一级支流44条。南盘江中、下游纵坡很大，有的地段急流险滩、波翻浪涌，有的则平静舒缓、水色如蓝，群山一片新绿，凝碧之中唯有木棉火红；建有天生桥、鲁布格等多座水电站。[6]1-5三是旅游资源丰富。在这条充满神奇美丽风光的黄金水道上，自上而下主要分布着三个景区：源头珠江源风景区、中游江湖风景区和下游三江口风景区。流域内喀斯特地貌广泛分布，地貌类型齐全，有壮丽宏伟的峡谷、溶洞、天坑和丰富的湖泊、瀑布、溪泉等自然景观，气候适宜，民族风情浓郁淳朴、独具魅力。这里有大型天坑溶洞群的地质奇观，有国家级风景区马岭河峡谷风景区、丘北普者黑、贞丰三岔河、罗平多依河、九龙瀑布、鲁布革峡谷等省级旅游度假区；有以砚山浴仙湖、万峰湖为代表的湖光山色；有以丘北普者黑、庐西阿庐古洞为代表的溶洞奇景。由于地貌形态不一，南盘江不同河段景色各异、风景不一。

（三）文化资源得天独厚

一是民族文化风情独特。南盘江流域有汉、壮、苗、彝、回、瑶、白、傣、傈僳、拉祜、纳西、藏、景颇、布朗、布依、阿昌、哈尼、普米、怒、基诺、德昂、水、独龙等众多民族居住。各民族文化相互影响、相互交融，构成了丰富多彩的民俗风情，有壮族的"三月三"、苗族的"花山节"、彝族的"跳虎节"与"火把节"、瑶族的"盘王节"等众多民族节庆。[7]16-19各民族信仰原始宗教，创造并承传了古老的"铜鼓文化"、人神共娱的"节日文化"、以歌代言的"歌圩文化"、以手工织锦为特色的"服饰文化"、用糯米加工的"美食文化"等异彩纷呈的非物质文化遗产。二是历史文化壮丽浩荡。早在旧石器时代，

南盘江流域就有人类活动的足迹；新石器时代，南盘江即成为珠江流域乃至东南半岛古文化传播的重要通道。南盘江流域的居民在沿岸的高山峡谷间、冲积平原上，择林而栖、逐水而居，创造了辉煌灿烂的历史文化，如鬼方国、南越国、古滇王国、夜郎王国、句町王国、爨氏统治下的东爨乌蛮、西爨白蛮、自杞国、罗甸国、安龙南明永历朝廷，展开了一幅幅壮丽的历史画卷，成为南盘江流域宝贵的历史财富。[8]217-231 三是红色文化熠熠生辉。1935 年和 1936 年，中国共产党领导的中国工农红军红一方面军和红二方面军长征两过曲靖市及部分县乡，停留及过境时间 30 天，行程 2 000 余里，与敌人进行了大小战斗数十次，攻克马龙、宣威、会泽县城。中共中央、中央军委在曲靖三元宫召开重要会议，做出抢渡金沙江、在川西建立苏区的重大战略决策。新中国成立前夕，中国人民解放军滇、黔、桂边纵队在滇、黔、桂三省（区）大地上，为推翻国民党反动统治，配合野战军解放大西南，为全国解放战争的胜利做出了不可磨灭的贡献，建立了不朽的功勋。毛泽东、周恩来、朱德、邓小平等老一辈无产阶级革命家留下的光辉足迹，滇、黔、桂边纵队的革命斗争实践，为南盘江流域地方史增添了光辉的一页。

（四）绿色现代农业加快发展

南盘江流域农村地域辽阔，自然环境优美，民族风情浓厚，绿色食品多样。同时，由于南盘江流域地形地貌复杂多样，丘陵起伏，形成了不同的气候，有不同的光、热、水、土等自然条件组合，农业差异明显，各具特色。不同地域带来各异的农作方式，造就了异样的田园风光，绿色植被四季常青，碧波万顷，瓜果蔬菜年丰日收。[9]122-136 例如，云南省曲靖市罗平县大力培育和扶持发展畜牧、生姜、蔬菜和水产等超亿元产值的特色优势产业和风味小黄姜、金色油菜、高原生态鱼、大天系列杂交玉米种等特色产品。昆明市宜良县按区域化、规模化、集约化要求，大力发展优质稻、蔬菜、花卉、林果、畜牧等高效、高质量、生态的高原特色支柱产业。文山州丘北县围绕"打造滇东南山水旅游名县、特色产业名县、适居生态名县"目标，大力推广清洁农业生产技术，发展丰富多样、生态环保、安全优质、四季飘香的绿色生态农业。红河州泸西县在推行"果—草—畜—粪—果"种养结合、农牧结合的循环经济模式基础上，实施"美丽家园"行动计划，精心培育"休闲度假、参与体验、生态观光"为主要内容的休闲农业与乡村旅游融合发展。贵州省黔西南州兴义市打造了万峰林观光农业、体验农业与乡村度假产业带，桔山—丰都—兴泰马岭河西岸特色餐饮产业带和红椿—南龙古寨—泥山马岭河—万峰湖沿岸水上娱乐与休闲垂钓产业带，以及坪东—木贾城郊聚集区，喀斯特山区生态环境恢复与保护、特色农业和旅游业持续发展相得益彰。广西百色市西林、隆林、乐业大力发展高山生态茶园、有机茶、砂糖橘、猕猴桃、铁皮石斛、核桃、刺梨、油菜花、杜鹃花、网箱养鱼和河段养鱼等高效特色生态有机农业，生态农业基地建设规模逐年扩大。

二、构建南盘江流域脱贫攻坚绿色产业体系

南盘江流域贯彻习近平同志现代化经济体系重要思想，坚持走生态文明发展道路，加快转变经济发展方式，推动产业生态化和生态产业化，打造以新型特色工业、高原体育与旅游产业、绿色现代农业、商贸物流业和特色文化产业为重点的主体产业群，做活三篇"水文章"，构建以水为特色的生态型、循环型、低碳型绿色现代产业体系，努力实现发展理念、发展战略、发展模式、发展水平的新跨越，争当滇、黔、桂三省（区）科学发展和脱贫攻坚绿色发展的先行区。

（一）做活"水＋现代农业"的文章，大力发展绿色现代农业

加快实施以"城乡供水一体化、农村供水城市化"为建设目标的农村饮水安全工程，完成病险水库除险加固、小农水工程、节水灌溉工程等项目。一是打造精致高效农业。坚持"生态农业、特色农业、旅游农业、品牌农业、创意农业"五位一体的定位，突出发展有机农产品、中药材、水果、油茶及茶叶、花卉等农业，大力培育各县（市、区）农业精品。以工业思路办农业，在现有农业产业园的基础上，大力实施"农业产业化景区化"工程，有效拓展产业园的农业旅游、休闲观光功能，全力打造精致观光休闲农庄，把一批农业龙头企业打造成3A级以上的休闲观光现代农业示范基地。二是发展生态惠民林业。加快推进以油杉、杉木、黄杉等树种为主体的混交林全覆盖工程，全面提升森林生态功能。同时，大力引导和支持群众参与林业经济建设，拓展油茶、中药材种植面积，延伸"育苗、种植、加工、销售"一条龙的油茶和中药材产业链条。大力发展珍贵树种和花卉苗木，建设百里名木花卉长廊，使之成为兴林富民的支柱产业。

（二）做活"水＋绿色工业"的文章，大力发展新型特色工业

在工业园区发展建设中，设立生态环保门槛，拒绝"两高一资"企业，推进以清洁能源为首位的产业，以绿色食品深加工、先进装备制造、电子信息产业、新型材料为主导产业的"1＋4"绿色工业。一是基于水电资源优势打好绿色能源牌。发挥清洁水电优势，进一步厚植多晶硅、单晶硅生产的要素成本优势，统筹规划、有序建设，协调推进多晶硅、单晶硅及切片重点项目。积极引进国际领先企业，发展高品质多晶硅料，增强硅片生产的规模效益，打造光伏电池材料绿色制造高地。着力推进现有硅晶企业延伸产业链，积极引进高效电

池及组件企业，加强电池片与组件生产耦合，推动先进光伏产品与消费电子、户外产品、交通工具、航空等结合，鼓励发展光伏应用产品，培育发展光伏配套产业，打造绿色光伏产品制造高地，力争形成"工业硅—多晶硅—单晶硅—切片—电池—组件"的硅光伏全产业链。二是基于绿色食品资源优势打好绿色食品牌。立足绿色食品产业基础，依托南盘江流域绿水青山、蓝天白云的自然环境，大力推进"大产业＋新主体＋新平台"发展模式和"科研＋种养＋加工＋流通"全产业链发展，推动"绿色食品"链条招商、集群发展。三是基于产业基础和资源优势发展特色工业。依托南盘江流域优质的矿产资源和汽配企业，强化合资合作，着力提升以汽车轮毂、车桥车轴、船用柴油机壳、园林机械等产品为特色的机械制造产业；按照传统建材与新型建材并举、淘汰落后产能与实现战略重组结合的思路，依托丰富的石灰石、瓷土、花岗岩等资源，重点发展旋窑水泥、陶瓷、板材、玻璃等深加工产业，打造重要的优质建材基地。同时，进一步提升木材精深加工、酒水饮料等传统产业，积极培育新能源、新材料、电子信息等新兴产业，不断优化产业结构。

（三）做活"水＋全域旅游"的文章，打造健康生活目的地

把河道、水库当作景区来建，将南盘江流域的湿地公园、特色小镇、文化遗址等景区景点串联起来，重点打造南盘江绿色经济带山水画廊。一是推动文化、旅游、农业、生态等的深度融合。深入挖掘、加快整合南盘江流域丰富多彩的文化资源，全面提升地域文化建设的层次与品位，用文化支撑带动旅游产业发展。二是致力培育核心景区、景点、线路。串点成线、串珠成链，科学规划、深度开发珠江源、彩色沙林、石林、普者黑、马岭河等原生态"山、水、林"旅游资源，加快从旅游观光到休闲度假景区的转变步伐。挖掘南盘江流域旅游特色，突出生态、康体、休闲主题，打造"钻石线路"。三是打造地域特色节庆文化品牌。坚持政府主导、市场运作、社会参与，按照"四季有节会、年年更精彩"的要求，着力打造春天菜花节、夏天桐花节、秋天红叶节、冬天民族文化节的特色节庆文化品牌，放大"节会"效应。[10]

三、南盘江流域脱贫攻坚绿色产业体系的实现路径

（一）提高思想认识，转变发展思路

以生态环境保护为前提，以脱离贫困为核心，践行"绿水青山就是金山银山"的发展理念，探索经济发展与环境保护的双赢模式。要进一步提高思想认识，正确认识南盘江流域脱贫攻坚绿色产业发展面临的关键问题、自身优势和劣势，探索适合本地情况的发展路径，既要争取外部各种资源，创造更多的绿色发展机会，如通过创新融资机制，对土地、文化、生态资源等实施开发式合

作，建立市场机制推进生态文明建设和环境保护项目落地，又要充分利用"绿水青山"资源优势，发展循环、先进的产业。进一步转变发展思路，集中体现在"大、快、新、特"四个方面："大"就是主动对接国际国内的大资本、大项目、大企业、大市场和大品牌，做大产业规模，做大经济总量；"快"就是做到项目快推进、措施快落实、目标快完成，以更快的速度实现后发快进、迅速崛起；"新"就是不断改革创新，以新的理念、新的思路、新的办法，发展新产业，培育新亮点，拓展新空间，走出一条科学发展新路；"特"就是充分发挥各地独特的区位、生态、人文等优势，实现特色发展、错位发展。

（二）注重产业布局，强化综合治理

注重产业布局，少发展甚至不发展有损生态环境的工业产业。[11]一方面，必须加快主体功能区建设，科学规划产业格局，使得各项建设活动在起始阶段便得到有效管控。另一方面，加快工业化绿色发展进程，提高资源、能源利用效率，实现节能减排减碳。此外，还需强化综合治理，既要建立起"自下而上"的协商治理机制，畅通沟通渠道，有效听取相关各方利益诉求，又要建立起"自上而下"的项目管理机制，明确职权分工，提高治理效率，节约治理成本。这是事关长远、事关全局，推动高质量发展，构建脱贫攻坚绿色产业体系的重要基础和保障。只有把山水林田湖草沙及石漠化治理好，才能消除污染、改善生态环境、盘活资源、发展绿色产业，才能使绿水青山变为金山银山。要把山水林田湖草沙作为生命共同体，统筹好生态治理、产业发展、脱贫攻坚等工作，摸索出一条生态环保、开发利用与民生改善相结合的新路子，为全国山水林田湖草沙综合治理提供示范。要加强南盘江流经的三省（区）、七州（市）的统筹规划，避免自行其是、各自为战。

（三）完善体制机制，激发发展活力

一是构建绿色产业培育机制。各地具有自身资源优势，要发挥传统绿色产业的竞争优势，不断拓展传统绿色产业的产业空间，提升产品附加值和品牌影响力，实现产业价值链的攀升；要积极推进清洁生产，全面推进传统重点污染行业的清洁化改造，把好产业准入的环境门槛，依据绿色理念发展绿色循环工业；要不断拓展新的绿色产业，探索政府与社会资本的融资模式，不断挖掘贫困地区内生发展的绿色优势。二是构建和创新生态扶贫机制，坚持产业扶贫，促进生态保护与扶贫开发良性互动，既要突出特色，因地制宜，发展资源环境可承载的种养、加工、商贸、旅游等特色优势产业；又要不断加强联合，壮大规模，追求规模经济效益；还要充分利用国家生态政策，提高生态系统服务功能和扶贫效益，用好、用足、用活国家有关生态环境保护的各种政策，如退耕还林、生态修复、生态补偿、森林碳汇等，深入实施生态环境工程建设，在提升可持续发展能力的同时，拓展生态经济的高效扶贫效应。三是建立试点示范机制。[12]南盘江流域的滇、黔、桂三省（区）、七州（市）、三十余县（市、区）在生态环境基础上具有明显优势，同时又面临着迫切的发展需求，是贫困地区探索绿色发展的典型样本。可在此基础上开展贫困地区绿色发展试点示范创建，包括环境监测和培训、农村环境综合整治、自然保护区、生物多样性保护、国家公园、生态扶贫等绿色发展示范建设。通过试点示范建设，探索绿色发展的典型经验，推进贫困地区的生态文明和环境保护建设。

（四）加强基础建设，拓宽融资渠道

进一步加大南盘江流域基础设施互联互通，加快完善一批骨干铁路、国家高速公路、水利枢纽、电力通信、医疗卫生、社会服务、信息基础设施；夯实农业基础设施，进一步提高对基本农田、围栏草场、水利设施、基础能源建设的资金投入，建立由国家、地方和贫困农户组成的多层次、多渠道筹集资金的新型投资机制；加强旅游与高原体育、文化等基础设施规划和建设，形成公路、铁路、航空、水运相互协调、布局合理、安全便捷的旅游交通运输网络，完善生态旅游、休闲度假游、民族风情游、民族文化游、乡村旅游、历史文化游相适应的综合配套设施和环境建设设施。拓宽投融资渠道，形成政府主导、金融机构、市场和社会机构多方参与的多元化投融资体；改善投融资环境，依托市场机制，引导龙头企业和农民专业合作组织进行股份制改造；吸引外来资金，激活民间资本和社会资本，建立多渠道、多层次、多元化的资金投入机制；开放和发展农村资本市场，允许民间资本进入贫困地区金融领域，积极探索建立国家金融风险监控下的多元化的金融服务体系；完善农民贷款担保体系和农村中小企业贷款担保体系，大力推广农户小额信用贷款和农户联保贷款，降低农民和农业企业贷款的门槛。

【参考文献】

[1] 中共中央办公厅，国务院办公厅.关于创新机制扎实推进农村扶贫开发工作的意见［R］.2014－01－25.

[2] 中共中央，国务院.关于打赢脱贫攻坚战的决定［R］.2015－11－29.

[3] 张瑞才.加快南盘江流域生态文化旅游协同发展［A］.见：云南省社会科学界联合会，曲靖市社会科学界联合会.南盘江发展论坛2017［C］.昆明：云南人民出版社，2017.

[4] 戴星照，周杨明.构建低碳、高效、包容的绿色产业体系［N］.江西日报，2014－06－21（A2）.

［5］马林，王亮．辽宁省民族地区构建绿色产业体系的对策研究［J］．北方经济，2011（8）．

［6］岳石林．建设南盘江绿色经济带的构想［J］．曲靖师范学院学报，2017（5）．

［7］包御琨．构建南盘江流域全域旅游的思考［A］．见：云南省社会科学界联合会，曲靖市社会科学界联合会．南盘江发展论坛2017［C］．昆明：云南人民出版社，2017.

［8］黄灵谋．南盘江流域特色文化的保护、传承与开发研究［A］．见：云南省社会科学界联合会，曲靖市社会科学界联合会．南盘江发展论坛2017［C］．昆明：云南人民出版社，2017.

［9］王文亮．南盘江流域生态农业旅游共建发展路径［A］．见：云南省社会科学界联合会，曲靖市社会科学界联合会．南盘江发展论坛2017［C］．昆明：云南人民出版社，2017.

［10］梅方权．构建幸福导向型，生态绿色产业体系［N］．南方日报，2012－06－09（09）．

［11］胡建团．贫困地区"绿色发展"的实现途径［N］．光明日报，2016－06－29（13）．

［12］王勇，俞海，夏光．构建内生机制推动贫困地区绿色发展［N］．中国环境报，2016－11－01（03）．

南盘江流域发展特色农业扶贫的路径研究

——以黔西南州为例

钟　君　陆　美

（兴义民族师范学院）

一、南盘江流域发展特色农业的优势

南盘江位于珠江上游，涉及 3 个省（区）8 个州（市）及其所辖的 34 个县（市、区）。据水利部珠江水利委员会 2015 年制定的《南盘江流域综合规划》显示，整个南盘江流域面积 56 880 平方千米，其中云南 43 602 平方千米，贵州 7 723 平方千米，广西 5 555 平方千米。其流经区域大都属于滇黔桂石漠化连片贫困地区，是国家"十三五"重点扶贫攻坚区域，是扶贫的"硬骨头"。流域内致贫的原因，一方面是居住生活环境恶劣，基础设施和科技教育文化落后，自然灾害（水灾、旱灾）频繁，农业生产条件差，全流域耕地面积 2 010.68 万亩，人口为 1 096.23 万，人均耕地 1.83 亩，远低于全国 2.3 亩的人均标准。另一方面是产业结构单一，生产力低下，农业仍然是许多贫困人口谋生的主要来源，也是区域内主要的扶贫产业。但由于人均耕地少，农业生产环境差，如果发展传统的种养殖产业，如玉米、水稻、小麦等，在市场上不具备竞争力，同时传统的耕种方式容易造成水土流失，加快石漠化发生，不利于生态环境的保护。因此，发展有异于传统农业的特色农业成为扶贫的必然选择。

特色农业产业是基于特有自然条件下生产的非传统种养殖产业，是西部地区精准扶贫的优势产业。2002 年，农业部对西部地区印发《关于加快西部地区特色农业发展的意见》通知，指出："特色农业是指具有独特的资源条件、明显的区域特征、特殊的产品品质和特定的消费市场的农业产业。"2016 年农业部、国家发展改革委等九部委联合印发《贫困地区发展特色产业促进精准脱贫指导意见》，指出发展特色产业是提高贫困地区自我发展能力的根本举措。滇、黔、桂三省（区）也将特色农业产业发展提到了区域经济发展的战略高度。贵

州省提出的六大特色产业就包含了生物资源和特色农业，贵州特色五张名片包含了烟、酒、茶、多彩贵州旅游和中药材产业。云南发展高原特色农业，集中打造烟、糖、茶、胶、菜、花、薯、果、药、畜、渔等十二大品牌，形成了关联度高、带动能力强、影响深远的云南高原特色农业产业和品牌。广西全面启动现代特色农业产业品种品质品牌"10＋3"提升行动，在未来5年以糖料蔗等十大优势特色种养产业及三大新兴产业为龙头，推动现代特色农业转型升级。

南盘江流域内发展特色农业的优势，在于区域内特有的生态环境孕育了极为丰富的生物物种，为发展特色农业产业提供了自然条件。流域内有秃杉、安息香、三角枫、木荷、白花泡桐、红椿、酸枣、刺楸等名贵树种，有树蕨、野茶花、木兰、辣子树等国家和省级保护植物，有竹荪、鸡枞、牛肝菌等数十种食用菌。流域独特的气候环境繁衍了种类繁多的野生动物，被列为国家珍稀保护动物的有大灵猫、猕猴、水獭、黑熊、金猫、豹、斑羚、黑颈鹤等。南盘江鱼类共有160多种，其中不少是经济鱼类，如华南鲤鲇、云南倒刺鲃、南方白甲鱼、瓣结鱼、朱氏孟加拉鲮、卷口鱼、唇鱼和宜良魔头鱼等，还有高原湖泊特有的白鱼属和鲤属鱼类等。除了物种资源外，南盘江流域自然风光神奇秀丽，自上而下分布着三个景区：源头珠江源风景区为云南省第一批省级风景名胜区；宜良县至红河境内一段为中游江湖风景区，有众多的高原湖泊与河流相连，江河湖相融，浑然一体，在云贵高原独一无二；下游三江口风景区位于罗平县境内，既可以领略南盘江的奔腾气势，又可以观赏滇、黔、桂三省（区）的山水风景，加上流域内少数民族特有的民族文化，将给以生态农业为基础的旅游业开发提供条件。

二、发展特色农业产业扶贫的重要路径

特色农业产业要想对贫困人口实现有效的减贫，做大做强，就必须要做好两方面的连接：一是产业发展要连接好贫困户；二是要连接好市场。结合贵州黔西南州特色农业扶贫经验，可将特色农业扶贫路径概括为"三化"：规模化、标准化、组织化。

（一）规模化

产业布局规模化，实现区域资源优化配置，突出区域比较优势。在西部许多贫困县发展特色农业产业都搞"一哄而上"，在区域结构上缺乏合理的产业布局，零碎散乱，形不成拳头。特色农业产业的发展要走"一县一特"，找出最适合当地的优势特色产业，根据现有的资源禀赋，科学配置空间结构，谋划一批现代农业示范园区，延伸特色农业产品的生产加工。黔西南州9县（市、区）基本形成了"一县一业"特色扶贫产业布局，如兴义矮脚鸡、兴仁薏仁

米、安龙食用菌、贞丰糯食、普安茶叶、晴隆"晴隆羊"、册亨特色林、望谟板栗八大产业形成了各具特色的扶贫产业。除此之外，蔬菜、核桃、桉树、蔗糖、火龙果等特色农业初具规模。

1. 薏仁米产业

2016 年，黔西南州薏仁种植面积达 60 万亩，亩平均产量在 250 千克以上，总产量达 15 万吨，薏仁原料市场份额占全国 70%，"薏仁精米""薏仁精油""薏仁即食速溶粉""薏仁谷壳碳""薏仁保健酒""薏仁化妆品"等 6 大系列20 多种产品销往全国 30 多个省（市、区），出口美国、欧洲、日本、东南亚等地。

2. 蔗糖产业

蔗糖产业是南、北盘江低热火谷沿岸 10 万蔗农赖以生存的产业。黔西南州适宜种植甘蔗的土地有 60 多万亩，每年平均种植面积在 25 万亩左右，规划种植 30 万亩，主要分布在贞丰、望谟、册亨、兴义 4 个县（市）。以甘蔗为原料生产的蔗糖主推品种为新台糖 21 号、新台糖 22 号、新台糖 25 号、选蔗 50 号、粤糖 00/236、黔糖 4 号等高产高糖品种。

表 1　黔西南州甘蔗产业分布

	贞 丰	望 谟	册 亨	兴 义
适宜种植耕地面积（单位：万亩）	11.6	16.7	16.5	9.3
适宜种植乡（镇）	白层、鲁容、鲁贡、沙坪	复兴、新屯、大观、昂武、石屯、蔗香、纳夜	者楼、坡妹、丫他、巧马、双江、岩架、八渡、庆坪、弼佑、百口、冗渡、达秧、秧坝	巴结、泥凼、三江口、沧江、仓更、洛万、捧乍

3. 食用菌产业

2015 年，安龙县通过招商引资引进贵州安庆菌农业科技有限公司，后者投资 9 000 万元建设集食用菌标准化种植、菌包和菌棒生产、干品加工及观光旅游等多项功能于一体的安龙县食用菌产业园一期核心区项目，主要生产香菇、灰树花等有机食用菌。当年建成年产 3 000 万菌棒加工厂房及相关配套设施设备，建成标准化食用菌生产大棚 407 个、养菌棚 159 个，解决精准扶贫户、青年创业军和返乡农民工入棚创业 100 余户。距安龙县易地搬迁扶贫城北安置点 3 千米的钱相街道钱相村打造"蘑菇小镇",占地面积 500 亩,建生产大棚 500 个,入驻菇农 200 户,解决就业 1 000 人。

4. 晴隆、普安的茶产业

黔西南州是低纬度、高海拔、寡日照,具有"山高雾重出好茶"得天独厚的地域、土壤、气候环境,是我国野生茶最丰富的地区之一。在普安县境内的江西坡、新店、雪浦等地发现古茶树 2 万余株,分布面积上千亩,其中树龄上千年的就有上百株。黔西南已开发的茶叶品牌有"普安红""普安明前茶""四球古树茶""七舍毛尖""晴隆碧螺春""兴仁白茶""高山绿茶"等。

表 2 黔西南州茶叶种植区域

产业带	种植品种	种植区域
早生绿茶、红茶、花茶胚产业带	大、中叶茶品种为主	晴隆县沙子、碧痕、大厂、安谷、紫马;普安县江西坡、地瓜、新店、高棉、罗汉
高山有机绿茶产业带	小叶茶品种种植为主	兴义市七舍、捧乍、猪场坪、雄武、白碗窑、泥凼
特色绿茶产业带	发展中、小叶茶品种为主	安龙县龙广、新桥、洒雨、海子、兴隆

5. 中草药种植

黔西南州地道中药资源近 2 000 种,其中植物药 190 多科 1 800 多种,动物药 163 种,矿物药 12 种。据统计资料显示,2015 年全州已培育种植中药材 118 个品种,种植面积达到 106.2 万亩,其中山银花 26 万亩,名贵中药材白及 3 000 亩,铁皮石斛 8 000 亩,天麻 5 000 亩,三七 2 000 亩。

特色农业产业的规模化是拉伸产业链条的基础。特色农业产业的规模化,一方面是种植面积规模大,参与的农户人口众多;另一方面是将产业链条拉长拉伸,重点在于特色农产品的深加工。但种养殖产量的规模化是对特色农产品深加工的基础,许多特色农产品开发没有产业资本愿意进入,其原因就是没有形成产业规模,产量无法满足加工需要。南盘江流域适宜种植的特色农业植物有上千种,但是能形成规模,在市场上有一定影响力的较少。要想提高特色农产品的附加值,实现农民增收,就必须以特色农产品为原料开发系列品牌产品。

特色农产品规模化是通过金融工具,规避市场价格风险的基础。农产品市场风险的关键是市场容易出现"蛛网"效应，原因是农产品市场缺乏需求弹性。农户当期的生产规模是由上期的市场价格决定的，上一期（或上一年）的市场价格好，当期农户就会扩大生产规模，但市场的需求量是相对稳定的，当期的需求并没有扩大，结果当期生产过多造成产品过剩，价格下跌。而在下一期，农户又会因为当前价格下跌而缩减种植规模，结果又会出现产量下降、价格上涨。这种情况周而复始，农产品市场动荡不定，"谷贱伤农"的现象时有发生。这就是农业产业的"蛛网"效应。对此学术界已经有人提出，通过金融期货合约工具，采用"先卖后买""先卖后种"的形式确定市场量和价格。其操作流程是农业公司（或者是农业组织）通过农产品期货市场签订期货合约，确定未来将要销售的农产品产量，然后农业企业又与农户签订收购协议，农户通过签订收购合约确定种植规模。（见图1）引入金融工具分散和规避市场风险从理论上说是可行的，但是实际操作起来困难较大，其根本原因在于实施期货产品的标的物必须要可量化（标准化）、易存、量大，而特色农业产品往往由于地域原因质量差异大、市场量小，尤其是生鲜农产品不易存放，很难标准化。因此，要想通过农产品期货市场规避价格风险，其基础条件要有一定的规模化，形成市场影响。目前，流域内的许多特色农业还是直接销售初级产品，没有形成规模和品牌。

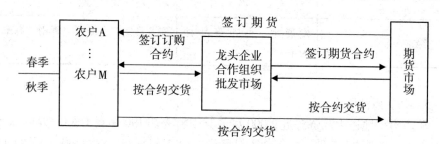

图1 金融衍生品市场与农业产业风险的化解

（二）标准化

农业标准化是在"统一、简化、协调、优选"原则下，制定统一标准对农产品产前、产中、产后的生产和检查。特色农产品不同于传统农产品，它有国家质检标准和行业发展规范要求。为了防止劣质产品充斥市场，扰乱产业持续健康发展，特色农业产业必须标准化。标准化建设有利于品牌形成，同时，只有农特产品质量标准过硬，才能赢得市场的青睐，在消费者心中树立形象。

现今国家大力提倡新型农业现代化，而过去的农业现代化常被称之为"化肥农业",即借助外力打破农业封闭内循环系统,通过使用大量化肥和农药提高产量,但随之而来的农药残留、土壤酸化、地表水污染、农产品安全等问题日益严重。许多专家学者对农业现代化进行了反思,认为农业现代化的发展趋势应该向"后农业现代化"转变。后农业现代化的明显特征就是绿色生态,它继承了农业现代化中"现代科技"的成分,用先进的科学技术、科学的管理办法来生产经营农业,将二、三产业融入第一产业。后农业现代化更尊重自然规律,保护环境,使农产品绿色有机。南盘江流域发展特色农业,可以借助后农业现代化的绿色发展时机,树立绿色生态农业的产业标准。守住生态和发展两条底线既是南盘江流域发展的根本要求,也是构筑南盘江流域成为珠江上游重要生态屏障的保障。

(三)组织化

特色农产品生产的组织化,是通过特色农产品生产联系更多的农户家庭,提高农民组织化的程度,尤其是让贫困户嵌入产业链条。提高特色农业产业组织化程度,一是能提高农户抵御风险的能力,这里的风险有市场风险、政策风险、自然风险等,单家独户的"小农"在农业生产过程中难以应对这些风险。现今"公司+政府+农民专业合作社"产业扶贫组织模式下,农业公司、政府和农户能够形成合力共同抵御风险。二是能够减少整个产业发展的交易成本。科斯定理在论述企业存在的逻辑时,认为市场和企业是两种可以替代配置资源手段,区别在于市场通过价格配置,企业通过内部的组织关系配置。当企业组织交易的费用小于用市场组织交易的费用时,企业就出现了;反之,资源配置通过市场解决。目前流域内的农村经济结构主要以"马铃薯"式的分散的"小农"结构为主,如果说在产业发展过程中要完全靠市场来调节农户的农业生产行为形成产业规模,形成一股独立的市场力量,那么无论是政府还是农业公司来主导发展都很难说服全体农民参与,目前成熟的"农民专业合作社+农业公司+……"的产业组织模式解决了这一问题。农民专业合作社是生产同类农产品的农户自愿联合、民主管理的互助性经济组织。(见表3)农民专业合作社将农户联合起来,可以减少政府(企业)劝说(或管理)农户参与产业发展的成本投入。三是贫困人口可以向组织内成员学习技术,获得借贷、就业等机会。政府和社会组织在进行扶贫时,以产业组织为抓手,避免扶贫就是给贫困人口钱财物的错误做法。

表3 不同组织模式下龙头公司与农户合作的关系表

	典型形式	公司与农户关系	产业剩余价值	公司与农户紧密程度	关系维护的手段
买卖关系	公司＋农户	买卖	平均分配	松散	无
合约关系（订单农业）	公司＋基地＋农户	雇佣/租赁	公司全占有	较为紧密	雇佣合同租赁合同
	公司＋中介组织＋农户	合作	公司全占有	较为松散	订购合同
一体化合作关系	合作社（公司与农户共建）	"股东"	平均分配	紧密	合作社协议

黔西南州在特色农业助推脱贫攻坚产业组织问题上，紧紧围绕薏仁米、烟叶、食用菌、蔬菜、茶叶、生态畜禽、精品水果、中药材等特色优势产业，建立农民专业合作社支持：培育其发展壮大。2017 年，全州新增农民专业合作社304 个，成功创建国家级农民合作示范社 14 个。此外，制定《黔西南州发展农民专业合作社助推脱贫攻坚三年行动方案（2017—2019 年)》，坚持农民主体地位、分类指导、示范引领的原则，重点培育组建合作社，完善合作社运行机制，强化合作社服务功能，推进合作社示范创建，增强营销能力，强化合作社利益联结。该行动方案计划到 2019 年，全州共建专业合作社 4 500 个，带动贫困人口 15.5 万人，合作社发展基金规划投入 3 亿多元（见表4 和图2）。通过合作社的产业组织模式，将贫困户纳入整个产业发展，实现抓产业发展就是扶贫的利益联动机制。

表4 黔西南州农民专业合作社规划表

专业合作社数量（个）			带动贫困户（户）			带动贫困人口（万人）		
2017	2018	2019	2017	2018	2019	2017	2018	2019
3 852	4 170	4 500	97 557	78 757	45 725	34.8	26.2	15.5

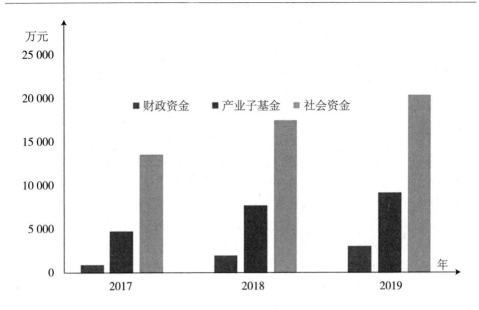

图2　黔西南州农民专业合作社资金投入规划

三、发展好特色农业扶贫重要路径建议

(一) 发展大产业, 培育小业主

在西部许多地方关于特色产业发展都有"大产业, 大业主"的贪大求洋思维, 认为特色农业产业的发展应该要多培育几个大的农民企业家, 特色农业种植面积越大越具有规模, 这其实是一个误区。就目前中国农村经济实际看, 走大产业园大业主的模式, 一方面可能出现"大股东侵占小股东利益"的现象, 不利于产业扶贫。现在的产业组织模式"农民专业合作社 + 农业公司 + ……"中, 贫困户是以专业合作社成员的身份加入产业发展的, 在合作社中, 大业主(公司企业) 如果过多、实力强大, 就会以自己在组织中的优势地位侵占贫困户的利益, 比如在利润分配、农特产品的收购价格方面做出有利于自己的决策。另一方面, 如果过度强调大规模, 可能一个地区的产业发展只有一个业主(或者只有一家企业), 许多农户只不过是产业发展中的一个雇员, 或者是被动加入产业组织中, 没有积极性、主动性和创造性, 产业发展的好坏对农户没有激励作用。在乡村振兴背景下, 目前许多城市企业都到农村通过土地流转圈地建产业园, 雇用农民, 当起了大业主, 在"带动农民"的同时, 也"代替"了农民。公司经营一旦出现风险, 土地流转的费用没有了, 农民的工作也没有了。同时, 发展特色农业产业不是种植面积越大越好, 而是要基于地区优势构建特色鲜明、带动农民增收和竞争力强的大园区, 并形成差异化布局。只有在产业

组织中重点扶植一些具有奉献精神的职业农民、专业大户，利用好村两委基层堡垒作用，才能带动群众致富。扶贫产业组织的领导人重点要培养"好人 + 能人"类型的人。

（二）建立健全特色农业产业服务体系

水、电、路等基础设施是发展特色农业产业的必需条件。最近几年，贵州省实现了县县通高速路、村村通公路，水电等基础设施已经基本完成。但特色农业产业发展的服务体系还未建立，这是因为很多人受到轻农、弃农、厌农思想的影响，许多社会组织不愿为农服务，认为为农服务收益不高，前途不大。国际成功的实践经验表明，农业发达的国家，为农服务的人口比重高于农业生产性人口比重。譬如，美国农业生产人口占全国人口比重只有 2%，而为农业服务的人口比重高达 17% ~20%，相当于一个农民身边平均有八九个人为他服务。又如美国种业，全美涉及种子企业 700 多家，既有孟山都、杜邦先锋、先正达、陶氏等跨国公司，也有从事专业化经营的小公司或家庭企业，还有种子包衣、加工机械等关联产业企业 200 多家。但是，在中国，这样的农业服务企业较少，农林渔牧服务业的产值较低。譬如黔西南州尽管农林渔牧服务业的产值在逐年增加（见表 5），但与农林渔牧产值相比，其比重还是较少。2017 年，农林渔牧服务业增加值为 10.97 亿元，农林渔牧产业增加值为 215.05 亿元，前者只有后者的 5%。

表 5　黔西南州农林渔牧产业表

	农林渔牧服务业增加值（亿元）	农林渔牧增加值（亿元）
2011	1.11	60.10
2012	1.18	75.43
2013	1.36	88.46
2014	1.61	119.42
2015	8.33	168.3
2016	10.36	199.2
2017	10.97	215.05

数据资料来源：黔西南州国民经济和社会发展统计公报（2015、2017 年）。

（三）深化农村土地"三权分置"改革

要实现农村特色农业产业规模化、标准化、组织化，就必须让土地资产的权益"动起来"。土地三权分置改革的目的是，要形成所有权、承包权、经营权三权分置、经营权流转的格局。三权的关系,所有权是指土地归村集体(国家)所有,这是保证中国农村经济生产资料公有制的基础;承包权是农民的"身份证",只有本村从事农业生产的村民才有承包土地的权利;而真正活跃起来的是经营权,即实际耕种利用土地的权利。相对于前面两个权利,经营权更能给拥有者带来实际利益。要实现特色农业规模化、组织化、标准化,则必须使经营权通过流转,让不愿意(或不能)从事农业生产的村民将土地流转给相应的农业生产主体,从事规模化的农产品生产。要让土地经营权流转起来,则必须让土地的所有权和承包权明确,因此土地的颁证确权是基础保障。为此,2016 年黔西南州全面启动全州 128 个乡(镇)确权登记颁证工作,2018 年全州 9 县(市、新区)农村土地承包经营权确权登记颁证工作全面通过贵州省土地登记确权办验收,其中涉及 62 万个承包农户、626 万亩承包耕地,投入 2 亿多元。通过登记确权,农民的土地有了"身份证";通过土地流转,农民能获得流转费收入,入股就能成为股东。所以,要实现农村"三变",农民变股东、资金变股金、资源变资产,让农民伴随农业产业发展,共同分享利润成果。

【参考文献】

何嗣汇、滕添. 订单农业风险管理与农民专业合作组织创新 [J]. 浙江社会科学,2007(6):46 –51.

打造特色农业品牌 推动南盘江流域现代农业发展

龙周雅妮

（文山州社会科学研究所）

南盘江为珠江正源，南盘江流域包括云南省曲靖市、玉溪市、昆明市、红河哈尼族彝族自治州、文山壮族苗族自治州，以及贵州省黔西南布依族苗族自治州、广西壮族自治区的百色市，共计 7 个州（市）34 个县（市、区）。南盘江流域自然风光旖旎，农产品丰富多样，能源、矿产资源丰富，民族文化异彩纷呈，旅游目的地众多，资源禀赋得天独厚。依托丰富的自然资源，打造高原特色农业品牌，是南盘江流域增强农业竞争力，促进农民持续增收，推动现代农业发展的重要抓手。

一、南盘江流域农业产业发展存在的问题

（一）农业现代化水平低

南盘江流域高山多、平原少，大多以高山种植业、高山养殖业、高山土特产和高山有机业为主。农业生产大多属于高山农业，生产经营分散，农业机械化水平低，生产力水平低，大部分地区仍然没有实现农业机械化、水利化。

（二）农业产业布局不合理，产业发展水平高低不同

南盘江流域没有形成统一的农业管理体制，农业产业布局缺乏宏观指挥和统一规划。各地农业发展差别巨大，农业管理市场相对封锁，农业资源配置率低，严重影响资源优化组合和区域内整体效益的发挥。

（三）流域内地区间农业产业科技条块分割、资源分散、低水平重复、协作不力

南盘江流域内地区间的科技协作没有形成常态化机制，科技与产业之间缺乏有效的连接机制，共享科技成果转化率低，农业产业的整体性、关联性与当前地区间各自为政的矛盾日益突出，严重制约了农业产业发展和创新活力。

（四）缺乏品牌培育保护制度体系

民族品牌是地区和企业的核心竞争力，地区经济实力的强弱在某种意义上可以根据它拥有多少民族品牌来判定，经济发达地区与欠发达地区在经济发展水平及可持续发展"后劲"方面的差距，在一定程度上可以从品牌价值的差距上体现出来。南盘江流域内的农产品生产和加工标准化程度低，质量参差不齐，品牌培育和保护投入不够，农业品牌发展缺少统一和系统的规划、组织、引导。

二、打造特色农业品牌，推进南盘江现代农业产业发展的建议

（一）因地制宜，打造南盘江流域特色农业品牌

南盘江流域大部分地区地处北回归线附近，拥有充足的日照，优质的水质、空气、森林水源。而优美的无污染的生态环境，具备打造"有机化、商品化、规模化、名牌化"的"绿色能源牌""绿色食品牌"的先天资源优势。一要充分发挥丰富的农业资源和明显的区位、生态优势，紧密结合市场需求，优先选择发展市场前景好的特色农业产业。精心打造高产、优质、高效、生态、安全的优势农产品，引进龙头企业，助力优势产业发展。二要促进优势特色农产品加工转型升级。因地制宜，确定地区农业发展主导产业，加快发展农产品加工业，延伸产业链，提高农产品附加值，用精益求精的"工匠精神"打造优质特色农业品牌。三要促进营销体系建设，开拓市场。加快推进市场信息服务体系建设，建设以电子商务为重点的农产品物流体系，不断扩大优质特色农产品市场影响力，为地方优势特色农产品走进千家万户开辟快车道。

（二）加强流域内基础设施建设，打破区域分割

一要加强流域内交通基础设施建设。随着汕昆高速、广昆高速、沪昆高铁、云贵高铁的建成通车，流域内的交通运输能力进一步提升，但是交通运输网络仍然很不完善，很多地区地处高山，公路等级低，运输能力较差，交通不便仍然是制约很多地区发展的主要因素。加快构建流域内全方向、全贯通的公路、铁路、航空网络，畅通交通运输网络，是提高地区间互联互通的能力的基础。二要建立区域内常态化工作对接机制。建立"以资源为导向"的合作机制，按照"优势互补、合作共赢，政府推动、市场主导，整体规划、统筹协调"的合作原则，消除地方保护主义，优化合作环境，落实合作措施，加强沟通与合作，构建互动、互补、互惠的发展格局，推进区域间在经济社会技术方面的互利合作，实现资源优化配置。

（三）聚焦流域深度贫困地区，打好产业扶贫攻坚战

流域内有11个县市全部属于滇黔桂石漠化片区贫困县，集革命老区、民族

地区于一体，自然环境恶劣，贫困程度深，脱贫难度大。贫困人口集中的贫困县和乡村仍然是以第一产业为主，农业基础设施较差，生产方式原始而落后。要打好攻坚战，一是要继续加强流域内跨省扶贫产业联动开发模式的合作。打破行政区域限制，通过"企业＋基地＋合作社＋贫困户"的模式和扶贫产业跨省区"四统一"（统一政策、统一规划、统一标准、统一开发）联动开发机制，进行扶贫产业联动、联营开发。二是扶贫产业投入要精准。产业扶贫的效果具有持续性、稳定性，是精准脱贫的重要手段。做好产业扶贫工作，关键在于各地找准自身定位，在精准定位的基础上创新完善。这个定位就是基于精准定位的产业与项目而来，以项目带动形成品牌与规模，推动"项目贴市场、市场引资本"的良性循环。三是强化流域内社会联动扶贫，注入脱贫能量。搭建社会参与平台，完善流域内政策支撑体系，构建社会共同参与的社会扶贫新常态，加强流域内、流域外各地区的企业交流合作，抓技术培训，做产品推广。加强流域内招商引资洽谈会的合作，梳理缺口项目，整合社会扶贫资源，搭建企业引资、专家献智的脱贫平台。

（四）提升创新能力是打造特色农业品牌的关键

1. 创新营销方式

一是围绕农产品的品牌营销，借助网络、电视、报刊等媒体，将农产品品牌营销与举办农产品学术研讨会、旅游文化节、产品展销会等相结合，宣传推广农产品，增加农产品的知名度。二是加强信息流通，使农户与农产品加工企业、超市等各类销售机构建立合作关系，拓宽农产品的加工销售渠道，有效解决农产品进市场难和农产品难卖的问题。三是打造"农业＋品牌＋互联网"营销体系，推进各类经营主体开展电子营销、电子配送，通过网络电商的加盟，线下实体店、线上虚拟店，线上线下互动销售，拓宽销售市场。

2. 科技创新是打造特色农产品的支撑条件

"生态、安全、优质"的绿色农业离不开科技创新。从农产品的生产到加工、销售环节，都需要现代科技的注入，都需要科学技术作为支撑。一是加强合作。加强区域内农业院所、农科机构的合作，推进流域内外农业新技术的开发和推广、农村循环经济发展、创新农业发展模式等方面开展技术合作，搭建农业科技成果转化服务、交流、培训平台，加速农业科技成果向现实生产力转化。二是加强绿色农业技术创新。充分利用流域内气候独特、生态优越、生物资源丰富的特点和最大优势，以无公害食品生产为基础，大力发展高原绿色有机特色农业。推进农业园区"有机化""科技化"发展，无公害农产品、绿色食品、有机农产品和农产品地理标志"三品一标"认证，制定并实施严格的农产品质量标准。三是推动农产品加工产业和质量安全全过程监测追溯，强化产业链各生产者的食品安全意识。构建产品质量有保证、企业诚信可考量、问题责任可追究的管理机制创新，提高特色农业品牌的市场竞争力。

3. 创新管理机制

一是加强农产品品牌的顶层设计。强化政府部门联动，谋划农业品牌的顶层设计，建立健全品牌发展政策体系。加快引导各类企业，农户和农民专业合作社等市场主体，打造以品牌价值为核心的新农人及绿色农业企业。二是注重监管与保护。加快构建流域内农产品品牌扶持发展体系，加强农产品质量安全监管和品牌营销，提升农产品品牌形象。加强对农产品市场的监管和保护，创造利于品牌培育和发展的社会环境。

4. 推进文化创新，发展特色农业产业

南盘江流域各地区山同根、水同源，推进流域内异彩纷呈的民族文化与农业产业融合发展，是发展特色农业产业的又一张名片。一是注重特色民族食品的打造。民族食品既传承了古老的制作工艺，也是天然绿色的安全食品，拥有区域文化优势、饮食多元化优势、包容性优势和市场容量优势。民族产品消费市场增速很快，整合各地民族食品资源，打造特色民族食品品牌的前景十分广阔。二是注重挖掘民族文化资源，不断丰富民族文化美食节、农事景观、环保包装等具有民族文化元素的创意和设计，打造具有地方特色农业知名品牌，提升农产品附加值，促进创意和设计农业产品产业化。

拓展南盘江流域特色产业的路径

——以广西百色市隆林各族自治县为例

农日吉

（百色市隆林各族自治县纪委监委）

特色产业的发展一直是南盘江流域经济社会发展的战略支撑点，如何开发特色产业资源，充分释放南盘江流域巨大的潜力，集中力量，破解扶贫攻坚发展难题，成为沿岸党委、政府苦苦思索的一个重要课题。近年来，广西隆林各族自治县依托南盘江流域独特的自然资源优势，充分发挥南盘江流域传统产业的潜能，以市场为导向，强化与精准扶贫工作对接，探索和创新特色产业发展模式，通过巩固和发展传统特色产业群，推进油茶、板栗、西贡蕉"三个"万亩产业示范园建设，推动特色产业又好又快发展。因此，分析研究和探索南盘江特色产业发展路子，对于决胜全面建成小康社会具有重要的现实意义。

一、南盘江流域主要特色产业的发展现状

作为南盘江流域的特色产业，隆林的烤烟业有着悠久的发展历史。在云南烤烟师傅长时间的帮扶和支持下，隆林烤烟的质量可以和中国云烟及津巴布韦烟丝等相媲美。因为质量上乘，隆林烤烟成为广西金龙香烟、湖南白沙香烟的主要原料之一。2017 年，隆林全县 9 乡（镇）45 村 1 588 户种植烤烟 36 530 亩，群众交售烟叶 77 830 担，烟农收入 7 842 万元，烟叶税收 1 654 万元。

西贡蕉虽然是引进的外来物种，但它在南盘江沿岸良好的生长环境下，找到了更适合种植的空间，因而在南盘江两岸发展迅猛。隆林是西贡蕉的主产区之一，在贵州省相关部门技术专家的悉心帮扶下，其种植范围由南盘江沿岸的桠杈、者保、平班、沙梨及新州等乡（镇）向全县各乡（镇）不断延伸。目前，隆林的西贡蕉核心示范区，核心规模连片 5 000 亩以上，拓展区 1 万亩以上，辐射区达 3 万亩以上，投产面积共 1.061 万亩，年产量 4.24 万吨，产值 1.53 亿元。2015 年 10 月，隆林西贡蕉代表广西百色特色农产品参加在北京举

行的全国农产品展销会。

隆林是高山野生茶的故乡，在德峨镇集中有 2 000 株野生茶树。其中，在海拔 1 500 多米的深山老林中，发现有一对"夫妻"野生茶树，每株直径约 50 厘米，高 10 多米，估计树龄有千年。目前，隆林野生古茶树开发有限公司在德峨镇开工，涉及建设野生茶标准化、清洁化加工厂暨快速繁育中心等项目，总投资 6 000 万元。2017 年，全县茶叶种植面积 1.05 万亩（不含野生茶），涉及 4 个乡（镇）6 个村 25 个屯 574 户 2 614 人，其中获得有机食品认证茶园 2 000 亩，获得绿色食品认证茶园 3 000 亩，鲜茶产量 1 500 吨，干茶产量 355 吨，产值 2 500 万元。隆林乌龙茶、隆林"翅东"牌金毫红茶等 13 个知名品牌，先后通过国家绿色食品认证；"翅东"牌荣获广西著名商标，并获全国一、二届"国饮杯"茶叶评比一等奖，第九届"中茶杯"全国名优茶评比特等奖。

国家农产品地理标志保护登记的隆林黑山羊、隆林黑猪、隆林黄牛远近闻名。黑山羊是广西有名的地方优良畜品种，被列入自治区"星火"科技项目。2016 年全县黑山羊年存栏 8.04 万只，年出栏 11.16 万只，产值达 148 多万元。隆林黑猪以德峨、蛇场、克长等乡（镇）为核心产区。目前，隆林已在平班、者保、德峨、天生桥等乡（镇）建立起黑猪原种保种基地、黑猪养殖示范基地等 4 个，黑猪存栏 17.3 万头，出栏 23 万头，产值达 3.45 亿元。隆林黄牛地理标志地域范围包括全县 16 个乡（镇），年饲养量 5.13 万余头，产值超 5 亿元。

二、南盘江流域特色产业发展风险分析

第一，市场风险的冲击。特色产业发展最大的风险无疑是市场因素的影响，市场风险主要表现为事前没有任何征兆，突然市场行情急转而下，以至于所有的努力可能因为市场的影响而颗粒无收。田七是名贵药材，但价格极不稳定。2012 年 120 头规格的田七在云南价格为 760 元，但到 2015 年下降到 110 元。尽管如此，南方种植田七的热度却不减。2015 年上级下达给隆林县的田七生产任务是 1 500 亩，其中红籽育苗 200 亩。当年全县共有 11 个种植户建立 10 个田七基地，实际种植面积 1 568 亩，完成任务 105%；其中红籽育苗完成 215 亩，占任务的 108%。在开发商的引领下，辐射带动了全县田七的生产发展。2016 年，全县田七面积 2 355 亩，实现产量 110 吨，产值 1.2 亿元。2017 年，全国田七市场处于供过于求状态，短期内价格上升乏力，行情以震荡为主，田七开发商在领取政府部门给予的财政补贴款项后，放弃了管理，隆林田七生产损失惨重。

第二，环保风险的约束。绿水青山就是金山银山，环保问题和党风廉政建设一样，同样明确为主要领导的主体责任，如果在这方面出问题，追究问责在所难免。因此，特色产业发展要经过环保测评，这是毫无疑问的。如果对国家

环保宏观政策或者区域经济社会形势的判断出现偏差，那么，可能在实施过程中引发不应该的失误，造成不必要的经济损失，甚至导致整个产业链毁于一旦。多年来，隆林依托天生桥水电站和平班水电站库区水资源优势，发展库区网箱养鱼等特色产业。2016 年，全县共有集约化网箱 5 800 箱，生态网箱 11 500 箱，库汊围栏生态养殖 9 500 亩，水产品总产量达 2.9 万吨以上，产值 4 亿余元。网箱养鱼大户包括引进和培植渔牧业龙头企业 1 家，农民养殖专业合作社 20 多个，专业鱼饲料厂家 1 家。但是，在发展过程中，因对生态环境因素考虑不周，造成了水体污染。鉴于维护生态的需要，2018 年 4 月，隆林依法加大整治天生桥、平班水库辖区水域养殖活动及相关设施的力度。这就意味着，因为生态方面的因素，库区网箱养鱼已成为历史。

第三，生产技术性风险的制约。生产性技术风险是重创产业发展的一个主要因素。隆林境内共有大小河流 118 条，人们利用南盘江流域江河密布的便利条件，运用传统的养殖办法，把传统产业做大做强，收到良好效果。2015 年，清水鸭存栏 17 万羽，年出栏 31.2 万羽，总产值 1 560 万元，纯收入 468 万元。仅清水鸭一项，就为全县农民人均现金收入贡献 14.63 元。但是，近年来，个别清水鸭养殖户急功近利，大量使用商业饲料和圈养的办法，养殖过度商业化，致使清水鸭肉质不断下降，销量逐年递减，"清水鸭"品牌受到严重损害。

第四，管理风险的束缚。可持续发展是特色产业发展长盛不衰的动力和源泉，管理是承载可持续发展的重要环节。管理形成的成本主要包括直接成本如种子、肥料等，间接成本包括人工工资、承包土地租金、利息、销售和库存管理所承受的成本、费用负担。处于南盘江流域的隆林，发展药材等特色产业具有得天独厚的自然条件，但是在特色产业发展进程中，受市场、天气、技术和管理等各种不利因素叠加的影响，一些难于克服的困难因素如人工成本的增加、超出预先的估计、投入与产出比例不尽如人意，致使前程看好的一些特色产业发展不顺，发展后劲不足。据统计，隆林种植的中药材主要有金银花、药用牡丹、田七、生姜、铁皮石斛、三叶青等。2015 年，全县中药材种植面积 86 538.9 亩，收获面积 8 174 亩，总产量 2 349.5 吨，总产值 28 752 万元。其中，金银花面积 6.15 万亩，田七 2 638 亩，生姜 3 300 亩，薏仁米 200 亩，杜仲 540 亩，八角 660 亩，三叶青 1 000 亩，葛根 80 亩，铁皮石斛 94 亩。地处南盘江流域的隆林桠杈镇忠义村 674 户农户金银花种植面积达 8 000 亩，户均 10 亩以上。在忠义村花农的影响带动下，桠杈镇 7 个村的农户均有种植，全镇金银花种植面积达 1.6 万亩。2017 年以来，除了生姜种植面积略有增加外，其他项目发展缓慢，金银花项目更被推上风口浪尖。尽管 2018 年金银花价格摆脱了长期低迷状态，但如果主产区库存回升，对市场管理考虑不周全，仍存在销售难的风险，前途不容乐观。

三、拓展南盘江流域特色产业的路径选择

第一，认清政府行为的职能定位，发挥政府的引导、扶持和服务功能。在市场经济条件下，政府对企业的管控决不能沿袭传统计划经济时代的行政命令方式，层层给企业下任务、定指标，而主要是通过宏观政策层面的指导，以市场为导向，为企业服务。在这方面，政府的任务主要是对土地的规划、税费的减免和投资的方向进行管控，用法律思维和法律方式进行运作。政府的直接投资主要体现在基础设施配套方面，毕竟市场的主体由众多的企业和个人组成，分散的财力根本无法承受长期投资的煎熬，而政府能够克服这方面的弊端，通过聚集社会财力，集中力量办大事。因此，要做大做强特色产业，政府投资基础设施配套服务很有必要。但是，政府必须从实际出发，实事求是，对于不符合人居环境的石漠化地区，必要时动员移民搬迁，而不能将精力用在村村通、屯屯通路上。建议政府集中财力物力，强化某个特色产业的开发，保证移民移得来，留得住，为移民创造稳定固定的收入来源，奠定坚实的产业基础。在扶持特色产业方面，政府还应当把"好钢用在刀刃上"，集中资金，扶持市场潜力大，能够提振本地经济社会发展的名优特产品，使资金最大限度地发挥增值和流动作用，助推一方经济的高速发展。特色产业政府补贴项目，建议由第三方核验，人大审核，以增加补贴透明度，化解廉政风险。此外，政府还应当瞄准市场需求，积极引导和推进产业基地的换代升级。从建设生态文明的角度入手，建议政府着力对传统特色产业的可持续发展进行全方位的研究，努力寻找传统养殖业的替代产品，如将库区网箱养鱼业转变为种植板栗、油茶等。事实上，在前些年，这些工作隆林都已考虑并落实到位，只要继续抓紧抓好，特色产业路子就会越走越宽。截至 2018 年 6 月，隆林种植板栗林面积 13.78 万亩，发展面积上万亩的乡（镇）有沙梨、平班、新州等。其中，产前期面积 7 900 亩，初产期 6 300 亩，盛产期面积 12.4 万亩，年产板栗 2.4 万吨，产值 7 200 万元。全县油茶面积 16.8 万亩，其中油茶良种新造林面积为 1.48 万亩，进入产果期的有 15.32 万亩，年产油茶籽 0.78 万吨，产值 1 亿多元。

同时，建议政府从信赖保护原则出发，对政策性因素造成的产业损失给予适当补偿，如烤烟业、山羊业和网箱养鱼业等。此外，政府还应通过创业孵化器积极培育具有地方特色的产业集群，下大力气培育产品附加值高、科技含量大的特色产业。

在做好天生桥水电站和平班水电站库区整治的同时，为降低环保风险，建议政府积极做好后续生产生活服务，努力使生态和生计双赢，通过引导广大群

众利用库岔，采取公司或合作社的模式推行全生态养殖，积极打造地理标志性"万峰湖鱼"品牌，用纯生态养殖提高水产品质量，实现生态环境与经济建设同步发展。在这方面，建议政府借鉴查干湖冬捕模式，将万峰湖申请为国家级非物质文化遗产，并将天生桥库区开辟为全域旅游区。

第二，以市场为导向，形成具有地域特色的产业集群。南盘江流域的自然生态、风俗习惯与其他地区不同，群众的思想观念和应变能力相对落后，一些群众"等、靠、要"观念严重，造血功能差。在这种情况下，发展特色产业不能采取"一刀切"的办法，而要因地制宜、量力而行。茶油被称为"东方的橄榄油"，其主要原料油茶树在隆林有悠久的种植历史，其成品食用茶油长期处于供不应求状况。目前隆林的茶树种植面积非常小，这是因为油茶产量低，群众种植的积极性还没有调动起来。隆林全县油茶面积只有 16.8 万亩，而隆林境内土山面积达 369 万亩，说明还有巨大的潜力可挖。如果在这方面以市场为导向，充分发挥油茶特色产业的龙头带动，可以预见，由油茶组成的特色产业集群在与精准扶贫对接后，将大大提高和巩固扶贫的成效，促进南盘江流域经济社会生态的可持续发展。

第三，强化市场行情分析，增强抵御风险能力。在市场经济条件下，许多风险是猝不及防的，但并非意味着不可预测。事实上，通过大数据平台，对周边市场甚至全球经济动态进行分析，对特色产品进行风险评估还是很灵验的。南盘江流域的一些区域，因为一些特色产品在销路和价格方面明显比其他产品具有优势，于是人们不顾实际，蜂拥而上，导致产品市场饱和，销路受阻，价格一落千丈，大家都不愿种植。等到市场行情好转，产品价格不断提升，大家又不顾一切投入生产，重演旧戏。这样的不断循环，使农民心有余悸，不知所措。因此，即便是特色产品，也要把握市场行情，跟着市场走，而不要盲目上马，以免造成不必要的损失。在南盘江流域，特色产业应体现在"特"字上。这类产品应当是南盘江流域独有的，离开南盘江，就是南桔北枳，品味不一。在这方面，下功夫了解南盘江流域周边行情，如种植面积、市场饱和程度和价格动态等，分析研判全国及全球需求量最为关键。仍以油茶为例，油茶产量低，发达地区不愿种植，所以，南盘江流域才有潜力可挖，但除了南盘江流域，江西、湖南、浙江也是油茶主产区，其产量足以影响全国甚至全球行情。隆林茶油无论是品质还是口味都与其他地方不同，广东一些客商开辟绿色通道，点名购买隆林茶油。可见，隆林茶油品质应具有区域自信。另外，透过市场行情分析，通过制定实施时间表和路线图，研究制订落实方案，压实主体责任，能够有效降低产业风险。同时，建议增加农业保险范围，将区域内特色产业纳入保险体系，不断提高商业保险覆盖面；建立健全订单农业、集约化农业和智能农业，制定最低保护价格，对在构建特色产业发展进程中的不诚信企业和个人，纳入征信黑名单，触犯刑律的移送司法机关处罚。

第四，拓宽营销渠道，提高特色产品知名度。在互联网时代，特色产品只有通过媒体的传播，才能为消费者所认知。可以说，"酒香不怕巷子深"已经是过去式。传统的特色产品如果只满足于区域内的人群品尝，那么就不可能形成商品量，也就不存在品牌价值。特色产业发展之路不可能一蹴而就，而是漫长而渐进的过程。右江河谷的田东香芒，20 世纪末就在远离广西的北国哈尔滨市设立了推销点，现在已通过哈尔滨辐射到蒙古、俄罗斯等国。可见，如果营销渠道畅通，那么特色产品的销路就不会堵塞。因此，对于南盘江的特色产业，要加大广告的投入，让全国乃至全世界都知道南盘江的特色产品。隆林的特色产品除了传统的烤烟、辣椒骨、茶油、板栗等外，拳头产品较单薄。事实上，隆林的民族服饰业市场潜力较为宽广，目前全县专门从事民族服饰的生产企业达 9 家，年产值约 2 000 万元。如果加上大大小小的民间传统服饰生产企业，产值将会翻倍。但受营销渠道单一、品牌效应不足的影响，隆林民族服饰产业产品辐射力弱。一些环保风险较强的产品，如山羊、小叶桉和库区网箱养鱼等，难于继续发展，为规避风险，另辟蹊径寻找替代产品很有必要。所以，南盘江流域要在特色产业上有突破，必须着力创建地方名牌，下大力气抓好营销工作。除了在新闻媒体广告平台宣传外，还应当充分利用互联网具有跨时空跨地域的特点，把本区域特色产品推介到全国甚至全球。同时，应通过定期或者不定期开展民族旅游节、民族文化节活动，加强与阿里巴巴集团、全国大中城市大型连锁商场、超市开展营销合作，提高品牌的知名度和影响力。

精准扶贫背景下南盘江流域旅游扶贫的
实践路径研究

臧国书

（曲靖师范学院）

  珠江主源的南盘江，发源于云南省曲靖市沾益区的马雄山。从发源地开始，它流经云南、贵州、广西三省（区），与北盘江一同汇入红水河，东下西江，至珠江入海。南盘江流域上游的云南东部，丘陵遍布，湖海聚集，农牧业发达；下游在广西西北部和贵州西南部，汇入红水河、西江后，流进广西盆地和珠江平原。这里高山峡谷和峰林峰丛相间，地下水道纵横，汇聚了中国西南部自然山水之大美。同时，这里也是"老少边穷"的典型区域，国家扶贫攻坚集中连片区之一滇黔桂石漠化地区，中国贫困人口最集中的区域之一，中国南边疆地区，少数民族最集中的区域之一，革命老区之一。2020 年全面建成小康社会已经迫在眉睫，在精准扶贫背景下，如何把握旅游精准扶贫的要义，如何审视南盘江流域旅游的扶贫现状，未来应如何探索有效路径，是本文研究的主要问题。

一、精准扶贫与旅游精准扶贫

（一）精准扶贫的思想与内涵

  2013 年 11 月，习近平同志到湖南湘西考察时首次做出了"实事求是、因地制宜、分类指导、精准扶贫"[1]的重要指示。这是"精准扶贫"重要思想的来源。2014 年 1 月，中共中央办公厅（简称中办）详细规制了精准扶贫工作模式的顶层设计，推动了"精准扶贫"思想落地。2014 年 3 月，习近平同志参加"两会"代表团审议时强调，要实施精准扶贫，瞄准扶贫对象，进行重点施策，进一步阐释了精准扶贫的理念。2015 年 1 月，习近平同志在云南调研，强调坚决打好扶贫开发攻坚战，加快民族地区经济社会发展。2015 年 6 月，习近平同志到贵州省调研，强调要科学谋划好"十三五"时期扶贫开发工作，确保贫困人口到 2020 年如期脱贫，并提出扶贫开发"贵在精准，重在精准，成败之举在于精准"。2015 年 10 月 16 日，习近平同志在 2015 减贫与发展高层论坛上强调，中国扶贫攻坚工作实施精准扶贫方略，增加扶贫投入，出台优惠政策措施，坚持中国制度优势，注重六个精准，坚持分类施策，因人因地施策，因贫困原因施策，因贫困类型施策，通过扶持生产和就业发展一批，通过易地搬迁安置一批，通过生态保护脱贫一批，通过教育扶贫脱贫一批，通过低保政策兜底一批，广泛动员全社会力量参与扶贫。综上，"精准扶贫"是指针对不同贫困区域环境、不同贫困农户状况，运用科学有效程序对扶贫对象实施精确识别、精确帮扶、精确管理的治贫方式。

随着我国农村贫困发生率的降低，以往将扶贫目标定位于贫困地区的工作思路必须发生转变。[2] 全面理解精准扶贫战略的深意，应同时着眼于宏观、中观和微观三个层面。宏观层面要聚焦认识精准、重心精准。精准扶贫战略的核心是贫困地区各级领导的思想认识、工作重心和注意力要"精准"，聚焦扶贫工作和贫困人口。中观层面要聚焦措施精准、管理精准。一是做好扶贫项目设计，创新扶贫方式方法，提高扶贫项目的针对性、适应性，即帮扶措施要精准；二是做好贫困村庄的组织建设和帮助支持工作，这就要求做到因村派人和管理精准。微观层面要聚焦识别精准、帮扶精准。一是对贫困人群的精准识别，鉴于贫困村庄总体发展水平不高，贫困（线）标准设定得也不高，精准识别贫困人群的过程应被视为识别村情的过程；二是向精准识别出的贫困人群提供量体裁衣式的菜单式扶贫，即精准帮扶。

（二）旅游精准扶贫的实践思路

旅游精准扶贫是国家扶贫战略的重要组成部分。2014 年 8 月，国务院出台《关于促进旅游产业改革的若干意见》，提出了"旅游精准扶贫"。旅游精准扶贫就是在对具备一定旅游资源的地区的贫困人口、贫困原因分析的基础上，采用发展旅游产业的方式带动整个区域脱贫。近年来，全国旅游行业一直把旅游精准扶贫作为旅游业自身和推动社会经济发展的中心工作，在国家旅游局的统筹安排和统一调度下，通过规划帮扶、咨询帮扶、培训和辅导帮扶等智力扶贫工程，资金帮扶、投资帮扶、合资合作帮扶等产业扶贫工程，促进许多贫困落后的乡村地区通过发展乡村农业旅游，实现脱贫、走向致富。党的十九大之后，国家旅游局和全国各级旅游主管部门连续推出旅游精准扶贫系列工程，主动担当，积极参与扶贫攻坚战，用"绣花功夫"开展精准扶贫，科学施策、分类施策，按照一村一策、一户一策、一人一策的原则，精准对接，注重实效，让旅游业成为推动传统乡村经济转型升级和贫困人口走上脱贫致富道路的新动能。

二、南盘江流域旅游扶贫的实践与反思

(一) 旅游扶贫的特色路径

2014 年 8 月,国务院出台《关于促进旅游产业改革的若干意见》,提出旅游精准扶贫的指导意见,为南盘江流域旅游精准扶贫指引了新的方向。经过 4 年来的探索发展,南盘江流域的云南省曲靖市和文山州、贵州省黔西南州、广西壮族自治区百色市都以乡村旅游发力精准扶贫。4 个州(市)还结合各地不同的实际,在旅游精准扶贫上走出了不同的特色实践路径。

1. 曲靖市以"十景百村"助推精准扶贫

2016 年,曲靖市实施"十景百村"旅游融合发展示范区工程,旨在以多个主要景区带动周边旅游特色村寨发展,打造会泽古城旅游度假区、罗平油菜花海国际旅游度假区、师宗凤凰谷国际生态旅游度假区、珠江源高原体育旅游度假区、彩色沙林国际休闲旅游度假区、麒麟水乡、马过河旅游度假区、宣威可渡关旅游度假区、滇南胜境等旅游融合发展示范。"十景百村"旅游融合发展示范区集中力量改善旅游交通状况,集中创建 A 级旅游景区,重点打造旅游特色村社(农庄),大力发展精品民俗客栈,创新打造区域性节庆赛事品牌,以及全力培育多元市场主体。"十景百村"旅游融合发展示范区内全面实现 4A 级景区通二级路、3A 级景区通三级路、其他旅游节点道路硬化,形成快速、便捷的旅游交通环线,基本解决景区通达条件差的问题。每个融合发展示范区内至少有 1 个 3A 级以上旅游景区,全市 4A 以上旅游景区达 10 个左右。打造市级旅游特色村社(农庄)100 个左右,每个融合发展示范区打造 10 个左右旅游特色村社(农庄);发展精品民俗客栈 1 000 家左右,每个融合发展示范区内发展精品民俗客栈 100 家左右;打造重点节庆赛事品牌 10 个,每个融合发展示范区打造重点节庆赛事品牌 1 个以上;培育旅游市场主体 10 000 户左右,每个融合发展示范区内培育旅游市场主体 1 000 户左右。曲靖市"十景百村"工程实施两年来,有力助推了曲靖市的精准扶贫工作。结合"十景百村"旅游融合发展工程,曲靖市完善了景村融合贫困村的吃、住、行、游、购、娱等乡村旅游配套设施,推动了如师宗县响水瀑布、月涛寺、中国传统村落大冲村等一大批发展乡村旅游产业的贫困村。结合"十景百村"工程,曲靖市推动了古敢水族文化生态旅游小镇、鲁布革布依族风情小镇等特色小镇建设,加快了贫困民族乡(镇)的整体脱贫工作。

2. 文山州以"特色村寨"发力精准扶贫

文山壮族苗族自治州是一个集边境、民族、贫困、山区、老区、原战区为一体的民族自治州,居住着汉、壮、苗、彝、瑶、回、傣、白、蒙古、布依、

仡佬等 11 个民族，少数民族人口占总人口的 57.6%。文山州依托悠久历史和众多民族孕育的丰富多彩的民族民间文化，建设特色村寨，发力精准扶贫。如广南县八宝乡河野村自然资源丰富，拥有美丽的山水田园风光，是八宝旅游小镇 3 个景观之一。政府将该村列入旅游乡村开发，秀美的田园风光，具有民族特色的河灯节、摸鱼节，惊险刺激的漂流等旅游体验项目，吸引了成千上万的游客。随着河野乡村旅游的不断升温，村里的脱贫对象，有的当船夫，有的跑运输，有的开起农家乐，都走上了致富道路。者兔乡马碧村 130 余户村民傍山而居、依水而建，成片的吊脚楼群吸引着无数游客踏足而来。经过世世代代的发展，马碧村依然保持着淳朴、勤劳、热情的民风，传承着刺绣、编织、陶艺、纸艺、绣缝、木作等民族传统手工技艺。随着全域旅游的大力推进，马碧村这个曾经默默无闻的贫穷山村逐渐成为热门的乡村旅游景点。马碧村成立了千年壮寨旅游农民专业合作社，通过合理规划，有序推进，群众可以用自己的房屋、土地入股发展旅游业。坝美镇普千村因"一幅仙境、一部经书、一处遗址"的地母文化活态传承特点而得名，是一个典型的壮族聚居村。普千村是《地母真经》发源地，与世外桃源坝美村相距 3 千米，主推"地母文化""农耕稻作文化"和"壮族传统文化""三化一体"的旅游开发项目，采取以"社"促"旅"的方式，打造世外桃源风景区的"后花园"。同时，文山州地处中越边境，以宣传"老山精神"为核心，依托老山军事斗争历史和遗址，挖掘形成了以红色旅游资源为主的系列精品路线，打造独特的旅游新产品，助力贫困村寨脱贫。

3. 黔西南州以"景区带动"领跑精准扶贫

黔西南地处滇、黔、桂三省（区）交界处，素有"滇黔锁钥"之称，气候立体，群山叠嶂，海拔跨度大，地势复杂。该地用好山地气候资源，打造世界山地旅游目的地，以"景区带动"领跑精准扶贫成效显著。如兴义市万峰林景区以"旅游＋扶贫"同向发展，辐射耳寨、鱼陇、双生等 8 个村，采取定点帮扶、结对帮扶等措施，积极引导、鼓励景区村民就地创业、就业，发展"农家乐"和"乡村客栈"，并做好相关服务工作；当地村民用自家的土地、荒山入股，景区每年拿出土景区营业额纯利润的 40% 分红给入股的村民，并为村民在景区谋一份工作，解决就业问题。景区出资建设马道和马厩等基础设施，购头纯血及半血品种马，以景区经营为主导，聘请精准贫困户负责管理和体验服务，每月除能领取管理工资外，还能从运营收益中提成，为精准扶贫户带来直接收入。景区的发展带动了当地经济的发展，更好地解决了当地群众自主创业、就业，增加了农民的收入。据调查，目前景区已有 162 户农家乐，49 家乡村客栈，5 家精品客栈，16 家民族特色商品经营店，经营状况良好，月接待游客达

10 万余人次，人均年纯收入达 10 000 元以上。

4. 百色市以"休闲农业"带动精准扶贫

百色市位于滇、黔、桂集中连片贫困地区，是广西扶贫攻坚的"主战场"，全市 12 个县（区）中，有 9 个国家扶贫开发重点县，2 个自治区扶贫开发重点县区。近年来，百色市重点开展旅游扶贫精准识别行动、贫困村旅游基础设施和公共服务设施建设行动、乡村旅游业态开发行动、旅游扶贫人才培育行动、旅游电商扶贫行动、旅游市场营销行动、帮扶贫困户旅游创业行动、贫困村生态环境保护行动、旅游企业帮扶脱贫行动等十大旅游扶贫行动，全力推进旅游产业扶贫。通过近两年的发展，百色市"休闲农业"带动精准扶贫彰显特色。百色以乐业、靖西、田阳、凌云等重点旅游扶贫县（市）为试点，挖掘乡村特色旅游资源，全力推进全国休闲农业与乡村旅游示范县、旅游特色村、星级乡村旅游区和星级农家乐的建设，促进旅游业与其他产业的融合发展，拓展乡村旅游业态，构建乡村旅游产品体系。百色市以"休闲农业"为主题，采取"农业＋旅游＋贫困户""农业＋科技＋贫困户""农业＋合作社＋贫困户"等模式，打造以市场为主导、以科技为支撑、以农民增收为目标、以农旅融合为发展方向的现代特色农业（核心）示范区。

（二）旅游扶贫成效显著的共性特征

1. 都能精准识别旅游扶贫的特色资源

旅游目的地的生命力在于特色，没有特色的旅游目的地，是不能吸引游客前来消费的。旅游开发脱贫成效显著的地方，都特别注重精准识别当地的特色旅游资源，突出地方文化特色和民族文化特色，开发一系列为旅游者所喜闻乐见的旅游项目。如曲靖市师宗县竹基乡的传统村落文化、帝师故里文化体验旅游，文山州麻栗坡县老山精神红色旅游等。

2. 都有敢干、会干、干得好的领路人

在贫困村寨，由于交通闭塞，信息不灵，人们对旅游业内在规律的运行缺乏认知，难于把握市场营运。在这种情况下，旅游开发脱贫工作能不能搞起来，领路人的作用非常重要。旅游开发脱贫成效显著的地方，领路人都体现出会思考、有想法、敢行动、会行动的特质。这些领路人大概由四种人构成：一是靠苦干、实干、巧干起家的当地企业家，有家乡情怀，回乡带头开发旅游产业；二是当地有能力的村干部，创新组织模式，成立乡村旅游合作社，进行特色旅游资源开发；三是外出务工，有了见识，返乡创业的打工精英；四是掌握知识技能，有能力回乡创业的大学生。

3. 都能按照旅游经济的市场规律办事

旅游经济是天然的市场经济，游客会不会来，不是靠行政命令能解决的，而是靠旅游景点的旅游产品和市场宣传。旅游生产力包括"行、游、住、吃、购、娱"六大要素，只有搞好产销结合，搞好配套开发，才能综合提高旅游景点品位、档次、综合接待能力和创汇创收能力。旅游脱贫开发成绩突出的地区，都能按乡村旅游市场规律办事。只有在经营中注重树立品质、品牌、品味、品德"四品理念"，做好形态、业态、文态和生态"四态文章"，基本解决了"怎么让游客来，怎么让游客留下来，怎么让游客再来"三个核心问题，才能不断提升农旅文旅融合的经济效益。

4. 都注重释放旅游产业的联动功能

在贫困地区发展旅游产业，不仅要追求旅游产业自身效益，更要注重发挥其关联带动功能，促进各相关行业的发展。旅游脱贫开发成绩突出景区带动型的精准扶贫模式功不可没。一个旅游景区（点）周围，不但各种服务产业红红火火地兴办起来了，而且还围绕游客吃、买、带的需求，发展旅游农业，围绕旅游用品及游客购买旅游纪念品、工艺品的需求，发展具有资源基础和地方特色的旅游工业。曲靖市"十景百村"模式，黔西南州万峰林景区"贫困户融入景区发展模式"，都取得了很好的扶贫效益。

5. 都注重整合各类资源资金形成合力

贫困地区发展旅游产业大都面临底子差、基础薄的现实。南盘江流域旅游开发脱贫成绩突出的地区，都注重在坚持自力更生、艰苦奋斗方针的前提下，尽力整合各类扶贫资源与资金，形成发展合力。政府各部门政策、资金大力的支持下，社会各界相关资源有力整合，增强了这些地区的"造血"功能，帮助这些地区越过了一道道靠自身力量难以逾越的发展旅游产业难关。

6. 都注重解决交通等公共基础设施问题

贫困地区发展旅游产业，必须首先解决好交通等公共基础设施制约瓶颈问题，否则，再好的旅游资源也只能"束之高阁"。旅游开发脱贫成绩突出的地区，都注意在这方面下功夫，并率先取得突破。路通才有人流，人流才能带来信息流、资金流，这是贫困地区发展旅游业的一条基本规律。许多地方，政府下大力气建设旅游环线公路，连接各旅游点，确保游客出入通畅。同时，政府还规范旅游点的厕所、接待中心、住宿、餐饮、标识系统等，以方便游客的深入体验，游客留得下来，经济效益才能得到体现。

（三）旅游扶贫较为失败的共性问题

1. 未能精准识别旅游扶贫资源，盲目进行旅游产业开发

政府在主导开发过程中，将旅游扶贫简单等同于旅游开发，急于求成，导致缺乏资源梳理，缺位资源评价，缺失区域整体规划。特别是缺少策划，使得产品无特色，市场竞争力不强。同时，忽视了贫困户参与旅游产业脱贫的可能

性，未能将之作为旅游扶贫资源的主体进行细化分析，导致投入大却出不了特色旅游产品，提供的旅游产品同质化而无市场竞争能力，没有经济收益，浪费了资源，耽误了发展时机。

2. 未能建立科学的管理指导体制，极度缺乏旅游专业人才

南盘江旅游相关州、市、县虽有旅游行业管理部门，但旅游开发涉及发改、环保、农业、水务等多家部门，多头重复领导、权责不清；"铁路警察，各管一段"，综合效率低下，常常错失发展良机。另外，旅游业涉外性强，专业特点突出，对旅游从业人员的素质要求标准高，而目前贫困人口参与旅游业缺乏培训、缺乏专业素养，严重影响旅游精准扶贫的效益。

3. 利益受损削弱扶贫效益，贫困户受益不均的现象严重

贫困地区的受益排挤了贫困人口的受益，而地区经济的增长不等于贫困人口的受益。不少地方误将地区的发展作为发展旅游业的首要目标，这在很大程度上把贫困人口挤出了受益群体之外。此外，外来投资者如投资商、旅游操作者、员工多来自景区外部。本身拥有资本优势和市场竞争优势，使得有意参与旅游业发展的当地贫困人口处于竞争的相对劣势地位。同时，政府为了鼓励外来投资，会出台利于外来投资者的优惠措施，而在不经意间损害甚至放弃了当地贫困人口相当部分的利益。这无疑会剥夺贫困人口的部分受益机会。

4. 贫困地区的旅游景区经营过分注重企业的经济效益

在项目设置上，一些贫困地区的旅游景点当地贫困户无法参与，只有简单的输血式收益，而无造血式参与收益。因此，在经营过程中过分注重旅游业的经济效益，缺乏让当地贫困户参与开发的理念，会导致旅游扶贫出现停滞。

5. 其他产业开发与旅游业之间的竞争导致贫困地区居民利益受损

旅游业关联带动性强的特点，并非意味着它与其他产业协同发展，相反有时是有限制的。一方面，由于当地旅游业发展而导致地区物价上涨，一些贫困地区原居民的贫困状态加剧，不仅不受益，反而利益受损。另一方面，旅游区内居民要消费资源，而景区的环境却要保护，二者必然产生冲突。

三、南盘江流域旅游精准扶贫实践路径探讨

旅游扶贫不能简单地等同于经济欠发达地区的旅游项目开发。单纯的旅游开发，不一定能达成扶贫的目标。旅游扶贫需立足贫困人口受益，正视扶贫与单纯旅游开发之间的矛盾，设置一些指标，把扶贫行动真正纳入旅游开发的系统运作之中。

（一）要精准识别旅游扶贫的目标和对象

真正意义上的旅游扶贫，是以消除弱势群体的贫困状态作为核心目标的，

旅游业只是手段和途径。旅游扶贫的对象要区别两个重要的概念，即"贫困地区的人口"或是更为明确的"贫困地区的贫困人口"。旅游扶贫的受益者当然不能只局限于贫困人口，还必须设置一些更为精细、明确的指标，例如，贫困人口在旅游开发中的有效参与、贫困人口的直接受益、受益人口中贫困人口所占比例、旅游创造就业机会中的贫困人口比例等。

（二）要精准实施贫困村寨的旅游扶贫项目

南盘江流域大多数贫困村寨交通极为不便，生态环境恶劣，文化教育落后，不具备旅游扶贫的基本条件。实施旅游扶贫的村寨，主要是具有一定旅游发展基础的经济欠发达地区。同样，并不是每个具有丰富旅游资源的贫困村寨都适合开发旅游业。旅游扶贫操作起来远比"救济式扶贫"复杂得多，有些地区见邻近县、市、乡、村开发旅游业效果颇佳，便头脑发热，盲目投资，结果开发的景点冷冷清清，游客寥寥无几。旅游业有其独特的运作规律，旅游扶贫必须按照旅游业发展的内在规律办事，科学规划，精心谋划，避免政府"拍脑袋决策"和"一手代劳、全部包办"。精准实施贫困村寨旅游扶贫项目的前提，是要精准识别贫困村寨的旅游资源，而由资源变项目的关键在于有特色、可开发、有市场。

（三）要精准构建旅游扶贫管理机制与协同发展机制

公共旅游资源的公益性特点决定了旅游资源开发不能单纯地追求经济效益，而应积极追求社会价值的实现。旅游扶贫市场运作机制与纯旅游市场机制运作之间必然存在着矛盾。如果完全依靠市场机制运行，有时不能切实保证扶贫目标的达成。旅游扶贫市场化一定要保障贫困户的相关利益，以避免市场机制失控。例如，通过政策、法规等，保证贫困人口在一些特定旅游产品上的优先权；将扶贫的内容和行动纳入旅游开发、规划和实施当中；通过契约和行政手段，监督扶贫目标的实施等。精准扶贫的旅游产业还必须注重与其他产业的协同发展，发挥旅游产业的联动功能。旅游业对其他产业的带动作用，是旅游扶贫的优势。单论旅游，其对贫困人口的吸纳有限。如果能够以旅游产业为导向，注意建立第一、二、三产业与旅游市场之间的联动机制，将农、林、牧、副及当地企业融入旅游业中协同发展，旅游扶贫就能实现联动其他产业的功能，从而取得更大的扶贫效益。

（四）要精准建立旅游扶贫的"智库"与教育培训制度

精准扶贫要动员全社会的力量参与，形成合力，持续跟进，才不会后续乏力，甚至返贫。在旅游精准扶贫的实施过程中，可以通过加强与高等院校、科研院所、旅游规划设计机构、旅游行业协会等沟通交流，按村组建民族村寨旅游扶贫"智库",为精准旅游扶贫产业的可持续发展出谋划策。旅游精准扶贫还要通过教育培训,提高贫困人口用旅游发展促进精准扶贫的能力。村寨通过村规民约来形成良好的村容村貌和和谐文明的邻里关系,而企业可以通过印发旅游知识宣传画、小册子,以及定期举办旅游技能大赛等活动来提高贫困户的旅游接待能力。因此,村寨可以派遣由贫困户组成的学习小组到发达地区的旅游景区观摩学习,以提升整体接待水平。当地政府要在制度的顶层设计方面给予贫困人口充分发展的机会和权利,增加他们的社会资本,以阻断贫困的代际传递。

【参考文献】

[1] 邓小海. 旅游精准扶贫研究 [D]. 云南大学,2015.

[2] 邓小海,曾亮,罗明义. 精准扶贫背景下旅游扶贫精准识别研究 [J]. 生态经济,2015(4).

[3] 张机. 旅游开发中社会公平及其维度的逻辑框架构建 [J]. 旅游导刊,2017(5).

[4] 陈秋华,纪金雄. 乡村旅游精准扶贫实现路径研究 [J]. 福建论坛(人文社会科学版),2016(5).

南盘江流域旅游扶贫合作研究

周 舟

（贵州省黔西南州委党校）

一、研究的逻辑缘起

（一）问题的提出

南盘江是珠江的正源，跨越云贵高原，贯穿滇、黔、桂三省（区），由于区位交通、历史发展等缘由，南盘江流域地区经济社会发展滞后，流域内资源丰富但生态脆弱，少数民族群众较多但贫困程度很高，属于国家深度贫困地区。在决胜同步小康、建设"美丽中国"、乡村振兴等战略目标下，流域沿线城市希冀通过旅游合作助力脱贫攻坚，提高区域整体发展水平。由此，本文将对南盘江流域旅游扶贫合作进行分析研究。本研究的逻辑链条可归结为：旅游资源丰富但贫穷落后的南盘江地区出于反贫困的动机，希望通过旅游扶贫合作增强经济实力，但由于现阶段的跨域旅游扶贫呈现出严重的破碎分散问题，只期望能以资源整合及深化合作提高旅游扶贫成效。

（二）旅游合作与消除贫困的关联

旅游合作与消除贫困之间紧密联系、相互影响。

第一，资源禀赋影响旅游合作的基础。资源禀赋包含资源本身及与之密切相关的劳动力、技术和管理等多种生产要素。贫困地区进行旅游扶贫合作，不仅需要具有丰富的旅游资源，还需要整合这些旅游资源，提高劳动力素质，增强旅游扶贫的合作和帮扶能力。

第二，政策制度影响旅游扶贫合作的空间。近年来，国家有关部门和各地政府相继制定了一系列以旅游业带动贫困地区脱贫致富的旅游扶贫政策和规划，以此确立旅游扶贫的发展方向和目标，依托政策制度，为旅游扶贫奠定了合作与发展的制度基础和政策保障。

第三，人口素质影响旅游扶贫的核心竞争力。发展旅游业需要较高的人口素质，需要不断对劳动力进行培训、培养，不断提高贫困群众职业竞争与就业选择的能力，从而达到提升素质、提高收入及消除贫困的目的。

二、旅游扶贫合作需求：基于有限条件的必要选择

（一）南盘江流域旅游扶贫合作的背景

南盘江发源于云南曲靖马雄山东麓，流经滇、黔、桂三省（区）7 州（市）30 余县（市、区），全长 914 千米，流域面积 56 809 平方千米，是沿岸各族人民的母亲河。由于地理位置、发展程度等原因，南盘江流域沿线区域是国家级贫困县最多的地区之一，成为全国脱贫攻坚的重点区域。但南盘江流域沿途自然风光旖旎，民族文化浓郁，且旅游资源丰富，已成为三地重要的经济区域、生态家园和旅游宝库，为沿线城市的旅游合作建立了天然联系，提供了宝贵资源，搭建了重要通道。因此，南盘江沿线城市共处同一流域，民族文化相互融合，经济发展具有同质性、关联性及较强互补性，具备合作发展的良好基础条件。

（二）南盘江流域旅游扶贫合作的必然

南盘江流域沿线地区合作的必然性主要体现在：一方面，流域沿线城市都具有独特的自然景观、独有的民俗文化和浑然天成的流域旅游带。从南盘江流域顺流而下，云南省宜良县至红河州境内高原湖泊星罗棋布，江河湖海浑然一体；贵州省兴义市万峰林、万峰湖、马岭河峡谷组成的"一城三景"已成为国际山地旅游的闪亮名片；广西壮族自治区百色市的古龙山峡谷群、百色起义纪念馆等令人向往。另一方面，南盘江流域沿线城市多为全国贫困地区，从黔西南州兴义市的脱贫任务中即可看到这些地区仍面临艰巨的脱贫攻坚任务。

表1　兴义市年度脱贫人数计划表

地　区	年度计划减少贫困人口数（万人）				
	2016 年计划脱贫数	2016 年末剩余数	2017 年计划脱贫数	2017 年末剩余数	2018 年计划脱贫数
黔西南州	10.00	33.23	7.00	26.23	4.00
兴义市	0.95	3.17	0.67	2.50	0.38

表2　兴义市旅游扶贫行动带动贫困人口脱贫任务分解表

任务年份	项目建设	景区带动	资源开发	示范创建	标准化建设	线路培育	"旅游＋"行动	旅游商品	结对帮扶
2017 年	200	150	200	1 200	60	60	300	500	200
2018 年	500	200	250	1 000	80	100	400	600	400
2019 年	500	250	160	1 100	70	100	680	500	200
合计（人）	1 200	600	610	3 300	210	260	1 380	1 600	800

三、旅游扶贫合作措施：基于利益目标的共同追寻

近年来，南盘江流域滇、黔、桂三省（区）加强毗邻区域之间的联系沟通，逐渐形成了发展与合作的联动趋势。在旅游扶贫方面，其已有如下合作措施。

（一）制定规划，确立目标

近年来，南盘江流域云南省、贵州省和广西壮族自治区相继出台了旅游扶贫合作方案和战略发展规划。例如，2017 年云南省出台《云南省旅游扶贫工作方案》；黔西南州制定并印发《黔西南州深度贫困地区脱贫攻坚全域山地旅游扶贫作战方案》；广西"十三五"发展规划中明确旅游扶贫的目标任务，见表3。

表3　广西"十三五"期间旅游扶贫目标任务示意表

名　称	数　量
扶持贫困村发展旅游业	550 个
贫困村发展旅游业帮扶贫困人口脱贫	20 万人
旅游产业融合发展带动贫困人口脱贫	80 万人

南盘江流域通过方案明确了各地旅游扶贫的目标任务、作战重点、保障措施等内容，由此确立了发展目标及努力方向。另外，沿线地区还签署了行政协议，以促进项目落实，协议主要集中于旅游资源、基础设施、脱贫产业项目及空间开发等方面。例如，黔西南州与百色市人民政府签署的区域经济合作框架协议，为旅游扶贫合作提供了重要政策支持。

（二）紧抓机遇，强化合作

南盘江流域沿线城市抓住"9＋2"泛珠三角区域合作、珠江—西江经济带

等国家重大战略实施机遇，加快区域合作，促进产业升级，提升旅游地位。例如，贵州省兴义市打造旅游效益与产业发展新模式，将山地旅游深度融合于传统三产之中，将脱贫攻坚贯穿于旅游扶贫之中，将旅游辐射范围扩大到周边滇、黔、桂地区；通过联席会议制定合作发展的整体性方案，解决合作中需要协调的重大问题，协商行政协议履行中出现的问题及监督行政协议的实施；开展行政区之间的交流互访，拉近不同地域部门的距离，为旅游扶贫合作奠定政治交往基础。

（三）思想交锋，增进交流

近年来，南盘江流域的专家学者不断增进交流，通过南盘江沿线城市相继举办的合作论坛及学术研讨会议，如广西"田林论坛""隆林论坛"和"滇、黔、桂三省（区）社科界学术年会"等活动，促进专家学者之间的思想交锋、学术交流和智慧碰撞，为南盘江流域旅游扶贫合作提供理论支撑和智力支持。

（四）产业引领，创新增收

南盘江流域沿线地区不断调整产业结构，推动产业升级，促使高效农业、新型工业及现代服务业三产融合。

第一，推进旅游扶贫工程，形成地区旅游扶贫强大推力。如云南"123518"旅游扶贫工程。

表4 云南省"123518"旅游扶贫工程示意表

数字名称	所指内容
1	1 个全域旅游扶贫示范州（怒江）
2	20 个旅游扶贫示范县
3	30 个旅游扶贫示范镇
5	500 个特色旅游扶贫村
1	1 万户旅游扶贫示范户建设
8	80 万以上贫困人口通过旅游产业脱贫

第二，成立旅游扶贫示范区。兴义万峰林旅游扶贫创新示范区内有建档立卡贫困户264 户，兜底贫困户240 户，通过旅游扶贫，将区域内的农户土地、闲置房屋、荒山荒坡、劳动力及闲散资金等资源入股企业，通过利益分红来增加贫困群众收入。

第三，利用大数据建立信息平台，掌握旅游交通、游客数量、旺季淡季及收入情况等指数，以此掌握不同贫困群众的贫困原因、贫困类型，并确立相应的帮扶计划，为旅游扶贫注入现代智慧。通过现代信息技术和网络平台载体打破地域和时空的限制，利用门户网站和微信公众号等平台载体扩宽旅游扶贫合作渠道，不断打造旅游扶贫大数据平台，加强与邻近区域的旅游扶贫合作，真正实现以旅游促脱贫，以旅游促增收，以旅游奔小康的合作目标。

四、旅游扶贫合作要素整合：存在问题和完善路径

（一）存在的主要问题

南盘江流域沿线城市的旅游扶贫合作虽已取得一定成效，但通过笔者的调研，发现其中仍然存在如下问题。

1. 合作战略认识不深

合作发展在旅游扶贫工作中具有十分重要的战略意义，影响着旅游扶贫合作的发展方向和战略布局，只有深化合作发展的战略认识，才能明确方向目标。南盘江流域为全国深度贫困地区，脱贫攻坚任务繁重且艰巨，只有在充分利用当地得天独厚的旅游资源优势的基础上，进一步深化对旅游扶贫合作发展战略的认识，不断深化南盘江流域沿线城市的合作发展、深度融合，才能最终实现通过旅游扶贫合作壮大脱贫攻坚力量，最终打赢脱贫攻坚战的合作目标。

2. 基础设施亟待加强

近年来，经过发展与建设，南盘江流域沿线城市的交通条件、旅游基础设施相较以前有了较大改观，但与其他地区相比，旅游发展的基础条件仍需加强。一方面，一些市区与客源集散中心的距离较远，而客源集散地的距离是影响旅游目的地选择的重要因素；另一方面，许多乡（镇）道路和景点基础设施状况仍然较差，旅游接待设施薄弱，景区配套设施不完善。

3. 旅游市场开发不够

南盘江流域旅游扶贫合作的重要前提和基础是旅游景点。南盘江沿线城市景点较多，旅游资源丰富，但很多景点的开发力度较小、挖掘深度不够、景区特色尚不明显，并且沿线景点尚未抱团发展和连线开发。目前南盘江流域大多地区旅游市场相对较小，主要辐射州内、省内及相邻的云南、广西部分游客，在一定程度上影响了旅游业的可持续发展和旅游扶贫的长远效果。因此，在旅游扶贫开发的过程中，仍需开发旅游市场，明确市场定位，选择重点客源市场，加大对重点市场进行旅游宣传和产品推介。

4. 专业人才相对缺乏

专业人才涉及两个部分，一部分是高层次人才，另一部分是基层人才。一方面，随着经济社会发展的需要，旅游、扶贫产业聚集了一批高素质专业人才，但目前南盘江流域大多地区仍然缺乏这类专业人才，尚未形成助力旅游扶贫的

高素质人才队伍；另一方面，基层工作者是与贫困群众接触最多、交流最直接的人员，但在如今的基层人员队伍中，较缺乏"懂产业、会治理"的专业人才。

5. 群众参与有待提高

旅游扶贫的出发点和落脚点都是贫困群众，旅游扶贫离不开贫困群众的积极参与。但在调查走访中发现，部分群众参与的积极性和主动性不高，依然存在"等、靠、要"的思想，被动式参与不利于激发贫困群众通过自身的努力改变和摆脱贫困，且增加旅游扶贫开发的难度，影响群众脱贫的步伐和旅游扶贫的直接效果。

（二）完善的主要路径

1. 深化合作，坚持党委、政府主导

不管是宏观战略政策的制定出台，还是微观具体活动的落实开展，党委、政府在旅游扶贫合作中始终发挥着重要的引领和指导作用。因此，在旅游扶贫合作中要坚持党委、政府的主导。

第一，加深对旅游扶贫合作战略地位的认识。南盘江流域沿线城市通过旅游扶贫合作，能够增加发展的动力与合力，但目前的合作仍存在浮于表面的现象。因此，必须深化旅游扶贫合作的认识，加强区域合作发展，结合地方实际，因地制宜，通过旅游合作带动群众脱贫，不断提高整体旅游竞争力和群众脱贫率。

第二，加大投入和政策倾斜。近几年来，南盘江流域沿线城市陆续出台了旅游扶贫合作的相关政策、计划，以此明确发展目标，细化行动措施。结合当下存在的难点、问题，在旅游扶贫合作中需要打好基础设施、产业项目等"硬仗"，对涉及的多个领域加大投入并实行政策倾斜，为旅游扶贫注入更多活力和力量。

第三，建立培训与吸引人才机制。一方面，建立、完善人才制度机制，优化人才结构，坚持"不求所有、但求所用"的原则，引进和培养旅游扶贫中所需的相关专业人才，通过较好的待遇吸引高素质人才；另一方面，加强基层人才队伍建设，按照党的十九大提出的要求，实施乡村振兴战略，并"培养造就一支懂农业、爱农村、爱农民的'三农'工作队伍"。以此，不断提升群众能力素质，加大人才吸引和支撑，从而为南盘江流域旅游扶贫打下坚实的人才基础。

2. 打造品牌，整合旅游合作资源

第一，以"山地旅游"为基础品牌。立足实际，放眼长远，充分利用滇、黔、桂三省（区）山地旅游资源优势和平台机遇，深度挖掘山地民族文化，坚持发展山地经济，通过不断完善景区基础设施建设、加大重点项目建设、利用项目带动就业及大数据智慧运用等手段，不断彰显旅游特色，打造山地旅游品牌。

第二，以民族特色产品为辅助品牌。南盘江流域沿线地区民俗文化浓厚，在旅游扶贫合作中应突出自身特色，通过展示民族服装、歌曲及舞蹈等方式吸引游客，打造民族刺绣、玉石等独具特色的旅游工艺品品牌，促使更多贫困群众参与旅游发展的产购销过程，增加经济收入。

3. 完善机制，形成合作发展保障

第一，建立全面的贫困人口参与机制。南盘江流域旅游扶贫合作的成效很大程度取决于贫困人口对旅游扶贫的参与，因此，需要制定、完善贫困人口参与机制。一是通过相应制度机制，引导扶持贫困群众参与投资少、操作易的餐饮、住宿和手工艺品制作等行业；二是鼓励贫困群众通过学习，掌握专业技能，提高服务水平，实现在旅游行业内就业；三是给予参与创业脱贫的贫困群众一定的政策优惠，如投入资金、税收等，提高其参与热情。

第二，建立严格的合作监督机制。有效的监督是旅游扶贫长久合作的重要保障，因此需加强社会各界对旅游扶贫相关工作的监督。一是明确监督内容，确定真实需要且适宜的帮扶对象；二是掌握政府优惠政策的落实情况及旅游企业与居民的利益分配情况；三是组建包含旅游扶贫中的贫困群众、政府、旅游企业、公益组织等利益相关者在内的监督机构来保障监督的公平公正。

4. 激发活力，拓宽群众脱贫渠道

第一，加大宣传教育，转变贫困群众的思想观念。思想观念是支配行动的重要思想意识，因此要通过广泛宣传党的脱贫方针政策、具体脱贫方法路径及优惠鼓励措施，逐步转变贫困群众的传统思想，激励其通过自身的力量脱贫致富，不断提高贫困群众脱贫的内生动力，促进形成脱贫致富强大的主观力量。

依托景区扩大就业。景区的运营与兴建需要大量的服务与建设人员，因此，应鼓励景区雇用当地贫困群众就近就业，增加其工作机会，提高其收入水平。例如，当地一些群众对旅游景点的历史形成、发展保护及风俗文化等了解较多，景区就可以聘请这些群众作为导游为游客服务，并且通过训练当地贫困群众进行民族文化表演等方式，形成景区亮点，促进群众增收。

第二，依靠农旅结合促进增收。激发群众的内生动力，首先需要筑牢发展的基础，让贫困群众找到脱贫的方法路径。农旅结合就是一种有效提高贫困群众收入的方式，其有效性主要体现在：通过抓住乡村旅游蓬勃发展的机遇，满足游客体验田园自然的旅游需求，建立完善的生态农业观光旅游基地，培育农业示范点，以供游客参观欣赏，体验采摘乐趣，购买农产品，并在此过程中融

入民族元素与群众智慧，以此加大贫困群众在旅游扶贫开发过程中的积极性和主动性，不断增强其内生动力，为旅游扶贫提供源源动力。

结　语

将旅游合作与脱贫致富有效连接，是南盘江流域沿线地区决胜脱贫攻坚，同步全面小康的明智之选。一方面，南盘江流域具备旅游扶贫合作的基础，应不断整合流域沿线地区的政策、资金、人才等要素，发挥旅游产业的辐射带动作用，通过加大合作力度、合理开发旅游市场、深挖旅游扶贫潜力及扩宽旅游扶贫合作渠道等途径，不断提高贫困群众从旅游合作中增收获利的能力，帮助贫困群众逐步脱贫致富。另一方面，南盘江流域旅游扶贫合作必须坚守发展与生态两条底线，在旅游扶贫合作过程中始终坚持把脱贫致富作为合作目标，把贫困人口作为重点帮扶对象，完善旅游扶贫合作的制度机制，建立健全贫困人口参与、利益分配和全程监督等机制，促使旅游扶贫与贫困群众受益能够协调统一，并结合实际、多措并举，真正实现旅游与扶贫相互促进、合作带来光明前景的互利共赢局面。

【参考文献】

[1] 高舜礼. 对旅游扶贫的初步探讨 [J]. 中国行政管理, 1997 (7).

[2] 贾芳. 对旅游扶贫的再思考 [J]. 甘肃社会科学, 2000 (4).

[3] 刘向明, 杨智敏. 对我国"旅游扶贫"的几点思考 [J]. 经济地理, 2002 (2).

田园综合体视角下南盘江流域乡村
旅游发展研究

王瑞红

（曲靖师范学院城市学院）

南盘江是中国流量第二、长度第三的珠江源头部分，流域面积跨滇、黔、桂三省（区），包括云南省曲靖市、玉溪市、红河州、文山州，贵州省六盘水市、黔西南州，以及广西壮族自治区百色市，流域地区不仅有秀丽的自然风光、浓郁的民族风情，更有众多以农业为主的乡村文化，这三者成为当地乡村旅游的主要组成部分。2017 年中央一号文件提出田园综合体是现代农业、休闲旅游和田园社区相结合的城乡一体化发展模式，与休闲农园、美丽乡村、特色小镇本质上是一脉相承的概念，是乡村旅游可持续发展的必然选择。

一、田园综合体建设的必要性

20 世纪五六十年代，国外一些发达国家的农村正逐步由传统农业向现代农业转变。以德国、荷兰为代表的西方国家陆续颁布了相关法律，以保障农村绿色和谐发展。例如，德国颁布《土地管理法》，明确规定了自然保护区的概念，改善了农村生活和生态环境；荷兰颁布《农村土地开发法》，要求农业要与农村土地、户外休闲、景观保护等协调发展。

经过几十年的实践发展，国外如德国、意大利、日本等出现了一些独具特色的农村经济发展模式，德国休闲农业主要有度假农场、农村博物馆和公民农场三种类型，都可以为公民提供农村生活体验，能让城市居民享受田园生活，其首创的施雷伯田园，是一种具有独特庭院，充满自然情趣和文化气息的生活生态型市民田园。意大利政府十分重视生态农业的发展，目前约有 11.5 万家公司专门从事绿色农业旅游管理，将农村变成具有教育、娱乐、文化等功能的生活空间。这种"绿色农业旅游"形式多样，人们可参加现代化的健身活动，可体验原始农业耕种方法，还可享受包括寄养家庭宠物在内的各种服务。日本不断拓展绿色观光农业的内涵，在观光农园、民俗农园和教育农园等方面进行了创新。其中，"名宿"是日本农业和旅游相结合的独特模式，独特的田园风光和独具特色的公共服务设施吸引大批游客。"周末农场"和"观光农场"是韩国发展休闲农业的典型形式，海滩、山泉、溪流、水果和民俗成为乡村旅游的主题。

我国的田园综合体是在2017年中央一号文件中明确提出的："支持有条件的乡村建设以农民合作社为主要载体、让农民充分参与和受益，集循环农业、创意农业、农事体验于一体的田园综合体，通过农业综合开发、农村综合改革转移支付等渠道开展试点示范。"田园综合体是现代农业、休闲旅游和田园社区相结合的城乡一体化发展模式，是现代农业发展的必然趋势，是农业发展进步的产物，也是一个继农业产业园、美丽乡村、特色城镇和全域旅游更高阶段的产物。随着概念的明确，2017年财政部开展了"田园综合体试点"工作，确定河北、山西、内蒙古、江苏、浙江、福建、江西、山东、河南、湖南、广东、广西、海南、重庆、四川、云南、陕西、甘肃18个省（市、区）开展田园综合体建设试点。

目前，学术界针对田园综合体的研究主要集中在两个方面，一是对田园综合体概念和内涵的探讨，主要有于小琴的《规划设计中的"田园综合体"模式》、丁歆的《田园综合体乡村景观规划设计发展新模式》、刘明的《田园综合体乡村景观规划设计发展新模式》、杨柳的《田园综合体理论探索及发展实践》等，不仅针对田园综合体进行了定义的阐述、特点的概括，还论述了田园综合体模式的意义、目标、原理及其发展优势。二是对"田园综合体"实践路径和方法的探讨，徐胜、羊杏平的《培育田园综合体宜居宜业特色村镇新路径探讨》分析了田园综合体在农村发展所需要的对策，以及给农村带来的意义。郭妮莎的《株洲市天元区响水村"田园综合体"规划设计》是以田园综合体理念来规划田园综合体项目，利用生态规划手法来提升农业生产方式，以保护响水村的田园生态环境。袁媛的《田园综合体目标导向下乡村旅游区规划建设——以思良江乡村旅游区规划（2017—2021）为例》详细介绍了田园综合体目标导向下乡村旅游区的规划方法，即坚持以农业为本，坚持旅游驱动，坚持生态塑形，构建农业发展动力强劲、旅游服务功能完善、环境宜居宜业的田园综合体。

可见，田园综合体是一个比较新的概念，提出时间短，是现代农业、休闲旅游和田园社区相结合的城乡一体化发展模式。中国乡村旅游进入全民时代，但乡村产业大都还处于低端生产，随意性强，特色挖掘不够，缺乏完善的产业链条和有效的经营管理，导致其发展持续性差。因此，站在田园综合体视角，运用田园综合体理论和旅游可持续发展理论，探索乡村旅游可持续发展是必要的。

二、南盘江流域乡村旅游现状

南盘江发源于云南省曲靖市沾益区马雄山东麓，是珠江正源。南盘江全长914千米，流经滇、黔、桂三省（区），自古以来就是云贵通往两广的必经水路，是我国南方许多少数民族迁徙交往通道。南盘江属高原季风气候，雨量充沛，年平均降雨量在1 100毫米左右，流域面积达56 809平方千米。南盘江参与塑造了独具特色的自然风光，沿途还有浓郁的民族文化和历史悠久的农耕文化，是三省重要的经济区域、生态屏障和旅游资源。

南盘江流域包括云南省曲靖市、玉溪市、红河州、文山州，贵州省六盘水市、黔西南州和广西壮族自治区百色市的部分县市。南盘江流域内山势以平缓的中山、低山为主，有很多"坝子"和湖泊。工业主要集中在上游的曲靖市，支流曲江上游的玉溪市，支流泸江中下游的个旧市、开远市和马别河中下游的兴义市。总体上，南盘江流域以农业人口为主，在云南南盘江流域是经济发展水平较高的区域，耕地以"坝子"为主，有著名的陆良坝子、曲靖坝子、宜良坝子、玉溪坝子等，借助南盘江丰富的水力资源，主要种植水稻等粮食作物和水果、橡胶等经济作物，其中曲靖被称为"滇东粮仓"。

在南盘江流域，既有以自然风光闻名的风景区，如珠江源风景区、三江口风景区、马岭河风景区、通灵大峡谷、大王岭风景区等，也洒落有重要的历史文物，如爨宝子碑、段氏与三十七部会盟碑、八塔台群墓、鲁屯石牌坊群、凌云县泗城文庙等。近年来，伴随着乡村旅游的发展，南盘江流域的乡村旅游呈蓬勃发展趋势，已形成以近郊农家乐、农业生态园、乡村度假村、人类学民族村、田野生态景观为代表，集食、住、行、游、购、娱为一体的产业综合发展体系。但是，乡村旅游产品还存在处于低端水平、品牌意识不足、经营较为粗放等问题。

（一）以初级观光产品为主

南盘江流域乡村旅游大都以现有景观空间环境为基础，依托当地的自然条件，利用当地的农业资源或农林资源，进行简易开发，以吸引游客观光和体验。在开发过程中，受规划水平、开发资金等条件限制，田园景观和农业产品开发品质不高，照搬照抄导致雷同现象严重，如乡村旅游中以观赏荷花为吸引物的就有好几个，旅游产品个性不突出，游客参与度不足。

（二）休闲文化挖掘不足

近年来，随着生活水平的提高，人们对文化和旅游项目的需求倍增。在南盘江流域乡村旅游开发中，由于乡村民俗文化和景观风貌的建设重视程度不够，对当地历史文化和乡村特色的挖掘和重塑不够，很多游客除了能够亲近自然、体验和购买初级产品外，严重缺乏有品质的参与性活动和精神体验，同时休闲文化也体验得不够。

（三）三产业有机结合度不高

南盘江流域乡村旅游开发过程，涉及农户、政府和开发商多方利益相关者，需要高度协调一致，将传统农业从单一的第一产业向第二、三产业拓展，借此完成农业转型升级和城乡统筹发展，达到自然、社会、经济的效益最大化。休闲旅游作为第三产业能够促进传统农业更新升级，田园社区既是乡村生产生活的组成部分，又是休闲旅游的吸引资源。但在乡村旅游开发过程中，南盘江流域农业、工业、服务业有机结合度还处于较低水平，农产品商品转化率和活动参与率较低。

三、南盘江流域田园综合体建设建议

（一）甄选适宜的乡村旅游示范区

就现状来看，南盘江流域乡村主要有三种类型，分别是发展型、控制型和撤并型。发展型乡村具有一定规模，区位和产业发展条件相对较好，或具有明显资源优势与特色，距城区较远且未与镇区相邻，一般不会因城镇扩展而纳入其建成区范围。这些具有旅游发展基础和生态农业发展基础的村庄将是田园综合体发展的首选。而控制型乡村因受到地形条件、生态保护等限制，不宜扩大规模，但特色明显的可以考虑建设田园综合体。撤并型乡村因南盘江保护需要迁离，或因城市建设村庄需要拆迁，不能考虑建设田园综合体。

田园综合体是农村集生产、生活、生态为一体的建设平台，是利用乡村自然环境、风景资源、农业生产、农事活动、农耕文化、村落古镇、风土民俗等乡村景观资源，挖掘其蕴含的景观性、乡村性和体验性，打造绿色生产、宜居生态、富裕生活的"三生"空间。判断一个地区是否适宜建设乡村田园综合体，不仅需要优美的自然景观资源，更需要独特的乡村文化资源，以及游人身临其境的体验机会。因此，可从景观性、乡村性、体验性三方面选取具有代表性的指标进行适宜性评价，对南盘江沿岸乡村以进行综合评价，评出"高度适宜"和部分"中度适宜"的乡村以进行田园综合体规划建设，对"勉强适宜"和"不适宜"的乡村进行其他发展研究。

对于"高度适宜"的乡村，应加强综合开发，打造集生态、休闲娱乐观光为一体的田园综合体。运用农林牧渔资源结合自然生态资源，营造优美独特的田园景观、山水景观、农耕文化景观，实现生态农业与休闲旅游的结合，发展包括旅游、休闲度假、地产等在内的泛休闲农业产业化。

（二）规划建设中体现田园综合体思想

一是坚持发展共享理念。积极引导农民盘活资源，参与创业，参与发展第三产业。发展"共享农庄"模式，在保护原有环境的基础上，村民要把闲置的房屋、土地、菜地入股或租赁，改造具有地方特色的精品民宿，统一规划田园种植作物和风格，让农户和企业各占股份，获得收益分成，以增加农民收入和信心。

二是坚持乡土文化理念。作为"逆城市化"的典范，田园综合体将成为越来越多的城里人休闲寻根的聚集地。因此，留住乡韵，打造乡土文化，成为田园综合体开发中的灵魂。在打造田园综合体过程中，要保留原来有价值的生活内容、生活场景、生活品质和人文内涵，探究现代人的休闲文化，让旅游者体验乡土之乐。

三是坚持绿色环保理念。在田园综合体建设过程中，要讲究尊重原生态，盘活已有资源，就地取材，反对大兴土木、全部拆除。在不改变农民所有权的前提下，将农村闲置住房进行个性化改造，根据需求改造成为市民田园生活、田园养身、田园养老、创意生活需要的场所。以互联网、物联网技术为平台，与城市游客、租赁住房需求对接，形成政府、集体经济组织、农户及城市消费者"四赢"的局面。

（三）科学规划、合理布局

建设田园综合体要遵循规划先行的原则，坚持"先规划、后建设"的顺序，在充分调研现状、学习借鉴成功案例、充分尊重专家意见的基础上，做好田园综合体规划和布局。田园综合体开发应该有市县级政府牵头的调研规划工作，在科学规范的引导下，筛选适宜的乡村发展田园综合体，不能形成一拥而上的混乱场面。

在评估确定田园综合体建设项目之后，在规划建设中应体现因地制宜，突出特色原则。田园综合体一般由五部分组成：一是农业产业区，属于生产性主要功能部分，是为综合体发展和运行提供产业支撑和发展动力的核心区域；二是生活居住区，属于城镇化主要功能部分，是农民、工人、旅行者等人口相对集中的居住生活区域；三是文化景观区，这是吸引人流、提升土地价值的关键，是以田园景观、农业生产和优质农产品为基础的主题观光区域；四是休闲聚集区，是满足客源各种需求的综合产品体系，可使城乡居民享受乐趣，体验休闲；五是综合服务区，是城镇化支撑功能区，主要为综合体各项功能和组织运行提供必要的服务。

此外，应根据当地产业特色，确定相应的发展模式，如优势特色农业产业园区模式，文化创意带动一、二、三产业融合发展模式，都市近郊型现代农业观光园模式，农业创意和农事体验型模式等。应完善村庄基础设施，增加公共服务设施，提升乡村生活空间质量。乡村基础设施的建设，有利于改善农业的生产条件和农民的生活条件，主要包括生产生活设施、饮水工程、乡村公路建设等基础设施的建设，沼气等可再生能源及电网的完善等。着力整治乡村环境，创造良好的人居环境，使村庄真正实现道路硬化、村庄绿化、路灯亮化、环境净化和整体美化。保留传统乡村建筑空间特色，整合及合理组织乡村公共空间，增强村民之间的日常交流和联系。

（四）做好农业产业转型升级

产业是田园综合体的核心。一个完善的田园综合体应是一个包含了农、林、牧、渔、加工、制造餐饮、酒店、仓储、保鲜、金融、工商、旅游及房地产等行业的三产综合体。农业是基础，因此需要调整农业生产模式，丰富种植、养殖类型，延长产业链，发展循环农业，减少农业浪费，集循环农业、创意农业、农事体验于一体，在循环农业的基础上发展乡村旅游。

田园综合体要围绕"农旅双链"设计，对农产品进行深加工，提高农产品的价值，从而实现种植、加工、旅游互相促进和共同发展；引导发展共享农庄、农家乐、精品民宿等产业，吸引村民兴办特色作坊、售卖旅游产品、开发地方风味特色小吃，让农民充分参与和受益，赋予农民及其从事的产业自主"造血"的功能；根据当地农业特产，打造现代农、林、牧业产业示范区，打造特色农业示范区。

田园综合体要提升产业技术，提高农业科技含量，优化特色产业集群，推动农业结构调整；努力突破特色农业重大关键技术和共性技术，引进具有较强创新能力和发展实力的科技创新示范企业，发展高水平的科技创新团队，构建适应高产、优质、高效、生态、安全农业发展要求的技术体系；立足现有基础和要素优势，以基础设施项目建设为抓手，以田园综合体项目为重点，以服务业项目实施为动力，以产业集群为引领，全力推进田园综合体项目建设。

（五）贯穿精神文化内涵

乡村文化是乡村旅游的灵魂，主要包括传统乡土民俗文化、传统农耕文化及乡村社会历史文化。在乡村田园综合体建设过程中，应注重文化的提炼和传承。要把当地世代形成的风土民情、乡规民约、民俗演艺等发掘出来，让人们可以体验农耕活动和乡村生活的苦乐与礼仪。引导人们重新思考生产与消费、城市与乡村、工业与农业的关系，从而产生符合自然规律的自警、自醒行为，在陶冶性情中自娱自乐，融入其中。

田园综合体是生产、生活、生态及生命的综合体，人们只有亲身体验农业和乡村的文化，才能从中感知生命的过程，感悟生命的价值，分享收获的喜悦。

借鉴农业种植与休闲娱乐体验相结合的开发模式，将原有的第一产业与第二、三产融合发展，把乡村特有的景观资源与产业项目开发相结合，如营造农作物大地景观、花海景观与婚纱摄影、旅游观光等项目结合，种植果蔬基地、开发鱼塘与采摘、垂钓等农事体验相结合，同时通过生态农业的发展建设农业科普示范基地，让游客参与其中，收获乐趣。

在农产品开发中挖掘其精神价值，从原有单一农产品生产到开发农产品基地的景观价值和精神价值，转型为综合休闲度假产品。以葡萄采摘酿造度假区为例，除了种植基地让游客感知葡萄成长全过程，体验采摘的乐趣外，还可以延伸发展，让游客参与葡萄挑选、酿酒、窖存全过程，并赋予游客葡萄知识、寓意文化、地方文化、葡萄酒文化等体验。

（六）精细管理做好保障

田园综合体从规划到建设，再到后期管理，需要投入大量的人力、物力，需要整合现有资源，凝心聚力，精细管理。

一是采用政府主导模式，发挥政府规划引领作用，建立长效管理机制，制定详细的管理办法，全面调动群众的积极性和主动性。规划建设前，召开村民代表大会，逐家入户征求群众意见，充分尊重群众的主体地位，得到了广大群众的支持。自觉拆除有碍观瞻的旁房、牛栏、挡墙等建筑，在项目建设、资金筹集方面积极贡献资源力量。

二是抓好土地、资金关键要素。转变土地经营模式，早期土地以租赁方式交由开发商统一开发，或按照开发商和农民共同经营模式，利用空余的房产进行民宿改造和景观建设，以旅租形式租赁给游客，实现田园体验式度假村模式运营。等各项条件成熟后，便可以考虑集养老、养生、度假为一体的综合配套休闲地产开发模式。发挥资金的关键作用，除了吸引社会资金投入外，还要统筹整合脱贫攻坚、贫困村整村推进、农村道路建设、环境综合治理、水利设施建设等项目资金，将资金应用在刀刃上，推进田园综合体建设。

三是注重品牌效应，不断提升形象品质。以旅游开发吸引人气为起点，在农业产品开发中，延长产品生产链，增加游客参与程度，围绕休闲文化和地方文化进行开发和营造。借助大量游客的无形品牌宣传效应，倾力打造区域成功的乡村特色产业品牌。

田园综合体发展模式与其他乡村旅游开发模式一样，旨在促进乡村建设的转型与升级，是现代农业、休闲旅游和田园社区相结合的城乡一体化发展模式，是继休闲农园、美丽乡村、特色小镇之后提出的乡村发展模式。南盘江乡村旅游可通过甄选适宜的乡村旅游示范区，从体现田园综合体思想、科学规划合理布局、转型升级农业产业、贯穿精神文化内涵、精细管理做好保障等方面探索田园综合体建设，提升乡村旅游品质，实现乡村旅游可持续发展。

【参考文献】

［1］丁歆．田园综合体乡村景观规划设计发展新模式［J］．现代装饰理论，2016（5）．

［2］刘竞文．绿色发展与田园综合体建设：模式、经验与路径［J］．世界农业，2018（2）．

黔西南州生态文化旅游产业助推脱贫攻坚对策探讨

陈　琳　李柯融

（贵州黔西南民族职业技术学院）

一、生态旅游的概念

生态旅游（Eco-tourism）这一术语来源于"生态性旅游"（Ecological Tourism）。1980 年，"生态性旅游"这一概念首次被加拿大学者克劳德·莫林在论文《有当地居民与社团参与的生态与文化旅游规划》中提出。1983 年，"生态旅游"一词被墨西哥生态学家谢贝洛斯·拉斯克瑞首次使用。1986 年，生态旅游概念在墨西哥召开的国际环境会议上被正式确认。20 世纪 90 年代初，我国正式引入生态旅游概念。

学者们在对生态旅游概念的表述方面虽有所区别，但都体现出了生态旅游概念的内涵：生态旅游以可持续发展理念为基础，强调对自然生态环境的保护，是立足于人与自然和谐发展的基础上的一种旅游模式。中国生态旅游发展起步较晚，规划不成熟，概念存在被泛化和滥用等问题，部分地区没有将生态旅游与大众旅游区别开，一些地方在开发生态旅游中仅仅强调亲近自然，忽略了对生态自然资源、民族历史文化资源的开发与保护，造成了生态环境的破坏。

二、黔西南州生态文化旅游产业基本概况

（一）黔西南州区位优势明显

位于珠江上游黔、滇、桂三省（区）结合部的黔西南州，于 1982 年 5 月 1 日建州，面积 16 805 平方千米，辖区共有 8 个县、市（兴义、兴仁、安龙、贞丰、普安、晴隆、册亨、望谟），生活着汉、布依、苗、彝、回等 35 个民族。如今，素有"西南屏障"之称的黔西南州已经成为三省（区）结合部重要的物资集散地和商贸中心。"小春城"是对黔西南州地理、气候情况的美称，其地

处低纬度中海拔地区，全年温暖湿润，降雨量大，阳光明媚，空气清爽新鲜，四季如春，中心城市环境空气质量排名位居贵州省第一，是中国最佳人居环境和避暑胜地之一。近年来，黔西南州加大集公路、铁路、水运、航空、管道为一体的综合立体交通运输网络建设，到 2016 年已实现县县通高速的目标，交通基础设施建设方面成效显著，而便捷的交通使黔西南州成为辐射昆明、贵阳、南宁三个省会城市的旅游黄金走廊。位于南（宁）贵（阳）昆（明）经济圈中心地带和贵阳、昆明、南宁三座省会城市三重辐射圈内的兴义市，既是西江上游经济区、毕（节）水（城）兴（义）经济带的重要组成部分，又是贵州通往泛珠三角区域和东盟的前沿阵地及中间腹地，战略位置十分重要，区位优势突出。

（二）黔西南州具有丰富的旅游资源

黔西南州是世界锥状喀斯特地质地貌的典型代表，首府所在地兴义市被称为"中国喀斯特心脏"。黔西南州旅游资源丰富，景色优美、景点集中，富有特色，有马岭河峡谷、万峰林、万峰湖国家级风景区，仙鹤坪国家级森林公园、贞丰三岔河国家级水利风景区等旅游景区景点，喀斯特景观多姿多彩。境内有马岭河、南盘江大峡谷、万峰湖、青山镇幸福水库、兴仁东湖、龙滩水电站库区等，水资源较为丰富。

1. 丰富的自然资源

黔西南州地形地貌类型奇特，喀斯特岩溶面积分布广泛，自然风光绮丽多彩，是贵州西南部极具发展潜力和开发前景的黄金旅游区。"天下山峰何其多，唯有此处峰成林"是明代著名旅行家徐霞客对黔西南美景由衷的感叹。黔西南州是世界喀斯特地貌发育最为典型、最为成熟、最为完整的地区，是世界锥状喀斯特的典型代表。喀斯特地貌独特而丰富的自然景观集峰林、石林、峡谷、奇石、湖泊、飞瀑、云海、洞穴、天坑、森林等为一体。境内自然资源丰富，有国家重点风景名胜区、国家级水利风景区、国家地质公园、国家森林公园、全国工业旅游示范点（AA 级工业旅游示范区）、全国唯一少数民族婚俗博物馆各 1 个，全国农业旅游示范点 2 个，国家级非物质文化遗产 5 个，省级风景名胜区 7 个，省级自然保护区 4 个。

2. 珍贵的人文历史文化资源

黔西南州历史文化质朴、清澈而厚重，至今保存的文物古建筑布局合理、设计精巧，名胜古迹引人入胜。据《史记》载，早在殷朝就对今黔西南州所辖地域有所记载。黔西南州历史悠久，文化灿烂、古迹甚多，保存完好的遗迹、古迹有"贵州龙"化石群、"兴义人"古人类文化遗址、"猫猫洞"古人类遗址、夜郎文化遗址、南明遗迹"十八先生墓"和"永历皇宫"、兴仁交乐汉墓群、普安白河烽火台、二战公路遗迹"晴隆二十四道拐",以及何应钦故居、国内占地面积最大的"屯堡"式建筑群刘氏庄园、徐霞客撰写《盘江考》名篇的驻地——兴义黄草坝和保存完好的民族村寨等。全州共有国家级文物保护单位2个,省级文物保护单位29个,国家一级文物铜车马、抚琴俑等50个,二级文物20个。

3. 浓郁的民族风情和民族节日文化

黔西南州少数民族众多,共有汉、布依、苗、彝等35个民族,其中少数民族人口占42.7%。境内民风淳厚、民俗各异、风情浓郁,有多姿多彩的少数民族音乐、舞蹈、传统节日、民居、服饰等,如布依族的"三月三""四月八""六月六""查白歌节""毛杉树歌节",苗族的"八月八""采花节",彝族的"火把节"等民族文化节日,可谓"小节三六九,大节天天有"。当地独有的民族风情文化较少受到外来文化的冲击和现代化影响,如有"声音活化石""天籁之音"美誉的"布依八音坐唱",彝族舞蹈"阿妹戚托",以及布依铜鼓十二则、查白歌节、土法造纸、布依戏、布依勒尤、高台狮灯舞等。

(三) 黔西南州生态文化旅游对经济的影响

党和国家高度重视扶贫工作,采取强有力措施全力推进脱贫攻坚步伐,确保到2020年实现农村贫困人口全部脱贫。目前,黔西南州经济发展水平相对滞后,作为全国脱贫攻坚工作的重地,面临艰巨的脱贫攻坚任务。贵州省共有14个深度贫困县,其中黔西南州就有晴隆县、册亨县和望谟县3个深度贫困县。截止到2015年底,黔西南州农村贫困人口总数达58.29万,占黔西南州总人口数的16.6%。发展生态旅游,充分利用当地自然生态资源,有助于推动当地经济收入增长,提高自我发展的能力。据有关研究发现,我国每增加1美元的旅游收入,就可带动国民生产总值增加3.12美元。因此,发展生态旅游有助于促进黔西南州经济发展,推进脱贫攻坚步伐。

黔西南州的生态旅游行业整体发展处于起步阶段。党的十八大以来,贵州省守住发展与生态两条底线,大力推进山地经济和绿色发展。黔西南州拥有雄伟壮观的自然风光、四季如春的气候、独具特色的民族文化、丰富的野生动植物资源,为其发展生态旅游提供了基础条件。目前,黔西南州已初步建成一批生态旅游景区,包括6个4A级景区和13个3A级景区,初步形成了以自然山水、民族乡村和历史文化为代表的全域山地旅游体系,如以万峰林、马岭河峡谷等为代表的自然山水旅游景点;以兴义纳灰、贞丰纳孔等为代表的民族乡村特色旅游景点;以安龙招堤、晴隆二十四道拐等为代表的历史文化旅游景点。黔西南州作为国际山地旅游暨户外运动大会的永久会址,2015—2017年连续成功举办了三届分别以"绿色""扶贫""健康"为主题的国际山地旅游暨户外运动大会。

近年来，黔西南州生态旅游综合实力不断提升，加快了当地经济发展步伐，但是当地生态旅游发展仍处于欠发达状态。2016 年，全州创收 226.21 亿元旅游总收入，接待游客量 2 866.46 万人次，与 2015 年相比，分别增长了 61.4%、50.2%。2017 年，全州创收 339 亿元旅游总收入，接待游客量高达 4 185 万人次，与 2016 年相比，分别增长了 50%、45%。此外，2017 年，黔西南州山地旅游产业覆盖农户 40.8 万户，带动农户实现收益 15.9 亿元，完成 2.8 万贫困人口脱贫。黔西南州生态旅游的发展有效地带动了经济发展，但丰富的自然生态资源优势还未得到充分挖掘。一是生态旅游产品开发仍处于初级阶段，旅游产品结构单一，仍局限在传统的景点观光和节事等方面；二是生态旅游产品开发深度不够，缺乏体验性、知识性和趣味性，突出当地特色民俗、历史文化的旅游产品尤为稀缺；三是生态旅游基础设施建设水平相对滞后，缺乏管理经验，部分景区存在盲目开发的情况，没有充分考虑各景区所在区域经济状况和生态承载力，造成自然环境被损害的现象。

三、黔西南州生态文化旅游产业竞争力的"波特钻石模型"分析

"波特钻石模型"是由哈佛大学教授迈克尔·波特于 1990 年在其《国家竞争优势》一书中提出的。该模型可用于分析某一国家或区域产业竞争力的优势，主要由六个部分组成，即生产要素，需求条件，相关和支持性产业，企业战略、结构和同业竞争，以及政府和机会。下面将用"波特钻石模型"从六个方面逐一对黔西南州生态旅游业的竞争力进行分析。

（一）生产要素分析

1. 优越的地理位置

黔西南州位于滇、黔、桂三省（区）旅游金三角的中心，拥有四季如春的宜人气候，交通便利，为黔西南州发展生态旅游产业奠定了基础。2015 年底，黔西南州实现了县县通高速。兴义万峰林机场累计开通 17 条航线，2017 年机场旅客吞吐量破 80 万人次。自 2012 年以来，机场旅客吞吐量年平均增长约 17 万人次。

2. 丰富多彩的自然生态资源

黔西南州地处云贵高原，属于典型的喀斯特地貌，拥有丰富多彩的生态资源，具有潜在的生态价值。例如，州内有以喀斯特地貌为代表的国家级风景名胜区万峰林、国家级地质公园马岭河峡谷和万峰湖、国家级森林公园仙鹤坪等自然景观。

3. 悠久深厚的民族历史文化资源

黔西南州拥有悠久深厚的少数民族和历史文化资源，是一个多民族共居的

地区，有布依族、苗族、瑶族等 30 多个少数民族，各民族都创造了各自多姿多彩的民族文化。州内民族传统节日丰富多彩，如布依族查白歌节、苗族"八月八"风情节、彝族火把节等；民族歌舞独具特色，如布依族"八音坐唱"、彝族"阿妹戚托"等。此外，黔西南州是带着历史印记的热土，有安龙南明遗迹"十八先生墓"、二战抗战公路"晴隆二十四道拐"、何应钦故居、刘氏庄园等古迹。

（二）需求状况分析

近年来，随着生活水平和环保意识的不断增强，人们越来越倾向于绿色消费。同时，随着收入分配制度的改革和经济水平的发展，我国中产阶层的队伍日益壮大，居民消费能力增强。中国传统文化思想强调人要遵循自然规律，顺应自然，追求"天人合一"思想境界，对现代人的养生理念和生活方式有着深厚的影响，这些为生态旅游市场奠定了基础。生态旅游作为绿色旅游消费，更能迎合现阶段消费者的旅游需求。为更好地发展黔西南州的生态旅游，面对不断增长的生态旅游市场需求，其现有的民族文化、自然景观和历史遗产等均有待进一步挖掘和开发。

（三）相关和支持性产业分析

近年来，黔西南州生态旅游业不再局限于单纯的住宿、游玩等小循环产业链条，而是通过利用当地山地生态资源，初步形成了特色农业、特色轻工业同生态旅游业的融合发展，为发展黔西南州全域山地旅游奠定了基础。例如，黔西南州全力打造"10＋N"特色农业产业，2017 年已完成特色产业基地建设427.9 万亩，包括茶叶、中药材、食用菌、精品水果等基地。2018 年，大力发展特色轻工业，积极打造贵州醇等当地优质品牌，加快发展布依茶酒、灵芝酒、薏仁米酒等传统酒业；加大糖业技改力度，鼓励和支持册亨南华糖业等有实力的企业优化升级，推进传统红糖业发展；促进茶产业升级，提升品质，打响"普安红""万峰绿"等茶叶品牌；加快黔西南州以薏仁米、糯食、肉品等为代表的特色食品加工业的发展，支持做大规模，做响品牌。

虽然黔西南州生态旅游业初步形成了围绕旅游六要素（吃、住、行、游、购、娱）的产业结构，但是州内各景区之间、景区与其相关行业之间衔接不够，无法进行整体营销。同时，黔西南州旅游产品虽具有民族特色，但旅游产品的经营和管理不够专业、规范，缺乏突出民族特色文化体验式的旅游购物中心。

（四）企业战略、结构和同业竞争分析

随着黔西南知名度的不断提高，游客日益增多，生态旅游产业基本形成。但与其他同类旅游市场相比，黔西南生态旅游产业的发展相对滞后，不能满足游客在吃、住、行、游、购、娱等方面的需要，仍存在着许多严峻的问题，市场竞争力不足。一方面，目前开发较为成熟的大多数景区还属于传统的观光型景区，缺乏旅游体验和文化价值，原生态旅游资源和民俗文化活动开发利用程度较低，基础设施比较薄弱。例如，部分景区缺少民族特色表演、民俗活动和游客互动活动等，景区道路交通标识系统、供水供电设施、污水垃圾处理设施等还需要进一步完善。另一方面，部分景区存在旅游接待能力有限，服务质量有待加强，景点餐饮条件较差，酒店民宿供应不足等问题。例如，州内客流量较大的旅游地区，包括兴义市、贞丰县、安龙县、晴隆县、兴仁县等县（市）的星级旅游接待设施不足，交通设施、旅游用车服务和酒店接待能力与一线旅游城市相比尚有较大差距。此外，黔西南州生态旅游业与其相关行业之间没有形成整合营销，分散营销导致资源浪费和成本增加，旅游营销宣传方式传统单一、缺乏创意，未能形成品牌效应，不能有效地将山地生态旅游产品推广出去，使得黔西南州的生态旅游产品很难在众多同质化旅游产品中脱颖而出，限制了生态旅游业的发展。

（五）政府方面分析

十九大报告中提出，要统筹山水林田湖草系统治理，实行最严格的生态环境保护制度，形成绿色发展方式和生活方式，坚定走生产发展、生活富裕、生态良好的文明发展道路。

2015 年 6 月，习近平同志在视察贵州时指出："我们既要绿水青山，也要金山银山。宁要绿水青山，不要金山银山，而且绿水青山就是金山银山。"近年来，贵州省坚持生态优先、绿色发展的战略定位，在发展旅游中秉持"保护一方山水、传承一方文化、促进一方经济、造福一方百姓、推动一方发展"的理念，在各项政策的有力支持下，黔西南州生态旅游业的发展获得了丰厚的政策红利。

此外，国家奋力推进脱贫攻坚和全面致富奔小康。黔西南州作为贫困人口聚集地区，应抢抓国家扶贫开发战略机遇，大力发展旅游产业，助推脱贫攻坚。同时，随着物质生活水平的不断提高，人们对于生活品质也提出了更高的要求。可以预测，未来旅游者对生态旅游产品的需求将增大，生态旅游将成为未来旅游业发展的大趋势，具有广阔的发展前景。黔西南州是一个多民族聚集地区，拥有丰富的自然和民族旅游资源，开发自然资源和民族文化资源相结合的乡村生态旅游业，建立当地特色旅游产业群，对深度贫困地区的扶贫开发工作具有重要意义，这也是黔西南州未来旅游业发展的方向。

（六）机会分析

黔西南州着力加强生态建设和环境保护，生态文明示范区建设成效显著。2017 年，黔西南州环境空气质量优良率达 100%；完成兴义市滴水、万峰新区、兴仁县百德镇、回龙镇 4 个污水处理项目的建设工作，实现了 91.3% 的城镇污水处理率；对企业生产排污情况进行 24 小时监控；完成水土流失治理面积 322.27 平方千米，石漠化治理面积 211.23 平方千米，营造林生产任务 913.33 平方千米。2018 年，黔西南州将进一步推进全域旅游建设，加快建设兴义国际山地旅游城市十大工程、义龙新区智慧生态城市。

黔西南州加快推进景区和特色小镇建设。2017 年，完成旅游投资 108 亿元，顺利完成建设万峰林国际户外会演中心等一批重点旅游项目，建设完成 190 座高标准旅游厕所；成功举办了主题为"天人合一·健康生活"的 2017 国际山地旅游暨户外运动大会、主题为"凝心聚力·脱贫攻坚"的第五届"中国美丽乡村·万峰林峰会"、主题为"共享山地美食、助推产业发展、聚力脱贫攻坚"的首届国际山地美食节暨金州"三碗粉"美食节、主题为"洞天福地·故事安龙"的第三届黔西南州旅游发展大会等活动，并在新加坡、马来西亚等国，以及港澳台等地区设立旅游宣传营销中心。2018 年，完成旅游投资 50 亿元。各县（市、区）围绕自身生态资源、民族资源优势和产业特点，分别创建 1 个以上的特色小镇，引领小城镇旅游业转型升级，带动黔西南州生态旅游的全面发展和升级更新，为黔西南州旅游业开拓国内外市场创造了良好的条件。

四、黔西南州生态文化旅游助力脱贫攻坚发展建议

一是整合区域生态旅游资源，打造特色旅游路线。黔西南州的一些县市、乡村的旅游景点的线路相对比较分散，生态旅游品牌缺乏鲜明的主题特色，各景区之间、景区与其相关行业之间衔接不够，导致资源浪费和成本增加。因此，加强黔西南州各县（市、区）的协作，将区域内旅游资源、产品、市场、营销和信息等进行整合利用，共同开发和保护生态旅游资源，实现共享互助推进显得十分重要。要进一步加强全域旅游公共服务体系建设区，共同推进无障碍旅游区建设，助力打造更有效益的特色旅游路线。

二是发挥示范带动，创新业态模式。从黔西南州遴选出旅游资源优势突出、文化底蕴厚重、产业发展前景良好的村镇，精心打造文化旅游村镇。引导贫困村按照现代旅游消费的特点发展个性化、特色化、差异化旅游业态，做到"一村一特色"，重点开展乡村旅游休闲度假业态创新，打造乡村营地、乡村公园、艺术村、文化创意农园、研学旅游基地等旅游新业态、新产品。

三是夯实基础设施，增强发展后劲。要加大公共交通、停车场、住宿设施、智慧旅游、服务中心等旅游设施建设力度。要融入旅游元素，建设观光道路、休闲道路、风景道、游道、步道、绿道、登山道等设施。要强化人才保障，组织实施乡村旅游人力资源开发计划，分级分类加强对旅游扶贫村村干部、致富

带头人、旅游经营户、从业人员的培训，全面增强旅游扶贫持续发展后劲。

四是推进生态旅游与相关产业联动，加强产业融合发展。延长产业链，有助于降低生产成本，提高经济效益，促进贫困农民脱贫致富。如实施生态旅游业与特色的农业、轻工业、食品加工业的联动，形成以茶叶、中药材、食用菌、精品水果等为代表的特色农业产品与生态旅游的联动，以传统酒业、传统红糖业等为代表的轻工业与生态旅游业的联动，以及以薏仁米、糯食、肉品等为代表的特色食品加工业与生态旅游业的联动，进一步带动当地各产业间的融合发展。

【参考文献】

［1］陈兴．中国西部山地旅游可持续发展战略思考［J］．西南民族大学学报（人文社会科学版），2013，34（2）．

［2］陈富斌，赵永涛．特种遗产资源研究基本问题——中国世界遗产与国家公园研究形势与任务［J］．山地学报，2004（1）．

［3］黄勇，陈康海．贵州生物资源的可持续开发初探［J］．理论与当代，2001（6）．

［4］迈克尔·波特．国际竞争优势［M］．北京：中信出版社，2007．

［5］帅希权．汶川水磨古镇旅游业可持续发展的制约因素及对策［J］．乐山师范学院学报，2013（12）．

［6］田里，李常林．生态旅游［M］．天津：南开大学出版社，2004．

［7］殷红梅．关于文化与旅游产业融合发展的思考［J］．社科新视野，2012（2）．

［8］中共贵州省委教育工作委员会，贵州省教育厅．贵州省情教程（第4版）［M］．北京：清华大学出版社，2013．

［9］张海燕，王忠云．产业融合视角下的民族文化旅游品牌建设研究［J］．中央民族大学学报（哲学社会科学版），2011（4）．

［10］张华泉．基于钻石模型的震后汶川水磨镇旅游业竞争力分析［J］．四川行政学院学报，2010（4）．

［11］王超．精准帮扶与社会治理路径研究——基于贵州肇兴侗寨旅游产业帮扶的扎根分析［J］．中国农业大学学报（社会科学版），2017，34（5）．

［12］王永平，周丕东，刘良灿．生态脆弱地区现代农业产业发展的思路与对策研究——以贵州省为例［J］．农业现代化研究，2008，29（1）．

［13］周琳．中国旅游业的制度创新研究［D］．吉林大学，2014．

［14］周连斌．羌族文化旅游产业跨越式发展战略研究［J］．西南民族大学学报（人文社科版），2010（8）．

打造"滇越铁路精品旅游线"
助力南盘江流域脱贫攻坚

王启国

（曲靖潦浒陶瓷文化传播有限公司）

一、"滇越铁路精品旅游线"构想

"滇越铁路精品旅游线"是以穿越南盘江河谷与南溪河河谷的滇越铁路为纽带，以昆明、玉溪、红河"一线三州市十四县（市、区）"为地理范畴，以创新、开放、包容、共建、共享为发展理念，在特色旅游、边地文化、异国风情、生态保护、江河经济、少数民族、脱贫攻坚、基础设施建设等领域开展全方位合作，以地理上的"一路"，形成旅游上的"一线"，无缝对接，相融共生。

"滇越铁路精品旅游线"从昆明北站开始，经玉溪市、红河州到达中越边境的河口县，跨越滇中、滇南的广大地区，连接中国与越南两个国家，区位优势极为明显。沿线有着丰富的历史遗存、鲜明的异国情调、厚重的历史文化、旖旎的自然风光与多彩的民族风情，是世界知名的线性文化遗产，为精品旅游线的打造提供了优越的条件与坚实的基础。3 州（市）14 县（市、区）应争取国家和昆明铁路局的支持，大胆创新，建立全新的合作机制和有效的联动机制，深入挖掘、整理与弘扬滇越铁路悠久的历史文化与民俗风情，积极探索、大胆创新，加快沿线的互通互联建设，精心打造一条连接西南地区，面向东南亚，具有世界影响和国际水平的"黄金旅游线"。同时，通过旅游线的建设，加快产业转型升级，助力南盘江流域人民脱贫攻坚、致富奔小康，实现沿线州市经济社会的跨越式发展。

二、"滇越铁路精品旅游线"构想提出的背景

"五大发展理念"和"三个定位"指明新航向。党的十八届五中全会提出

了创新、协调、绿色、开放、共享"五大发展"理念;2015 年 1 月,习近平同志考察云南,殷切希望云南主动服务和融入国家发展战略,闯出一条跨越式发展的路子来,努力成为我国民族团结进步示范区、生态文明建设排头兵、面向南亚东南亚的辐射中心,谱写好中国梦的云南篇章,这为"滇越铁路精品旅游线"建设提供了理论来源和战略依据,指明了新的航向。

国家战略实施带来新机遇。国家"一路一带"建设、西部大开发战略、"9 + 2"泛珠三角区域合作、长江经济带建设、珠江—西江经济带、滇中城市经济圈、云南桥头堡战略等已进入实施的窗口期,为打造一路相连的"滇越铁路精品旅游线"创造了广阔的空间,提供了现实而有力的支撑。

区域跨越发展面临新突破。一是传统产业转型升级需寻求"新突破";二是新兴产业培育需要"新亮点";三是打破云南旅游发展瓶颈需要"新思路";四是假日经济、全域旅游兴起带来"新机遇"。

扶贫攻坚提出新要求。南盘江流域石漠化严重,生态环境脆弱,经济社会发展滞后,是国家级"贫困县"最多的地区之一,国家重点扶贫攻坚、脱困解困的重点区域。"十三五"时期是全面建成小康社会的决胜阶段,积极探索流域内生态环保共建共享,以滇越铁路为轴线,整合沿线资源,打造一条集旅游产业、文化产业、健康养老服务业和生态有机农业于一体的高水平"黄金旅游线",走创新、开放、包容、共建、共享的新路子,加快南盘江流域扶贫攻坚、脱困解困,全面建成小康社会的步伐。

三、"滇越铁路精品旅游线"历史民族文化旅游资源状况

(一)滇越铁路是一条累累白骨铸就的传奇铁路,堪称"世界三大工程奇迹"之一

1904 年,法国殖民者根据不平等条约,在云南修建河口到昆明的米轨铁路,后者于 1910 年 4 月 1 日建成通车。由于铁路起于原法属殖民地越南的海防,自老街跨越红河进入河口,经碧色寨到昆明,故称滇越铁路之一。滇越铁路从中越边境的河口至昆明市直线距离不到 300 千米,但海拔从河口镇的 76 米,到昆明呈贡水塘站的 2 030 米,高度差竟达 1954 米。全线共建有车站 62 个、隧道 155 座、桥梁 425 座,平均 3 千米 1 个隧道、1 千米 1 座桥涵,仅隧道长度就占滇段全长的 36%,这在世界铁路建筑史上是绝无仅有的。在铁路修筑过程中,法国殖民者对中国筑路工人进行了极其野蛮的奴役、压迫。仅在滇段修筑过程中,除役使云南各族人民外,还从河北、山东、广东、广西、福建、四川、浙江等省招募了大量民工。从 1903—1910 年的 7 年间,参与建设的中国劳工达 30 万人,他们在崇山峻岭间开挖路基,修筑桥梁、隧道,付出了沉重的

生命代价。据统计，参与建设的中国劳工死亡人数近 8 万，正是"一根枕木一条命，一颗道钉一滴血"，可以说是中国劳工以血和汗浇筑了这项震惊中外的悲壮工程。滇越铁路因其险峻卓绝的设计和浩大的工程，被当时世界有名的英国《泰晤士报》称之为与苏伊士运河、巴拿马运河齐名的"世界三大工程奇迹"之一，堪称中国铁路发展史乃至世界铁路发展史中珍贵的活文物、活标本和活化石。

（二）滇越铁路曾经是法国殖民者掠夺云南的工具

1910 年滇越铁路全线建成通车后，辛亥革命爆发，清王朝被民国政府所取代，但铁路路权仍牢牢控制在法国人手里。据相关历史数据显示：1910 年，滇越铁路运出货物 6 195 吨，比 1909 年增加了 50 倍。1915 年，出口货物 12 201 吨，进口 14 435 吨，省内运输 43 769 吨。1939 年，出口货物增到 33 334 吨、进口 123 919 吨，省内运输达 165 342 吨。法国殖民者通过滇越铁路直接控制了云南对外交通的命脉，掌握了锡商的命运，操纵了云南的金融，支配了云南的邮政和电讯，成为"插在云南的吸血管"，加深了云南的半殖民地化。法国公司还利用《滇越铁路章程》规定的定价权肆意抬高运价，榨取最大限度的利润。通车之初，每 3 年加价一次。1918 年后，逐年增加。1920 年 8 月，法国公司以"滇币贬值"为由，规定自 10 月 1 日起，每越币 1 元固定为 3 法郎，所有车费照此计价。从越南海防到昆明的货运费由每吨 27.16 元（越币）增为 65.8 元，增加了 242%。据《中国铁路发展史》统计，在通车后的 30 年中，法国通过滇越铁路共运走云南大锡 234 242 吨，价值达 293 845 923 关平两，折合 243 892 116 美元。中国人民用血汗筑成的滇越铁路，成了法国殖民者的掠夺工具。

（三）滇越铁路拉开了 20 世纪云南的历史帷幕

历史上，云南与内地往来的路线主要有滇黔大道、滇川大道和滇桂大道，运输方式为驿运，行程数十天以上；和国内沿海地区及国外往来的路线，主要是由陆路到蛮耗，然后由水路沿红河南下至越南海防，或再转香港至国内沿海地区，行程 2 个月以上。1910 年滇越铁路通车后，由昆明乘火车直达越南海防只需 23 小时，一星期内可由昆明经海防至香港，9 天就可到达上海，11 天即到达北京，彻底打破了云南几千年来原始、封闭、落后的状况，拉开了 20 世纪云南的历史帷幕，使云南由过去封闭的边陲一隅变成了变革的前沿，并以列车的速度推动着社会、经济的剧变，改变着云南的历史。当时的云南人从来没有想到原来大海离自己如此之近，成批的云南留学生从昆明起程，由铁路到达越南海防港，乘海轮到达欧洲和美国等地留学，这其中就有现代数学教育开拓者熊庆来。昆明从一个封闭的边陲都市一跃成为与资本主义经济体系发生直接联系的前沿城市，加速了云南的现代化进程。昆明逐步成为云南省的商品集散地和商贸中心，先进设备、技术、人才的引入变得便捷起来，越来越多的商人开始将商业资本转向产业资本，兴办近代工业。至抗战前，昆明近代机器化工厂达到 29 家，资本总额达新滇币 11 893 112 元。滇越铁路西侧的个旧锡矿得到更大开采，成为世界著名的锡都。1913 年，昆明石龙坝水电站建成并向昆明供电，当昆明居民开始使用代表着现代化文明的电灯照明时，当时的北京还在使用蜡烛。1915 年，云南士绅成立了"云南民营个碧石铁路股份有限公司"，集资修筑个碧石铁路。1921 年，全长 177 千米的个碧石铁路竣工通车，在碧色寨与滇越铁路接轨，初步奠定了云南的铁路运输构架。滇越铁路为中国西南各省提供了最便捷的出海通道，将之与世界紧密联系起来。

（四）滇越铁路是云南乃至中国走向独立、民主、现代化之路

滇越铁路改变了云南的历史，进而影响到了中国的近代史，促使云南乃至中国走向独立、民主、现代化之路。1908 年 4 月 30 日，孙中山先生利用滇越铁路的便利条件，委派黄兴在滇越铁路中国段起点发动了反对清政府的河口起义。1911 年，滇越铁路通车仅一年，云南爆发了"重九起义"，有力地推动了全国革命高潮的到来，为彻底推翻清王朝在全国的统治，建立中华民国，做出了重大贡献。1915 年，蔡锷经滇越铁路抵达昆明，参与发动并领导了"护国运动"，打响了"护国运动"的第一枪，再造共和，巩固了辛亥革命的成果，改变了中国历史进程。抗战时期，中国内地相继沦陷，沿海通商口岸也为日军封锁，滇越铁路成为中国战略交通大通道，昆明成了我国进出口物资的集散地。苏联等国支援我国的战车、战防炮、弹药等军火物资都是通过滇越铁路直运昆明。1938 年，国民政府决定在昆明建立 4 个兵工厂，1 000 余部重要机器通过滇越铁路运至昆明，使新建的兵工厂得以及时开工，制造出一批批抗日杀敌的枪炮和弹药。自抗日战争打响后，滇越铁路一改夜间不行车的旧习，日夜加开列车抢运抗日物资，虽经常受到日机的袭击，但货运量比通车时增长了 3 倍。随着内地机关、企业、学校的大批内迁，客运量剧增，仅 1939 年的客运量就达到454 万人，为通车时的 15 倍。滇越铁路成了抗日物资和人员迁徙的大动脉。1938 年，西南联大的大部分师生经广州、香港乘船到越南海防，再从滇越铁路到达昆明。抗战时期和抗战胜利后，云南几乎成为中国抗日救亡，呼吁民主自由，开展民主运动的重镇。1940 年底，日本占领越南，国民党政府为防止日本帝国主义从越南北犯中国，曾分段拆除近 250 千米的线路。

（五）滇越铁路的路权收回、铁路修复及恢复运营

1946 年，滇越铁路通车 43 年后，中法两国政府签订协议，中国正式收回滇越铁路云南段的路权。新中国成立后，滇越铁路回到了人民手中。之后，立即着手铁路修复工程，1957 年全线通车。1958 年铁道部电令：滇段改称昆河铁路，但人们仍习惯性地称作滇越铁路。1958 年，国家开始修建昆明至贵阳、昆明至成都两条铁路，所需大量物资从中国沿海省份由海轮运往越南海防港，然后经滇越铁路运抵昆明。50 年代后期，中国为支援越南抗击美国侵略，源源不断地通过滇越铁路往越南运送战略物资，年平均运输量达 38 万多吨。1958—1965 年的 15 年间，昆明再次成为中国西南货运集散中心，此时的滇越铁路运力达到了历史最高峰。70 年代中期，铁道部投资 6 700 多万元，对干线实施全面技术改造。70 年代后期，中越关系恶化。1978 年 8 月，越方将河口大桥靠越南的部分炸毁，再次中断了滇越铁路中越国际联运。在对越自卫反击战中，越方又将河口大桥靠越南的部分炸毁，滇越铁路彻底中断。直至 1996 年 2 月 14 日，随着中越关系的恢复正常，滇越铁路恢复了中越国际联运。

（六）滇越铁路的现状

滇越铁路米轨货车每辆承载吨位为 30 吨，仅为准轨货车的一半。自 20 世纪 70 年代初准轨铁路通车后，米轨列车跑得多拉得少的问题就成为制约运输能力与效益的一个重要原因，昆明铁路局逐渐收缩战线。2003 年 6 月 1 日，因技术、经济等多方面原因，按铁道部的要求，滇越铁路云南段停止客运。随后，一些车站停业，人员撤离。2007 年关闭了 1 个车站，2009 年又关闭了 10 个车站，截至 2013 年 2 月，已撤除草坝至河口间除芷村和腊哈地的所有车站。2014 年 12 月 1 日，泛亚铁路东线昆河准轨铁路，即昆明经玉溪新建的经蒙自至河口北站的准轨铁路全线货运通车。同年 12 月 10 日客运开通，河口到昆明仅需 6 小时，河口到大理仅需 15 小时。目前，滇越铁路云南段只有昆明附近的石咀至王家营段依然运行着米轨通勤列车。

（七）滇越铁路沿线有着旖旎的自然风光、多彩的民族风情

滇越铁路途经昆明、玉溪、红河 3 个州（市）10 多个县（市、区），跨越金沙江、珠江（南盘江）、红河三大水系，穿越了亚热带干湿分明的高原季风气候、南亚热带半湿润气候、热带山地季风雨林湿润气候三大气候带，连接了 12 个少数民族聚居区，有着旖旎的自然风光和多彩的民族风情。滇越铁路自昆明北站向东出发，过水晶坡站折向正南，一个多小时便到了素有"鱼米之乡""滇中粮仓"美誉的宜良坝子，穿过美丽的高原湖泊阳宗海。从宜良狗街子站开始，滇越铁路进入南盘江河谷，以邻近县界为走向，相依相伴南行 164 千米。一路上，能够欣赏到"铁路绕江、江缠铁路"的动人景色，列车一会儿钻入河谷区，一会儿行驶在绿地平川，一会儿又在悬崖峭壁上攀缘。到达有着"火车拉来的城市"和"滇南明珠"之称开远市北郊，滇越铁路依依不舍地拐向东方流去，在滇南的高山峡谷和高原平坝间穿行，这里是全线中最险峻的路段。从

屏边苗族自治县白河乡腊哈地站开始，滇越铁路趋于平缓，伴随着南溪河河谷柔美的亚热带景色直到中越边境。

（八）滇越铁路是一条有着丰富的历史遗存、浓郁的异国情调的百年铁路

滇越铁路是一条国际性铁路通道，是云南省的第一条铁路、中国西部地区最早建成的铁路，也是中国最早修筑的铁路之一，还是我国目前最长的一条轨距为1米的窄轨铁路，更是世界上几条仍在使用的米轨铁路。滇越铁路全线保存完好，一路上充满了历史韵味，包含着浓郁的法国风情。昆明北站是滇越铁路始发站，也是中国少数拥有国际候车室的车站之一，而利用其候车室建立的云南铁路博物馆，则是中国三大铁路博物馆之一；位于滇越铁路与个碧石铁路交会点的碧色寨车站，法式站房依旧矗立在铁路旁，墙上还挂着早已停摆的法国制造的两面钟，小小的车站曾设有海关、邮局、酒吧、贸易货栈，以及美孚三达水火油公司、英商亚细亚水火油公司、德国德士古水火油公司、法国加波公司等的办事处，现在仍能看到哥卢士酒吧、大通公司等遗址；在蒙自城里，完整地保留着云南的第一个海关、第一个电报局、第一个邮政局，以及蒙自租界旧址和希腊人哥卢士开设的酒店；在河口县城，仍能看到始建于光绪二十三年（1897年）的邮政局旧址、红瓦房顶的河口海关旧址、法国驻河口副领署旧址、河口督办旧址；开远、芷村等地的铁路边上，伫立着80多名法国工程人员的墓碑；整个铁路沿线，许多车站至今还完好地保存着当年红瓦黄墙、片石镶角、花砖铺地的尖顶建筑，其极具有法国风格。仅滇五县就有国家级和省级重点文物保护单位16处。一条仅465千米的铁路，荟萃了如此壮美的自然奇观、浩大的工程奇观和多姿多彩的民族文化奇观，不禁让人在历史记忆中流连忘返。

（九）滇越铁路是我国通往东南亚重要的国际铁路大通道，大西南通往太平洋地区出海通道的"黄金走廊"

南盘江流域的百年滇越铁路、泛亚铁路东线昆河线、南昆铁路、云桂铁路与全国准轨铁路网和越南铁路网连通，形成我国面向并通往东南亚重要的国际铁路大通道，我国大西南通往太平洋地区出海通道的"黄金走廊"。

四、打造"滇越铁路精品旅游线"的建议

针对上述资源禀赋，建议以穿越南盘江河谷与南溪河河谷的滇越铁路为纽带，整合沿线昆明、玉溪、红河"一线三州市十四县（市、区）"的各种资源，在特色旅游、边地文化、异国风情、生态保护、江河经济、少数民族、脱贫攻坚、基础设施建设等领域开展全方位合作，打造一条集旅游产业、文化产业、健康养老服务业和生态有机农业于一体，创新、开放、包容、共建、共享的"滇越铁路精品旅游线"，以地理上的"一路"，形成旅游上的"一线"，无缝对

接、相融共生，加快区域内扶贫攻坚、脱困解困，全面建成小康社会的步伐，实现流域经济社会的跨越式发展。具体建议如下。

（一）"滇越铁路精品旅游线"打造要保护与开发并重

滇越铁路沿线的南盘江和南溪河有绚丽多姿的山水风光，独具特色的地理奇观，是一条尚待开发的处女河。但是，两河流域内喀斯特地貌和岩溶分布面积广，石漠化、水土流失严重，生态环境较为脆弱，要坚持"绿色、环保、生态"的发展理念，积极争取国家支持，大力实施珠防工程、石漠化治理、退耕还林政策，让滇越铁路绿起来。大力实施水源地建设工程，对南盘江流域、红河流域现有的湖泊、水库、龙潭进行加固、扩容、保护，对具备条件新建水源点实行全面规划，重点建设；同时做好截污、治污工作，让两条河流水清起来、亮起来，把南盘江流域和南溪河流建设成为全国生态文明建设的标兵，走永续发展的路子。

（二）加强滇越铁路的保护与维修

目前，整个滇越铁路云南段只有昆明附近的石咀至王家营段依然运行着米轨通勤列车。至于那些无人管理的路段，铁路破坏严重，省委、省政府、三州（市）应积极行动起来，协调昆明铁路局，一齐加大滇越铁路的保护与维修，保住滇越铁路的百年风采与使用功能。

（三）省、州（市）、铁路局紧密合作，加快滇越铁路申报世界文化遗产工作

滇越铁路与奥地利塞默林铁路和印度大吉岭喜马拉雅铁路齐名，后两条铁路先后于1998年和1999年列入世界遗产名录。与上述两条铁路相比，滇越铁路（在中国境内称昆河铁路）毫不逊色，它是一条国际性铁路通道，在跨国界的经济文化活动中起着相当重要的作用；它的工程技术水平在当年曾是世界领先的；它跨国界连接多种民族和多元文化，这些文化保存较为完好；沿途自然风光美丽多样；随着中国—东盟自由贸易区建设步伐的加快，昆河经济带的战略地位日益凸显，这条铁路将进一步彰显重要性。建议由云南省政府牵头，协调昆明铁路局，3州（市）配合，从历史和民族文化资源等角度，深入研究昆河铁路的遗产价值，积极申报世界文化遗产，留住百年铁路的悠悠血脉。

（四）加大滇越铁路沿线的互联互通，形成以滇越铁路为纽带的"五网"建设示范带

借助"一带一路"建设、珠江—西江经济带和泛珠三角区域合作、云南桥头堡战略等的实施，沿线内所涉及的州市紧密联动、多规合一，互联互通，共同谋项目、合力齐发声、同心搞建设，争取大项目、大支持，力求"五网"全流域覆盖，主动服务和融入"一路一带"建设，把"滇越铁路精品旅游线"打

造成为我国内联外连的重要国际通道、大西南通往太平洋地区出海通道的"黄金走廊"、面向东南亚辐射中心的核心区。

（五）充分利用滇越铁路沿线丰厚的民族文化资源，把南盘江流域建设成为全国民族团结进步的示范区、文化强州（市）的特色文化产业带

滇越铁路沿线世代生活着汉、彝、苗、瑶、傣、白、回、蒙古等12个世居民族。他们与滇越铁路沿线的南盘江、南溪河相依相伴，和谐共融。在历史长河中，他们积淀了丰厚的民族文化底蕴，创造了多姿多彩的民族文化。因此，可以集中保护、挖掘、整理与弘扬滇越铁路沿线丰富多彩的民族民俗风情、民间手工艺等非物质文化遗产，用现代理念去开发、包装、营销、发展，形成产业，打造特色鲜明的文化产业集群，助推少数民族脱贫致富，把"滇越铁路精品旅游线"打造成为全国民族团结进步的示范区、文化强州（市）的特色文化产业带。

（六）努力推进滇越铁路沿线"绿色、生态、有机"的现代农业园区建设

积极争取国土整理项目、农业综合开发项目、水务灌渠治理项目，加大滇越铁路沿线农田水利建设，做好土地流转工作，本着"自愿、有偿、互惠、互利"的原则，开展农业园区招商。入园的农业企业，按照"绿色、生态、有机"的要求，科学规划、规范运作，高效运营、监管到位，高标准、高起点，实行规模化、规范化、标准化生产，打响"滇越铁路"特色农业品牌。"三州（市）十四县市区"的农业龙头和加工企业可加强交流与合作，力求避免同质化竞争，坚决杜绝"有毒"农特产品入市，共同把滇越铁路生态农业品牌叫响、叫亮，使之成为全流域的核心资源。

（七）走全域旅游的路子，将"滇越铁路精品旅游线"打造成为西南旅游的新干线、沿线人民群众脱贫致富奔小康的幸福线

滇越铁路沿线厚重的历史积淀、丰富的旅游资源，承人文、历史、自然于一脉，集源、奇、险、秀于一体，具备发展全域旅游的资源禀赋。流域属于老、少、边、穷地区，贫困面大，脱贫任务重。整合滇越铁路沿线丰富的山水风光、人文资源、历史遗存，制定"滇越铁路精品旅游线"全域旅游规划，集中人、财、物重点打造，加快基础设施建设，加强沿线旅游产业联动开发、共建共享、互联互通，"滇越铁路精品旅游线"必将成为西南旅游的新干线、沿线人民群众脱贫致富奔小康的幸福线。

（八）机制创新，打造一条"黄金旅游线"

滇越铁路的产权属于昆明铁路局、中国铁路总公司，建议由云南省政府牵头，建立省、州（市）、铁路局全新的合作机制和有效的联动机制，引入民间资本，积极探索、大胆创新，精心打造一条连接西南地区，面向东南亚，具有

世界影响和国际水平的"黄金旅游线"。

（九）加强国际合作，共同保护与开发珍贵的"世界文化遗产"

滇越铁路是中国、越南、法国三国共同创造的世界上最具传奇色彩的铁路工程之一，是人类的伟大遗产。其高水平的建筑特色及艺术价值，与现有的世界文化遗产相比也毫不逊色。我们在对待历史文化遗产方面，要有一种大国精神、大国风度，与越南、法国三国联合起来，加强历史文化遗产、民族文化遗产的保护和弘扬，共同推动滇越铁路世界文化遗产申报，打造"滇越铁路国际精品旅游线"，全方位开展人文交流与合作，让滇越铁路成为世界与人类的共同财富。

中国与东盟山水相连，人民相亲，我们只要以开放、包容的胸怀，抓住千载难逢的战略机遇期，大胆创新，加大国际交流与合作，共同打造一条连接西南地区，面向东南亚，具有世界影响和国际水平的"滇越铁路精品旅游线"，秉承"绿色发展，多彩文化、联通世界、共创辉煌"的发展思路，加快流域内扶贫攻坚、脱困解困，加大与东南亚的合作力度，就一定能实现流域经济社会的跨越式发展，带领沿线人民脱贫攻坚、致富奔小康。

【参考文献】

[1] 杨晓林. 云南百年故事 [M]. 昆明：云南人民出版社，2001.

[2] 金士宣，徐文述. 中国铁路发展史（1876—1949）[M]. 北京：中国铁道出版社，1986.

[3] 彭桓. 文化线路遗产：滇越铁路影像志 [M]. 昆明：云南人民出版社，2016.

曲靖市沾益区南盘江流域生态文化旅游产业与脱贫攻坚研究

范美师

（云南省曲靖市沾益区水务局）

一、研究问题的提出

沾益区南盘江流域属于经济欠发达地区，脱贫攻坚任务繁重，而生态文明建设又是实现区域经济社会全面协调可持续发展的保障，其定格于发展环境友好型产业之一的生态文化旅游产业。鉴于此，我们应基于生态文化旅游产业，积极探索沾益区南盘江流域扶贫开发、脱贫攻坚的新路子，让产业扶贫成为长效机制。在产业扶贫的选择上，仍将以立足于当地资源优势和传统产业为主，合理开发利用自然资源和保护生态环境，发展生态文化旅游产业。以新的生态文化旅游理念加快发展沾益区乡村旅游项目，对乡村旅游提质增效，达到建档立卡贫困户脱贫摘帽和经济增收可持续发展。沾益区乡村旅游和脱贫攻坚具有兼容、互补、互助的关联性，"二者"融合研究，以解决沾益区生态安全、精准扶贫和农村经济持续增长三个方面的问题，助推沾益区委、区政府提出的建设产城融合发展示范区、珠江源生态文化旅游新区、滇东区域综合交通枢纽的发展定位。

二、研究内容

（一）保障生态安全

生态文化旅游产业是以生态环境为依托的产业链，保护生态环境位置突出，一方面需加大水域污染治理力度，另一方面需加强自然风光保护，维护生态平衡，把资源优势转化为产业优势，促进绿色发展。这集中体现于"绿水青山就是金山银山"的科学论断。自然风光形成生态基础的直观表达，构成乡村旅游本底。在乡村旅游资源开发中，要注重生态环境的保护与拓展，始终将生态安全问题置于乡村旅游资源开发的突出位置，使乡村旅游资源开发与生态环境相协调，坚持保护优先和绿化加劲，展现自然风光，维护生态安全格局，走生态建设可持续发展之路。

（二）建档立卡精准扶贫

要扶持建档立卡贫困群众开展旅游创业就业，需要坚持产业扶贫、精准脱贫，发挥乡村旅游的综合带动效应，让贫困群众从乡村旅游发展中获得稳定收益，促进第一、二、三产业融合发展、集群发展。沾益区乡村旅游可作为产业扶贫的一种具体方式，以促进城乡协调发展，完善农村基础设施和公共服务设施，重点解决农村饮水安全、用电、道路建设以及村庄整治等问题，形成乡村旅游的核心结构，为扶贫攻坚做出贡献。从"构筑尊崇自然、绿色发展的生态体系"视角出发，形成乡村旅游产业扶贫模式，重点扶持建档立卡贫困户精准扶贫，共享产业扶贫带来的财富积累，脱贫摘帽、长期受益，共同富裕，走特色减贫之路。

（三）促进农村经济发展

乡村旅游同旅游市场的阶段演变相关联。实践证明，乡村旅游产业是农村地区经济发展和经济多样化的动力，是旅游业新的增长点。近年来，随着旅游市场的不断发展和完善，旅游消费不断提高，乡村旅游成为城镇居民向往的旅游和休闲之地，为农村经济发展注入了新的活力。乡村旅游提高了第三产业的比较利益：乡村旅游从业岗位分流了第一产业人员，把第三产业引入农村，一定程度上解决了农村剩余劳动力的问题，扩大了第一、三产业的发展空间，成为发展农村经济的有效途径。乡村旅游通过对环境资源和人力资源的优化配置和合理利用，促进了旅游、观光、餐饮等行业发展，增加了经济收入，利于有效培育后续财源。要坚持扶贫与扶志、扶智并重，经济与民生同抓的原则，变"输血式"扶贫为"造血式"扶贫，走产业扶贫之路。

三、研究材料与方法

（一）沾益区生态文化旅游禀赋条件

1. 区位优势

沾益区东邻富源，南连麒麟、马龙，西接会泽、寻甸，北与宣威毗邻，距省城昆明150千米，距贵阳360千米。沪昆客专曲靖北站是沪昆高铁在云南段设立的第二大站。沪昆高铁、贵昆铁路、贵柏铁路、曲胜高速、宣曲高速、曲靖东过境高速、沾会高速、寻沾高速、宣天一级公路穿沾益而过。沾益是南方"丝绸之路"的必经之地，素有"入滇锁钥""入滇门户""入滇第一州"之美誉。沾益区是珠江源头第一城，是曲靖的北大门，区域面积 2 801.79 平方千米，其中，山地、丘陵面积 2 445.79 平方千米，占 87.3%；盆地（坝子）、槽坝面积 356 平方千米，占 12.7%。沾益区人口 44.85 万，辖 4 街道 2 镇 5 乡，建档立卡贫困户 1 200 户 8 181 人。

2. 旅游资源优势

沾益区多属喀斯特地貌，特殊的地形、地质、水文地质条件和人工建筑物孕育了丰富的旅游资源：一山（马雄山珠江源）、三水（南盘江、北盘江、牛栏江）、湖（花山湖）、谷、洞、坑、桥、园构成了沾益区境内独特的自然风光，珠江源、七彩谷、花山湖、海峰湿地、九龙山峡谷、天生洞瀑布、德泽温泉、九龙湖、桃源洞、彩云洞、黑桥、九孔桥、牛栏江大桥、太平桥、城方桥等景区、景点，构成了珠江源头第一城姿态万千的美丽画卷。珠江源风景区为国家 4A 级景区，位于马雄山东麓，是我国第三大江珠江的源头，景区森林茂密，有"一水滴三江，一脉隔双盘"的奇异景观。海峰湿地是省级自然保护区，面积为 266 平方千米，是融山、水、林、石、洞、潭及草地为一体的典型的喀斯特湿地景观，有"云南小桂林"之誉。

3. 水资源优势

沾益区地处珠江源头南北分水岭多山地带，东北部及中部为珠江流域西江水系，属南、北盘江，西部为长江流域金沙江水系牛栏江支流，海拔最高点为牛角山主峰（2 527 米），海拔最低点为牛栏江与小江交汇口（1 650 米）。全区多年平均降水 1 017.8 毫米，水资源总量 10.02 亿立方米，其中，地表水 5.3 亿立方米，地下水 4.72 亿立方米。南盘江流域面积 1 188.49 平方千米，水资源总量 4.24 亿立方米，地表水 2.41 亿立方米，地下水资源 1.83 亿立方米；北盘江流域面积 531.2 平方千米，水资源总量 1.89 亿立方米，地表水 1.01 亿立方米，地下水 0.88 亿立方米；牛栏江流域面积 1 082.1 平方千米，水资源总量 3.89 亿立方米，地表水 1.88 亿立方米，地下水 2.01 亿立方米。干流以上一、二、三级支流径流面积在 10 平方千米以上的有 32 条河流，总长度 614.7 千米，河网密度 0.22 千米/平方千米。全区共建中小型水库、坝塘 470 座，总库容 23 196 万立方米，兴利库容 18 726 万立方米，已开发水资源量 2.39 亿立方米，占全区库容水资源总量的 23.9%，占地表水总量的 52%。

4. 林业与矿产资源优势

沾益区现有木本植物近 50 个科，约 300 种，森林覆盖率 48.65%。主要森林植被类别为湿润常绿阔叶林、落叶阔叶林，有云南松、华山松、滇油杉等优势树种，并有国家二级保护树种黄杉林，国家二级保护植物中国蕨、扇蕨，国家一级保护动物黑颈鹤、黑鹤，国家二级保护动物斑羚、穿山甲、灰鹤、林麝等珍稀动植物。矿产资源有煤、磷、铜、铁、钒、钼、镍、铅锌、石灰岩、白云岩、黏土、建筑用沙等数十种。境内土壤有 7 个土类,23 个土属,56 个土种和 2 个变种,占全区总面积的 94.14%,主要是红壤,紫色土和水稻土次之,黄棕壤、石灰岩土、冲积土和沼泽土所占份额依次递减。

(二)沾益区乡村旅游发展现状

1. 沾益区乡村旅游类型

乡村旅游是以发生在乡村地区,以及具有乡村性的自然和人文客体为旅游吸引物,拓展开发度假、休闲、娱乐等项目的新兴旅游方式。随着改革开放和新农村建设的深入,经济社会取得了巨大发展,人民群众生活水平逐步提高,城镇居民对美好生活的向往日益迫切,乡村旅游市场前景广阔。乡村旅游逐步成为城镇居民提高生活质量的一种生活方式,是集休闲、娱乐、聚会、放松身心功能于一体的朝阳产业。基于脱贫攻坚和特色经济发展需要,沾益区乡村旅游主要以农家乐、庄园、高原特色农业种植基地、高原特色养殖基地为主。表现为五种类型:一是以万寿菊连片种植、玫瑰庄园、银杏庄园、蓝莓基地、油料牡丹种植、金银花种植、盘江镇万亩蔬菜基地等绿色景观为主题的观光型乡村旅游;二是以"农林公司""禾林公司""农牧公司"、山庄、农庄、农场、果园、渔场、农业科普示范园等劳动、休闲、娱乐、学习为主题的乡村旅游;三是以端午节、重阳节、大德彝族火把节、三道坎苗族"三月三"等民俗文化、民族文化为主题的乡村旅游;四是以山地车赛、山地马拉松、山地竞走、环南盘江徒步走、探险、攀爬、野营等高原体育运动为主题的乡村旅游;五是以沾益"九五"起义纪念馆、边纵第六支队九龙山阻击战纪念碑、沾益松林红军长征纪念碑、红寨村红军长征纪念碑、沾益玉林山烈士纪念园等红色教育为主题的乡村旅游。

2. "产业 + 乡村旅游"发展现状

沾益区以整合资源,强化产业培育为载体,发展了一批集观光、采摘、休闲、娱乐、餐饮、养殖于一体的乡村旅游基地。近年来,沾益区共申报获批省级林业龙头企业 14 家,发展各类林产业种植 16 000 多公顷,其中银杏 2 000 公顷,云南红豆杉 4 667 公顷,核桃 9 000 公顷,干杏 400 公顷,玫瑰 333 公顷,车厘子 33.3 公顷;发展涉林种植(养殖)企业 23 家,利用林地种植(养殖)大户 96 户,休闲度假农庄 34 家,以特色经济林产业(林下种植)为主的基地 14 个,林地利用面积达 19 667 公顷;建成了 45 个绿化苗木生产基地,面积达 171 公顷,年均出圃绿化苗木 2 000 万株。全区已创建了 2 个国家级标准示范场,即沾益坤泰园艺有限公司肉牛养殖场、沾益菱角乡林林青农牧发展有限责任公司生猪养殖场。

3. 沾益区乡村旅游经营状态

沾益区乡村旅游异军突起，已成为农业产业结构调整、农村剩余劳动力转移、增加农民非农收入等的重要渠道和助推脱贫攻坚的加速器，但是乡村旅游发展中还存在"小、散、弱"、同质化、要素欠缺等问题，统筹协调力度不足。在沾益区乡村旅游开发和经营中，普遍存在各自为政的现象，乡村旅游景区、景点多以单纯的农业观光和企业自身发展为主，乡村旅游普遍存在档次低、季节性强等特点。沾益区乡村旅游开发过度依赖农业资源、林业资源和水资源，以封闭式的种养经营为主，未充分体现开放式的特色，要素欠缺精致。

（三）**沾益区南盘江流域生态文化旅游产业与脱贫攻坚的具体做法**

1. 沾益区乡村旅游形象定位

沾益区应充分利用自然资源特点和区位优势，建立自然景观型旅游地和休闲度假旅游地、昆明和贵阳及曲靖城市周边的客源型旅游区，作为吸引双休日、小长假、黄金周游客，辅助珠江源和海峰湿地大景区旅游市场发展的驱动要素，着力打造曲靖市、沾益区"半小时"经济圈。同时，着力揭示地方资源特色、文化背景，突出休闲、度假旅游地。一是把准本土文化的脉搏，加强自然风光的保护；二是丰富乡村旅游项目文化内涵，加强休闲观光农业建设，名贵动植物养殖、种植及加工；三是用建设旅游景区的理念来建设乡村旅游项目，突出绿色生态和乡土文化，打造"山水沾益、美丽乡村"主题和"生态沾益"品牌。

2. 沾益区乡村旅游规划与经营理念

（1）乡村旅游规划有规可循。沾益区乡村旅游开发应以社区为单位建立旅游开发合作社，其职能是组织和协调项目建设、运营、管理。遵循项目建设基本程序，包括项目建议书、可行性研究、初步设计、项目实施（施工设计）、项目后评价等内容。坚持乡村旅游支持产业发展的理念，以建立机制为重点，以服务"三农"、支持产业为突破，以脱贫攻坚为目标，创新乡村旅游建设、运营和管理体制机制。制定建设、运营、管理等机制后，方可立项开工建设，确保乡村旅游项目建得成、管得好、长受益，即"先建机制，后建工程"。一是把群众同意与否作为立项审批的前置条件；二是避免规划阶段的个人偏好，把规划成果实施的严肃性同"脱贫攻坚期内贫困县县级党政正职要保持稳定"约束一致。结合乡村旅游资源优势，综合考虑基础设施状况、群众承受能力，因地制宜，分类别、按步骤、有重点地推进。尊重群众、相信群众，切实维护群众的合法权益，发动群众全程参与。充分发挥政府的主导作用和市场在资源配置中的决定性作用，多方共赢，良性运行，确保群众得实惠、合作社有效益。项目后评价均应以生态效益为首，遵循乡村发展规律，充分发掘文化内涵，弘扬生态文化、水文化、民俗文化等，保持风景规划设计的独特魅力，确保生态环境完整，扎实推进美丽宜居乡村建设。

（2）乡村旅游开发创新。一是树立"社区事务，社区参与"的思想，形成共识，减少旅游开发工作中的阻力。以个人自主开发为主，淘汰布局结构粗糙、规模小、功能单一、设施不配套、服务差的设施点，或加强基础设施建设。二是资金注入和利益重分配。行使管理职能解决单位关闭或重组人员分流问题：已有设施进行资产评估，纳入重组后的固定资产，原有人员纳入重组后的新团队；建立股份，实行以土地或土地使用权作价入股、以资金入股、以工代资等股份方式，按比例参与利益分配。沾益区应紧扣《曲靖市"十景百村"旅游融合发展示范区申报认定办法》，紧密结合当前美丽家园建设、交通基础设施攻坚战、旅游扶贫、生态文明建设等重点工作，为大力发展乡村旅游提供政策支持，为乡村旅游发展搭建支撑平台，从根本上解决没钱和没人办事的问题。

（3）乡村旅游绿色经营管理。沾益区乡村旅游不能脱离本地特色，以避免城市化倾向，要以绿色经营管理为方向。全面提升和完善吃、住、行、游、购、娱等旅游要素，确保乡村旅游向规范化、标准化、品质化、特色化方向发展。乡村旅游经营管理应以市场为导向，以旅游者为中心，形成绿色发展方式。坚持绿色生态导向，实施乡村振兴战略"产业兴旺、生态宜居、乡风文明、治理有效、生活富裕"总体要求。组织开办多层次、多种内容的农家乐旅游服务培训班，帮助农家乐从业人员掌握经营管理、服务常识、烹饪技术、餐饮住宿服务、接待礼仪等知识和技能，提升乡村旅游服务从业人员的综合素质。

3. 沾益区乡村旅游提质增效

（1）着力打造农家乐和渔家乐。以水资源论证和水资源管理制度三条红线（用水总量控制、用水效率控制、水功能区水质达标率控制）为依据，落实以水定产、以水定发展规模、以水选择项目的具体措施。按照乡村旅游发展的四代划分方法（第一代是"农家乐"乡村旅游；第二代是以民俗村、古镇为代表的乡村旅游；第三代是乡村度假；第四代是乡村生活，以提高人的生命质量为终极追求的形态和阶段），沾益区乡村旅游仍是"农家乐"乡村旅游时代。沾益区乡村旅游发展要不断创新乡村旅游产品和业态，全面提升乡村旅游的发展质量、服务水平、开放程度，着力打造农家乐"升级版"作为沾益区乡村休闲度假旅游的缩影。沾益区应利用现有水面和养殖区，重点打造以垂钓、餐饮为主的休闲渔业农庄，以及集游乐、健身、餐饮为一体的休闲游憩场所，为城市消费者提供丰富多彩的渔业体验活动，提供经济型、大众型消费，扩大客源市场，打造休闲、垂钓、餐饮为主的渔家乐。

（2）政策优惠，资金扶持。沾益区乡村旅游发展需要大量资金投入，仅靠国家投入具有局限性，需加大投资力度，改善投资环境。坚持"谁投资、谁开发、谁受益"的原则，建立政府和社会资本合作模式（PPP），有利于创新投融资机制，推动各类资本相互融合、优势互补，促进投资主体多元化，理顺政府与市场的关系，充分发挥市场配置资源的决定性作用。按照"风险共担、利益共享、三方共赢"的原则，以招商引资的方式引入民间资本投资、建设和管理。积极争取国家、省、市主管部门资金扶持，并争取在税收、土地、价格上给予一定的优惠政策。金融部门积极开展中长期贷款业务，开发有关金融产品和新业务，积极探索"信贷＋保险"合作模式，完善信贷风险分担机制及融资担保体系。

（3）塑造品牌。从区位、资源角度考虑，沾益区现有乡村旅游设施已抢占先机，但由于发展不平衡，乡村旅游业整体形象不高。乡村旅游客源竞争非常激烈，提升乡村旅游品质的当务之急是建立旅游竞争意识、危机意识，最直接的方法是维护当前各方利益，关闭或重组景点、景区，塑造品牌，增加市场竞争力。紧紧围绕区委、区政府建设"大珠江源"旅游品牌和建设"复合型"旅游基地的战略决策，加大规划、统筹、协调力度，争取打造1~3个具有省级乃至国家级影响力的项目，带动大发展。融合九龙峡谷、九龙山、南盘江、天生洞等自然景观和五尺道、毒水、九孔桥、大觉寺、黑桥等人文景观，打造浑水塘乡村旅游小镇；以西河公园为纽带，构建环湖生态公园、人工沙滩、水上娱乐、都市农庄、民族风情街、特色美食文化街等，集文化、旅游、休闲、娱乐、养生、特色美食、民族风情等为一体，发挥龙华街道地处城郊接合部的区位优势，建设80公顷"新龙潭度假村"；集水果种植区、户外运动区、餐饮垂钓区、儿童娱乐区、农耕文化体验区等运动休闲项目为一体，打造"春赏花、夏耕耘、秋收获、冬健身"的四季乡村旅游品牌。

4. 拓展"产业＋旅游"扶贫模式

（1）"庄园＋旅游"产品组合。曲靖博浩生物科技有限公司采取"公司＋基地（站点）＋贫困户"的产业发展路子，重点在大坡乡发展万寿菊带动群众脱贫致富。播乐玫瑰庄园按照"政府引导、项目增资、产业富民"的工作思路，在玫瑰种植未产生效益前，企业和政府对按规划要求种植玫瑰的种植户每亩一次性补助500元，补助261户贫困户共150余万元，户均5 000余元。康恩贝银杏庄园采取"公司＋基地＋专业合作社＋农户"模式，发展银杏产业。在以康恩贝集团作为担保平台，以炎方乡239户贫困户为主体向信用联社贷款后，贫困户自愿将所贷资金作为股金入股康恩贝集团下属的希美康公司，康恩贝集团负责按期偿还贷款，并按不低于6%的年利率定期定额兑现给农户进行分红，贫困户人均年收入达3 200元以上。

（2）"农业＋旅游"产品组合。立足沾益区生态资源优势和产业基础，激发农村经济发展的内在潜能，开辟农业现代化的新途径。优化农业产业结构，从根本上改变以农作物种植为主的传统农业产业结构，促进农村土地合理有效流转、盘活，以实现土地的集约使用和适度规模经营，打破"小农"格局，使过去"人＋土地"的一家一户分散经营模式转变成"人＋土地＋资本＋技术＋管理＋规模"的现代农业发展模式，使农业资源配置更加合理，产业结构调整更加优化，实现农业与乡村旅游业的协同发展。通过流转土地，推行"公司＋农户"的模式，群众不仅获得了土地承包费，还腾出劳动力到公司打工，加快了脱贫步伐。

（3）"林业＋旅游"产品组合。结合"森林沾益"建设，围绕"地绿、山青、民富"的目标，大力发展林业产业，带动贫困户增收致富，把森林资源看住，把林地守住，把野生动物资源护住。沾益区将乡村旅游与脱贫攻坚相融合，推进产业融合发展，为精准脱贫推波助澜，努力打造 6 667 公顷红豆杉种植基地、6 667 公顷银杏种植基地、10 000 公顷高效核桃种植基地、6 667 公顷林下珍贵中药材种植基地和 6667 公顷森林旅游和休闲度假基地，森林覆盖率由现在的 48.65 提高到 50% 以上，林木绿化率由现在的 51% 提高到 53% 以上，活立木蓄积量突破 460 万立方米。

（4）"养殖＋旅游"产品组合。以贫困户脱贫为目标，将养殖产业发展与脱贫攻坚工作有机结合，采用"公司＋专业合作组织＋基地＋农户"产业扶贫模式。公司给当地贫困农户垫付资金，农户以土地承包经营权和个人资产入股，成立养殖专业合作社。公司为合作社提供种苗、饲料、动物保健品和技术服务，统一实行保护价回收养殖产品，并负责市场开发，带领当地贫困户脱贫致富。以水资源为依托，打造休闲渔业特色品牌，增加贫困群众收入，促进乡村旅游业发展。

结 论

沾益区南盘江流域生态文化旅游产业发展除着重体现在珠江源国家旅游风景区和海峰湿地省级湿地保护区外，还集中体现在乡村旅游发展方面，把乡村旅游与脱贫攻坚协同研究和融合发展，创造良好生态、社会、经济效益，为构建宜居、宜业、宜游的珠江源大城市北部山水园林新城奠定基础，促进了"两区一枢纽"建设。生态文化旅游产业与扶贫开发相结合，充分发挥贫困地区生态环境和自然资源优势，大力推进乡村旅游建设，培育本土特色支柱产业体系，实施产业扶贫，统筹兼顾，科学发展。生态文化旅游产业在沾益区是新兴产业，以保障扶贫对象稳定脱贫、增收为核心，增强贫困户发展内生动力，着力改善建档立卡贫困户经济发展条件，实现贫困户生活富裕。

（一）延展旅游品质，提高脱贫质量

沾益区乡村旅游与脱贫攻坚融合发展，一定程度上实现了第一、二、三产业资源合理配置和协调共享，以提高农村经济收入和生态安全为最终目的。在乡村旅游形象定位上，作为"珠江源生态文化旅游目的地"支撑项目，提升旅游品质。实施生态文化旅游产业，延长产业链和扩大增值收益面，稳定脱贫。

（二）增强基础设施建设，促进新家园建设

自然生态环境是人类社会赖以生存和发展的基础，应大力发展乡村旅游，推动农村基础设施提档升级，增强乡村旅游配套服务，加强硬件建设和运营管理质量，推动乡村原始资本积累，逐步改善人居环境，建设幸福、美丽新家园。

（三）引领示范，集中发力

整合城区周边旅游特色资源，强化景区与城镇、乡村的融合发展与互动作用，打造集生态休闲、度假、山水观光、农业休闲、户外运动为一体的乡村旅游融合发展示范区，提速增效，稳步增大第三产业比重。利用政府行为对龙头企业经营发展情况进行监测和指导，重点监测带动贫困农户增收情况，确保产业兴旺，贫困农户长期有稳定收入。

【参考文献】

［1］范美师，何向英.会泽县水资源状况及利用途径［J］.云南水力发电，2010（4）.

［2］何向英，范美师.会泽县城市防洪工程设计综述［J］.中国防汛抗旱，2009（1）.

［3］范美师.基于可持续发展的会泽县农村饮水安全建设［J］.云南水力发电，2011（5）.

［4］范美师，姜正作.建设社会主义新农村的探讨——以会泽县五星乡大坪子村为下列［J］.中国水利，2006（5）.

［5］沾益区水务局.沾益区水务志［M］.昆明：云南人民出版社，2013.

［6］范美师.沾益区乡村旅游与休闲渔业融合发展研究［R］.曲靖：曲靖社会科学，2018（1）.

［7］范美师.会泽县旅游业发展浅析［J］.曲靖师范学院学报，2009（1）.

［8］范美师.曲靖沾益区调动群众参与农建的机制探讨［J］.中国水利，2016（15）.

［9］范美师.基于塘坝集体水资源的曲靖市沾益区小农水改革［J］.中国

水利，2017（11）.

[10] 范美师，何向英. 浅谈会泽县人畜饮水项目的实践 [J]. 中国农村水利水电，2006（11）.

[11] 吴必虎. 区域旅游规划原理 [M]. 北京：中国旅游出版社，2001.

丘北县仙人洞村从"口袋村"到"小康村"蝶变新生发展路径探析

（文山州民族宗教事务委员会）

一、仙人洞村发展现状

（一）仙人洞村基本情况

仙人洞村是国家 AAAA 级旅游景区普者黑风景区中的一个自然村，属于丘北县双龙营镇普者黑村民委，距县城 13 千米，距镇政府 12 千米，全村面积 4.02 平方千米，耕地面积 1 600 亩，现有农户 196 户 980 人，均为彝族撒尼支系。仙人洞村依山傍水，村后古木参天、群山环抱，村前是碧波荡漾的仙人湖，万亩荷花清香四溢，普者黑景区游船主干道从村前经过，一条弯曲古朴的青石板路横贯村子，深入其境，给一种步入仙境的感觉，仿佛在画中游。村旁有一个天然溶洞，洞中钟乳石琳琅满目，传说曾经有仙人在此居住，仙人洞村因此而得名。

（二）昔日仙人洞村发展现状

1992 年，仙人洞村人均纯收入仅 150 元，人均有粮 183 千克。村民祖祖辈辈依靠"一亩三分地"和打鱼为生，青黄不接时，时常拿着口袋到处借粮，因而该区曾是远近闻名的"口袋村"。农谚这样说："有儿不讨仙人洞姑娘，有女不嫁仙人洞儿郎。"可以说，1992 年以前，仙人洞村守着"绿水青山"，却过着穷日子。

1992 年以来，在当地党委、政府的领导下，仙人洞村凭借得天独厚的自然资源，抓住把云南建成文化大省的历史机遇，请专家、定规划，提出"大胆参与旅游开发，文化强村，旅游兴村，壮大村域经济"的设想，争取资金，按照景点建设要求开展乡村旅游大开发。村民有的开农家乐，有的开客栈，有的当船夫，有的卖特色小吃……就此吃上"旅游饭"。至 2008 年底，仙人洞村已建成民俗表演场、祭祀场、仙人洞、仙人大山等 10 多个景点，用石块铺设了村内道路，架设了环保路灯，组建了由 186 人组成的老、中、青文艺队。开办农家乐 47 家，拥有床铺 530 个，年接待游客 10 多万人次。年旅游收入 1 000 多万元，经营农家乐收入 30 万元以上的有 3 户，10 万~20 万元的有 11 户，5 万元以上的有 16 户，成为丘北县远近闻名的富裕村。

旅游发展了，村民腰包鼓了，但问题也来了。据现任村民小组长范成元介绍，到 2012 年他上任村民小组长时，整个村子已经挤满了各式各样的民居，"村民想怎么盖就怎么盖，没有规划、没有特色、杂乱无章、乌压压一片，没有一点空地"。仙人洞村旅游业逐渐陷入了低端发展的困境。据村民范成玉介绍，当时每间客房的价格最低的才 25 元，50 元包吃住，一年下来村民的收入不过万元，有时候还亏本。这一时期的仙人洞村，似乎陷入了特色流失、"野蛮生长"的怪圈。

（三）今日仙人洞村发展现状

2013 年，丘北县党委、政府和仙人洞村干部意识到了仙人洞村无序发展问题的严重性，研究出台了一系列政策措施，特别是《丘北县人民政府关于加强普者黑景区民居建设管理的通知》，严格规划民族民居的建筑式样和风格，大力推进景区民居建设和改造。从 2013 年开始，丘北县整合政府、扶贫、民宗、旅游、环保、组织等部门资金 6 500 余万元，投入民居改造、村内道路、给排水管网、污水处理厂、婚庆广场等基础设施工程。按照规划，仙人洞村民居改造坚持总体一致，又根据各家各户的宅基地面积和附近的景观来做个性化设计，一户一方案，一户一设计，从房屋造型、布局、色彩等方面都体现出撒尼人的民族文化元素。2013 年 3 月，仙人洞村正式启动民居改造，分 3 批进行，第一批 71 户，第二批 60 多户，第三批 50 多户。随着民居改造的逐步完成，仙人洞村的"颜值"已今非昔比，黄墙土瓦的撒尼民居内，身着撒尼服饰的村民忙前忙后招呼客人，整个村庄洋溢着浓浓的"民族风"。民居改造的经济效果也开始显现。范成元算了一笔账，自家的民居推倒以前有 30 个客房，一年收入四五十万元。改造后，客房虽只有 11 个，但价格最低都能达到 480 元，人工、水电等成本大幅下降，年收入增长了 2 倍多。据了解，民居改造后，村民的客栈房价普遍是改造前的 2 倍以上。而从人均年收入来看，2015 年是 30 000 余元，2017 年达到 40 000 余元。仙人洞村通过民居改造，摆脱了低端发展，成了当地乡村旅游转型升级的典范，不仅村民的"钱袋子"鼓起来了，该村还先后被评为"脱贫奔小康示范村""云南民族文化生态村"和"全国精神文明先进村"。

二、仙人洞村蝶变新生发展路径

（一）党建强村

农村基层党组织的建设，是巩固党在农村的执政地位、永葆党的先进性的前沿和关口。仙人洞村党支部按照基层党组织的建设要求，着力于自身凝聚力、战斗力的建设，通过选好村党支部书记、建好党支部班子、制定切合实际的发展思路和完善制度机制建设，为自身的发展提供了强有力的组织保障。

1. 精确"把脉"，找出问题所在

仙人洞村身处普者黑景区核心区，天时地利人和兼备，但游客越来越少，村民收入迟迟没有增长。村党支部在丘北县委、县政府的引导下，组织村民找到了村子旅游发展存在的问题：村寨缺乏科学规划，为了追求眼前利益，房屋建设贪大求洋、乱占乱建；村内脏乱差现象严重，村内环境与景区环境形成巨大的反差，没有亮点特色；村民之间为了利益陷入了"低价竞争"的怪圈。

2. 开拓眼见，转变观念

想要走上致富路，仙人洞村必须做出改变，有特色，才能吸引游客。为此，县委、县政府协调组织村干部、党员和村民代表到北京、大理、丽江等地考察，拓宽村民视野，增强村民发展意识，改变了观念，使村民意识到只有建设干净整洁、和谐美丽的村庄，才能吸引游客，群众的"钱袋子"才会鼓起来。最后，仙人洞村决定建自己的特色民居：斜瓦屋面，土坯砖支砌，红墙土瓦的建筑风格。同时，对层高进行严格控制，以两层为主、局部三层为辅，实现"一户一设计"。

3. 积极协调，制订方案

经过多次调研论证，丘北县委、县政府出台了相关政策措施。2013 年起，丘北县先后编制完成《仙人洞村村庄整治性控规》《仙人洞村民居建设设计》等规划，整合扶贫、民宗、旅游、环保、组织等部门资金 6 500 余万元，地方政府和群众自筹 4 000 余万元投入民居改造、村内道路、给排水管网、污水处理厂、婚庆广场等基础设施工程，有效改善了村内户外环境。特别是《丘北县人民政府关于加强普者黑景区民居建设管理的通知》，明确了建设管理范围、建设要求、奖惩措施和保障措施等各项细则。严格规划各种民族民居的建筑式样和建筑风格。同时，政府成立工作队进驻村寨，对民居建设工程把关，并帮助农户协调贷款等各项事宜，稳步推进景区民居建设与改造的各项工作。村组多次召开研究会议，决定按创新、协调、绿色发展的理念对民居统一规划建设和改造。注重把农、林、牧、渔等传统产业与旅游相结合，形成集生态农业观光、民族文化体验、民族特色食宿等融为一体的旅游产业体系。

4. 党员带头，说干就干

要把先前已经建成的楼房推倒重建，必然会遭到不少村民的抵制。对村民来说，房屋改造的"前景是好的，但心是虚的"，不少村民还处于观望状态，打小算盘，想多盖几间以数量取胜。"数量取胜的时代已经过去，我们要追求质量。"作为党员示范户的范成元带头自行承担 200 万元的损失，把自己位于湖边的一幢三层楼房拆除，按规划设计重新建盖。经过耐心的宣传和党员干部的表率，问题和矛盾一一化解，村民看到党员带头后，也跟着行动起来。村民自愿交 1 万元的保证金，建好房子验收合格之后，返还保证金。2014 年 3 月，仙人洞村启动"彝族撒尼人村落"建设。一时间，群众的建设积极性高涨，村里每天安排 7 个人负责改造期间的秩序维护，第一批一个月内推倒了 71 户，第二批 60 多户，第三批 50 多户。在村小组长范成元看来，村子将要面临的不仅是一场经济战，更是一场拯救民族文化的战役。

5. 迎难而上，敢于担责

对于改造的风险，村小组长范成元说："没想到工作这么难，要是当时想到有这么难，我肯定会打退堂鼓。"范成元的父亲对他说："假如盖不起来，你是要去坐牢的。"最难办的事情是，有些村民想要改造，又没有钱，村组琢磨了三个月，没有好的办法，就与县委、政府协商，引进公司，协调银行贷款，让村民自己去招标。同时，丘北县出台管理办法，规划和房子的设计由政府来做，验收合格后，奖励 1 万元，总共 3 万元；部分贷款由政府贴息，最多的能补到 4.5 万元左右；还不了贷款的村民，村组先用集体资金补上。

6. 多措并举，打造亮点

近年来，丘北县委、县政府实施精准扶贫"旅游 + 扶贫 + 文化"模式，大力发展观光旅游、度假旅游、休闲农业与乡村旅游，推动乡村旅游大众创业和万众创新，带动旅游扶贫，实现旅游富民。通过总体规划，以提高景区群众生活水平、建设美丽乡村、提升景区品位为目标，突出地方文化和民居特色，整治景区村庄环境，努力打造生态良好、风格统一、特色鲜明、设施完善、服务配套的乡村旅游景点。

(二) 文明建村

近年来，仙人洞村以精神文明创建为主线，以发展民族经济为抓手，依托景区开发迅速崛起，积极开展精神文明建设和民族团结示范创建活动，连续 6 年保持"国家级文明村"称号，呈现出了"经济发展、生活富裕、乡风文明、村容整洁、管理民主、民族团结"的良好局面，为全县精神文明建设、民族团结进步树立了典范。

1. 抓好民族团结示范创建

一是充分利用发放宣传册、张贴公益广告、召开群众大会、适时广播等形式强化民族团结示范创建成果宣传，使"两个共同，三个离不开"深入人心，营造出人人参与、民族团结的浓厚氛围。二是精心打造特色亮点，努力在加强民族工作、密切民族关系、文化繁荣发展、经济科学跨越、保障改善民生、社会和谐稳定、建设生态文明等方面做出示范，带动各族群众共同团结奋斗、共同繁荣发展。

2. 抓好文明示范创建

以"创文明村、做文明村民"为主题，开展清扫卫生、文明旅游宣传、清理河道等群众性的公益活动和志愿者行动。加强村情宣传教育，开展"文明仙人洞村，从我做起"系列活动。开展法律规范教育活动，在全体村民中进一步普及各种法律知识。坚持每3年评选一批邻里相处融洽、孝老爱亲、互帮互助的"五好家庭""十星户"和"文明婆媳"，并由村里拿出一定资金作为奖励，提高广大村民争当先进的积极性。积极开展"安全文明村""民主法制示范村""文明示范街""文明行业"等活动。开展"文明经营户"评比活动，对"文明经营户"实行挂牌上岗，引导广大经营户诚信经营。

3. 抓好环境卫生整治

开展各项文明创建专项整治活动，解决好村子"脏、乱、差"的问题。自筹资金购买一辆垃圾车，每天对村内公共道路进行打扫，对垃圾集中处理，保持公共环境卫生干净整洁。整顿村内门店、占道经营、夜市摊点、车辆停放秩序，规范经营秩序，逐步取缔和规范"提篮小卖"和尾随兜售经营活动，净化仙人洞村旅游市场秩序。

4. 抓好基础设施建设

重点抓好村内道路、活动广场配套建设和改造，做到路平道畅水通。积极推进整村重建计划，将村里的旧房有序推倒，统一规划、统一设计、统一建设成全新的"撒尼人文村落"，目前各项重建工作已基本结束。加强公共文体设施建设，方便村民休憩和文化活动，改善居民生活环境。投资18万元建起科技活动室、妇女之家，利用农闲和晚上时间对村民进行科技培训，并开展文艺演出活动，让村民既学到知识，又得到娱乐，促进学风建设。

5. 抓好先进文化引领

积极开展"讲文明、树新风、改陋习"等宣传活动，在全村每户家庭发放"破除陈规陋习，树文明新风"倡议书，提高村民抵制大操大办、赌博等陋习的自觉性。关心爱护未成年人，凡是仙人洞村民，只要考取大学或中专的，每人奖励3 000元，目前已发放各种奖励4万余元，有效激励了少年儿童努力学习、服务家乡的志向。对留守儿童、特困家庭定期进行帮扶,提升村民幸福感。以文艺队为载体,开展形式多样的文艺活动。成立了老、中、青共15支文艺队,拥有近200个与生产生活息息相关、喜闻乐见、大众喜欢的自创舞曲,节目感染着全村男女老少,使他们的文化生活变得多姿多彩。在旅游旺季期间,村内文艺队每天晚上都要为外来游客表演节目,其节目深受好评,促进了乡风文明。

6. 抓好村民自治管理

加强基层组织建设,重点抓好村两委班子建设,健全村党务、村务、财务公开和村两委议事、党员议事、重大事项报告等制度。切实做好财务公开工作,会计、出纳分开,每半年向全体村民公布一次账务,动用集体资金的项目和公益事业,必须经村民代表大会讨论同意,方可支出。健全村规民约,规范村民管理,将生产、生活、环境、红白喜事等纳入村规民约范围,发至每家每户,使村民有章可循。充分发挥治保、调解小组的作用,及时解决矛盾纠纷,调和邻里关系。组建1支巡防队,确保村民生命财产安全,实现了村内无"黄、赌、毒",无刑事案件现象。

经过多年来的努力,仙人洞村精神文明创建工作取得了显著成绩,先后被中央文明委授予全国文明村镇创建"先进单位""先进村镇""全国文明村"、云南省思想政治工作先进集体、云南省优秀"妇女之家"等称号。每当谈起仙人洞村的发展变化,人们都会说:"是旅游的春风给仙人洞村注入了生机和活力,是坚持改革开放、坚持科学发展观,以至旅游经济大发展,才使这个昔日的'口袋村'变成了文明发展进步的富裕村、民族文化生态村。"同时,也是充分发挥旅游区位优势,努力打造文明品牌,走种养加工、健康文明、与时俱进的民族文化旅游发展之路的结果。

(三) 文化兴村

云南省委、省政府主要领导到丘北县调研时提出:抓住机遇,加快旅游文化产业发展,瞄准国际化、高端化、特色化"三化"目标,高起点规划、高标准建设、高水平管理,把普者黑打造成为云南省旅游文化产业的新高地、国际著名的旅游目的地和云南省旅游产业转型升级的示范区,着力提升村子内涵,打造新亮点,形成示范效应。

1. 注重规范,坚持"6个原则"

为进一步加强普者黑景区民居建设管理,引导景区范围内村民节约使用土地,合理建房,可持续性地保护开发利用资源,根据《中华人民共和国土地管理法》《中华人民共和国城乡规划法》《文山州村庄规划建设管理条例》《云南省文山壮族苗族自治州普者黑景区保护管理条例》等相关法律法规的规定,结合景区实际，仙人洞村坚持"6个原则"，即：坚持改造新建相结合，以改造为主的原则；坚持突出地方特色，注重生态环保的原则；坚持"一户一宅"，推行村民自治的原则；坚持尊重历史风貌，修旧如旧的原则；坚持严格审批公示，严格组织验收的原则；坚持集约用地，严格执行"导则"的原则。

2. 注重本真，形成地域特色

一是景区民居建设外部装饰禁止使用罗马柱、花瓶柱、不锈钢、瓷栏杆、彩钢瓦、水泥制品瓦、波形瓦、外墙瓷砖等与自然环境不相协调的构件和色彩；鼓励使用木质结构、本地土瓦、空气能热水器、土坯砖、生态环保性的生土喷涂技术进行外墙保护及装饰；村内道路提倡铺石板路、透水性路面，不得使用水泥路、沥青路面。二是村庄内禁止搭建临时建筑物和构筑物，村外严格控制永久性建筑物，搭建临时建筑物的，必须经村小组同意，公示无异议后由乡（镇）人民政府批准，并签订协议，使用年限满后及时拆除，恢复原状。三是建筑物围墙采用通透式处理，提倡采用木格栅结构形式，或者采用生态绿化隔离形式。

3. 文旅融合，打造"金字招牌"

"希望我们的村庄，从房屋特色上保存着本民族的特色，游客进入我们的村子，会看到我们还是讲着自己民族的语言，女人还在那里刺绣，老人带着孩子，晚上大家围着篝火唱歌跳舞……让每个游客感受到，我们这个民族在这里自由自在地生活……"村小组长范成元说。除了建筑特色上的"保守"，仙人洞村在对待民族风俗文化上也是"保守"的。村子里的客栈基本上都由原居住民经营，设立"村规"禁止土地对外转让或买卖，以最大程度保持村寨原始风貌及民风民俗。"游普者黑、住仙人洞、品撒尼民俗文化"，作为仙人洞村的"金字招牌"，吸引着越来越多的游客慕名而来。

4. "抢救"文化，从"表演"到"表现"转变

目前仙人洞村自发组织的文艺队有15支300多人，白天，他们是游船公司的划船能手；晚上，他们换上艳丽多姿的服装，成了村里的文艺骨干，为游客们表演精彩的文艺节目。他们自编自演，每个节目都有浓郁的彝族风情和积极向上的精神风貌，优美的舞姿给远方的游客留下了美好的印象。仙人洞村在开发旅游产业的同时，十分重视民族文化挖掘、整理、传承和保护，目前村子建起了婚庆广场、民俗博物馆等，积极开展民族民俗文化"抢救"活动，安排文艺队骨干对原有的宗教文化和毕摩文化进行收编整理，编演了《古老的仙人》《洗麻歌》《三胡舞》《火塘情》等50多个独具特色的原生态歌舞。

（四）旅游富村

1. 量变到质变，贫困户变"百万富翁"

仙人洞村改造后的民居民族文化元素更多，档次更高，集旅游观光、休闲娱乐、吃住一体的彝族撒尼支系风格吸引着八方游客。经过改造后的客栈，淡旺季不那么分明，基本上每个月都有订单，全年平均入住率保持在50%左右，现在的1间房能抵过去的5间，收入较实现翻番。60多岁的村民黄大妈，建房子用了200多万元，一年有30万~40万元租金。某建档立卡贫困户的房屋刚改造完成，就有人租了20年，一年15万元租金，10年一付，让该贫困户摇身变成了"百万富翁"。

2. 抓住机遇，多元化发展

近年来，随着云桂铁路、丘北火车站、丘北机场、师宗至丘北至文山铁路、师宗至丘北至文山至河口高速公路、石林至丘北至广南至富宁剥隘高速公路等项目的建设推进，丘北立体交通网络体系日渐完善，通道经济优势显著。尤其是随着高铁经济时代的到来和综艺节目《爸爸去哪儿》、电视剧《三生三世十里桃花》的相继播出，游客像潮水般涌进普者黑，带动了仙人洞村的发展。仙人洞村挂牌成立股份合作社，盘活了集体资产，以公司化管理村子，每个村民都成了股东。同时，引进管理人才，整合仙人洞景点及停车场等资源；规范管理马车，引进观光车；通过网络营销，挖掘民族文化，研发旅游产品，实现多元化发展，争取3~5年打造出新亮点。

3. 点面结合，发展全域旅游

仙人洞村立足全域旅游发展大格局，完善基础及配套服务设施，做精旅游产品、做强旅游品牌、做大旅游市场，推动旅游产业转型升级。注重把农、林、牧、渔等传统产业与旅游相结合，整合集体用地，把水域租出去用于行船，把部分土地用于荷花园、玫瑰园及经济林园等的建设，逐步形成集生态农业观光、民族文化体验、民族特色食宿等为一体的旅游产业体系。

4. 辐射带动，实现共同富裕

目前，仙人洞村196户村民搬进了新房子，家家都做起了旅游生意，共有床位3 000余张，全部投入接待，预计每年实现综合收入4 000万元以上。全村彝族群众从20年前的年人均纯收入300多元涨到现在的40 000余元，顺利脱贫，快速走上了致富之路，成为丘北县第一个脱贫致富奔小康村。随着全村旅游经济收入的提高，他们利用旅游收入实施公益事业，成为远近闻名的富裕之村、魅力之村和幸福之村。其成功模式和良好的示范作用，不但解决了自身脱贫致富问题，而且为周边贫困群众提供了大量就业岗位，拓宽了增收渠道，为丘北县进一步挖掘乡村旅游资源，实施旅游精准脱贫提供了宝贵经验。

（五）生态护村

"绿水青山就是金山银山。"随着城市化进程的加速，人们对人与自然和谐相处的生活方式、保存久远的文化传统等越来越向往。仙人洞村拥有"中国独一无二的喀斯特山水田园风光"，淡雅荷韵与古朴村寨，就是仙人洞村吸引游客的关键。

1. 完善配套设施，营造良好旅游环境

仙人洞村党支部争取项目资金 1 470 万元，用以推进村内人居环境、水环境综合治理。仙人洞村对供水、排污、生活垃圾回收和电缆、管线铺设等进行统一规划建设，村内的电线、网线入地管理，使其成为丘北县第一个"电网入地"的村子。为让游客玩得开心、住得舒心、吃得放心，仙人洞村加强对生活垃圾及小广告的清运管理，用集体经济收入聘请 13 名保洁员，每天负责清扫村内公共道路，实现了所有街道全覆盖；配备垃圾车、拖拉机，对村内垃圾定时运输、定点倾倒；要求村内每家农户配备垃圾桶，清运自家产生的垃圾。清理整顿村内小广告，亮化、美化了村庄环境。仙人洞村还规范停车管理，重新划定停车位，安排专人引导停车；完善停车场配套设施，目前村内已新建 3 个停车场，缓解了景区停车难的问题。整顿村内占道经营行为，规范旅游市场经营秩序。此外，还组成志愿服务队，如村老年协会会员组成交通协管志愿服务队，疏导景区来往的机动车辆，管好小马车队载送游客；全村党员组成卫生督查、旅游咨询志愿服务队，督查村内卫生情况，并为游客做向导。仙人洞村通过实施这些举措，营造了良好的旅游环境。

2. 制定村规民约，为生态文明保驾护航

二十多年来，仙人洞村群众坚持保持村子周围的生态林，不仅保护了生态环境，还促进了旅游业的健康发展，被全县 12 个乡（镇）传为佳话。仙人洞村周围有近 100 公顷的生态风景林，过去村小组有一条不成文的规定，凡是哪家有年满 60 岁的老人去世，户主就可以到生态风景林里砍柴使用，多则 20 立方米，少则 10 立方米，使生态风景林受到严重破坏。自 1992 年普者黑景区开发建设以来，丘北县委、县政府提出，要大力保护普者黑的水源，保护好普者黑景区生态风景林。地处核心景区的仙人洞村党支部及村小组根据县委、县政府的指示精神，结合本村实际，制定了村子周围生态林保护措施和村规民约。"禁止全体村民到村子周围生态林里砍柴烧火，凡到生态林里砍伐树木者，一律按村规民约给予 500～1 000 元的处罚。"由于保护措施得力，村民共同遵守维护，通过长达 20 多年的管理，生态风景林得到了有效保护和恢复。现在全村 196 户村民，无论哪家操办丧事，都不会到生态林里砍伐一棵树烧火，而改由每户捐款 30 元钱作为办丧事的柴火补助费。

3. 融汇民族兄弟情，打造宜家游客体验

在仙人洞村党支部的带领下，仙人洞村民居焕然一新，村内道路变宽了，村庄更美了，游客更多了，富起来的村民建起了一幢幢彝家风情楼房，深入其中，给人一种步入仙境的感觉。目前，村党支部、村小组正带领全村群众主动融入"一部手机游云南"，瞄准旅游市场，拓宽旅游资源，做到家家都有新看点，户户都有新特色，让游客环村游览。"山美水美人更美"，这是仙人洞村给游客的真切感受。村民们待人诚恳，服务热情，无论在景区游山玩水，还是在旅店休闲食宿，游客都能感受到浓浓的民族兄弟情，就像在自己家中一样亲切。

三、仙人洞村蝶变新生的实现途径：产业选择、外力作用与激发内生动力相结合

（一）旅游产业是仙人洞村可持续发展的关键

一个村寨的发展，选准产业是第一位的、根本性的。村寨没有产业，就没有脱贫致富和发展的可能。仙人洞村依托得天独厚的自然资源和民族文化特色发展旅游业，全村都"吃旅游饭"，因此，发展旅游经济是村寨脱贫致富、可持续发展的基础。

（二）培植、激发内生动力是治本之策

1. 思想观念转变

俗话说，观念一变天地宽。说的是观念一变，思路变了，方法也就变了，就有了出路。仙人洞村在进行民居改造时，村民自愿推倒一间价值一两百万元的房屋，再花一两百万元重建。这一举动说明，村民的思想观念已经发生了彻底转变，已经认识到如果继续像原来一样各自为政、贪大求洋、过度追求眼前利益，将会走入低端旅游、低价竞争的死胡同，只有主动改变、保留本真，守住祖祖辈辈留下来的文化和生态，才有出路。思想观念的转变是导致仙人洞村民积极主动参与民居改造和村内环境整治、发展中高端旅游的重要前提，是激发内生动力的关键。

2. 有一支能干的村组班子

在仙人洞村蝶变新生的过程中，村干部一直起着重要而关键的作用。带领村民外出考察学习、积极向上级争取扶持帮助、组织村民开展民居改造和村内环境整治、引导群众转变观念等，说明仙人洞村小组领导班子是一支有头脑、有魄力、得民心、能干事、善成事的坚强队伍。如果没有这样一支队伍，光是仙人洞村的民居就不可能改造得这么彻底，更没有今天全村焕然一新、生机勃勃的新面貌。村民小组长范成元说："在进行民居改造时，村里专门成立一支执法队，监督村民严格按规划进行民居改造，决不允许多占一分、多建一层，村民没有想到我们的执行力这样强。"

3. 发挥示范带动作用

村民是最讲实际的，他们最关注的不是你怎么说的，而是你是怎么做的，效果收益是不是高，有没有实惠。光说不做、不示范，村民不会信，更不会做，所以示范才能真正起到引领作用。仙人洞村蝶变新生最关键、最艰难的一环是民居改造。村小组长范成元在全面宣传发动的同时，首先推倒自己价值200万元的房屋，在原宅基地上建起了具有彝族特色的两层楼房，客房数量变少了，但质量提高了，房价提升到原来房价的10倍仍然供不应求。村民看到了实惠和效益，纷纷主动交押金要求参与改造民居。所以，有一个敢想敢干的带头人，调动和发挥村干部与能人的引领价值和带动作用，激发村民主动改变的内生动力，才是根本和长远的可持续发展良策。

4. 建立命运共同体，打造优秀民族文化旅游品牌

"共同体"是一个描述群体而非个体的概念。共同体或共同意识是维系共同体群体性存续的关键因素。仙人洞村共同的经济联系、经济生活决定了他们建立命运共同体的必然性。仙人洞村的绿色生态环境和彝族原生文化，是发展民族文化旅游、特色旅游的根和灵魂。要保护好这个根和灵魂，需要全村树立一致的发展理念、齐头并进，建立命运共同体，抱团发展，共同打造民族文化旅游品牌。据村民小组长范成元介绍，仙人洞村现已有70多户外来个体户经营客栈，如果再不控制，任其发展，彝族原生民族文化环境就会受到破坏，发展特色旅游的根就会慢慢流失。因此，村里出台规定，要求村民坚持原则，尽量自己经营。尽管自己经营有一定的局限性，但彝族撒尼人本身就是一张文化名片，而全村撒尼人团结协作、共同发展就成了一个文化品牌。

【参考文献】

[1] 朱法飞 . "口袋村"嬗变"首富村"——从仙人洞全国文明村看科学发展观 [J]. 云南农村经济，2009 (3) .

[2] 黄启学，凌经球 . 滇黔桂石漠化片区贫困农民可持续生计优化策略探究 [A] // 云南省社会科学界联合会，曲靖市社会科学界联合会 . 南盘江发展论坛 [C]. 昆明：云南人民出版社，2017.

农民、村集体和企业的利益协调机制研究

——以大扶贫背景下六盘水"三变"改革为例

范兆飞　张俊英

（六盘水师范学院政治与公共管理学院"三变"改革研究中心）

六盘水市下辖钟山区、水城县、六枝特区，并代管盘州市。该市位于乌蒙山经济贫困带的重灾区，其中盘州市、水城县和六枝特区属于国家级扶贫开发重点县，是我国扶贫战困的关键地带。据统计，2016 年全市农村依然有 41.65 万贫困人口尚未脱贫，贫困人口居全省第 7 位；贫困发生率 15.67%，远高于全省 14.3% 的平均水平，位居全省第 4，解决贫困的道路依然很长。①

在这种背景下，六盘水市委、市政府根据中央精神和地方实际，创造性地提出了"三变"改革。"三变"改革是指以"资源变资产、资金变股金、农民变股东"为形式，以调整农村生产关系、适应生产力发展需要为核心的改革发展战略。作为新时期农村再次深化变革的重要探索，在一心为农民找到脱贫道路思想的指导下，它以产权为抓手，全力整合农村闲散和效率利用低下的资金，以及其他低能的生产资料，有效调整了生产关系，进而有力促进了当前生产力的发展，增加了农村财富收入。可以说，六盘水推行农村"三变"改革，以其特有的范围广泛性、理论指导性和实践有效性，初步解决了长期羁绊我国经济社会发展的"三农"问题。经过近四年的实践摸索，已经雄辩地证明，以"三变"为核心的农村产权制度改革不仅使贵州"走出了一条有别于东部、不同于西部其他省份的发展新路"，还很好贯彻了习近平同志所提出的"守底线、走新路、奔小康"的要求。这一创造性的改革探索为西部贫困山区的农村精准脱贫乃至农村现代化发展提供了一个可以借鉴的开放性经验。当前"三变"改革运用现代"股份"思维，重塑了具有落后保守刻板印象的农业、农村和农民，可以说是农业发展、农村现代化、农民脱贫致富的"正向催化剂"。

---

① 数据来源：根据 2016 年 10 月 17 日六盘水市扶贫开发领导小组在我国第三个国家"扶贫日"向全市发布的扶贫倡议书所提供的数据资料整理。

一、文献综述及问题的引出

2014 年以来，六盘水市委、市政府提出旨在壮大农村集体经济的"三变"改革，这一探索性实践以其显著成效引起了学界、政界以及社会各界的广泛关注。同时，六盘水在坚持土地公有制性质不改变、可耕地红线不突破、农民利益不受损的情况下开展起来的改革实践，在理论高度、范围广度、实践强度及多维价值效度上产生了积极而深远的影响，不仅对深化农村综合改革和"三农"问题的解决铺开了宽阔的道路，还为探索喀斯特地貌广布、生态环境恶劣的山区农业现代化发展和农村扶贫开发提供了一个值得深究的活态样本。

（一）文献综述

"三变"改革提出之后，其发挥的强大改革推力和实践效力引起了学术界多种学科的广泛关注，社会学、经济学、政治学、生态学等学科专家从各自学科背景和不同的理论视角对已成为热点与焦点的"三变"改革进行了深入研究和探讨。目前对"三变"改革的研究和探讨主要集中于以下各方面。

孔祥智、穆娜娜从宏观视角深入探讨了农村集体产权制度改革对农民增收具有重要的促进作用，认为"三变"改革有效激活了包括集体山地、山林、厂房等在内的"沉睡的资产"，不但找到了农民增收的新渠道，而且找到了欠发达地区实现农业现代化的路径，其经验值得借鉴，并提出了改革发展方向。张周虎从微观视角考察，以"三变"发源地米箩镇为样本研究，发现"三变"所取得的成效为深入推进改革提供的成功经验是可复制、可推广的。梅桂英等人就"三变"改革的意义，以及就土地流转问题，从概念、内涵、方法等展开探究。宋迪深入盘县（今盘州市）调查了盘县在"三变"改革过程中法律服务的状况，提出用配套的法律服务筑牢"三变"改革的法治屏障。刘琴根据六盘水"三变"改革的实际，对改革过程中法制环境的评估与优化进行了深入分析。刘远坤就贵州六盘水"三变"改革的实践特色、亮点、难点，以及在改革中提出的问题规避对策建议进行了探讨。伍友琴从党建、农业市场化经营及精准扶贫视角对农村"三变"改革实现现代农业发展提出了建设性意见。张绪清对如何减少改革成本、降低改革风险、规避改革负效应等问题的发生，以及在改革过程中对显性与隐性风险的科学防控进行了深入探究。尽管学界广泛探讨了"三变"改革，但在改革过程中影响改革成败的相关利益问题还需进一步探讨。

（二）问题的引出

"三变"改革作为一个具有探索性的实践问题，正处于快速成长发育阶段，因此，既无现成样本可以模仿，也无实践经验可以直接借鉴。改革作为一种动力和新的"事物"，在改革发展中势必存在这样和那样的利益协调问题。伴随改革的深入推进，处理地方实践与国家战略需求；防止村集体干部利用职权之便参与企业发展，为获取个人利益而使农民利益受损；作为股东的农民因整体素质低下不能参与企业的经营管理，企业管理的不透明；以及企业后续资金投入难以监控；村集体和作为股东的农民难以合理享受改革发展成果等，就成为必须解决的问题。

二、"三变"改革中农民、村集体和企业出现利益问题的分析

"三变"改革取得的显著成效，既与社会主义制度具有的不断完善的优秀品质有关，也与实事求是、与时俱进，能根据时代发展要求深化改革的主动积极求变密切相关。通过"三变"改革探索，不仅初步实现了农业强、农村美和农民富，农村生产方式变革和解决贫困的包容性发展，还进一步实现了农村社会治理的结构性转型。要正确认识"三变"改革中的农民、村集体和企业的利益交互问题，深入开展农民、村集体和企业利益问题的形成机理研究，以便科学预测，提前化解发展危机，真正做到推进改革顺利进行。

在深化改革的过程中，加强农民、村集体、企业利益相关问题的研究，可避免改革初衷不走样，政策执行"不跑偏"，专项扶贫资金不"流失"，最终实现农业增效、农民增收及农村生态价值增值。针对三者利益问题，需采取科学举措积极应对和防范。

（一）集体与农民之间的利益问题

在资源变资产的过程中，农民、集体和企业三者本身是一个利益共同体，并按最初入股资金参与最终分红，共享发展成果。在实际操作中，基层村干部既是国家管理层的底层代表，又是农村社会对民众的主要管理者，无形中影响着百姓的生活。另外，由于监管缺位，很有可能出现基层干部和企业主共同侵蚀农民股份的情况，从而损害了农民的利益。

（二）农民、村集体与企业之间的利益问题

无论从管理能力、经营水平，还是市场经济下的经济运作来看，农民、村集体相较企业处于劣势地位，因此，在改革过程中可能出现三者的利益纠纷问题。相对于村集体和农民的利益摩擦，农民、村集体与企业之间的利益问题更加复杂，主要有以下几点。

第一，农民变股东，表面上看农民实现了职业身份的转化，但由于整体综合素质低下和维权意识较差，加之缺乏参与企业生产发展的机会与权利，农民实际上无法掌控并影响企业决策发展。在调研中发现，农民的参与权、知情权、收益权等合法权益难以保证。经营权和所有权相分离，无形中削弱了农民对资金的监管难度，他们无法对企业的投资经营、资金使用、资本运作及财务管理

等实施有效监管。在这种情况下，"三变"改革难以确保农民的利益不受损。

第二，"三变"改革中，农民属于典型的弱势群体，维权意识普遍较低，缺乏专业机构和人员，以及成熟的评估制度，使得村集体和农民的相关资产和资金有可能存在低价入股的现象。当前土地流转的具体费用计算标准和尺度对经营实体有利，对农民和村集体不利。需注意的是，一旦农产品的定价机制和参照系数出了问题，在定价机制不合理的情况下再来恒定收入和产出，势必加剧制度本身的不客观和不公正。农民将土地流转给企业，企业以市场低价定价和流转农民土地，失地农民变成产业工人，农业经营实体又以较低的管理费支付给农民，表面上给了农民双份收入，实质上却通过两次交易直接套走了农民的利益。

第三，在实践中，不能忽视农民对企业的利益损害问题。众所周知，贫困农民往往希望投资的产业周期短而见效快，能够带来立竿见影的成效。然而，在市场经济条件下，企业的经营收益状况往往呈现诸多的不稳定性，农民见到企业暂时不盈利，就违背合同，纷纷撤股，从而影响了企业的正常运转，功亏一篑。

三、"三变"改革中农民、村集体和企业利益协调机制的构建

"三变"改革作为一个新生事物，还处于探索和发育阶段。因此，在改革深度推进中，既要牢牢把握改革的方向不变，又要坚持守住改革的底线不能突破。所以，积极借助政府、政策和法律等要素，建构农民、村集体和企业的利益协调机制，解决已经出现和可能出现的利益相关问题，显得尤为重要。

（一）做好改革的顶层设计和制度供给，为改革保驾护航

政府需强化改革中的顶层设计，充分发挥市场在资源配置中的决定作用，把市场的作用和适度的宏观调控结合起来。"三变"改革亟须政府设计一个能均衡农民、村集体、企业等各方利益的协调机制，以规范农民、村集体与企业的行为。同时，政府不能为了政绩，一味追求规模和速度，而忽视农民、村集体与企业的利益问题。

第一，将"三变"改革提升到国家改革发展战略的高度，用战略的眼光布局谋划，不能局限一地和一时的发展。

第二，政府要根据改革的实际，即根据改革发展中存在或者潜存的问题对症下药，采取科学举措予以弥补和预防。一方面，积极思考和应对各主体的利益问题，而不是回避真实存在的问题。另一方面，通过全盘考虑发现潜在利益问题，并通过制度供给将之规避。深化"三变"改革，要求将当前利益与长远利益、局部利益与整体利益、个人利益与企业利益有机结合，综合思考。

（二）加强顶层设计的具体转化，以实现对底层实践问题的解决

顶层设计的具体化对于解决"三变"改革中的相关问题至关重要。在改革中遇到的相关问题，中央未给出明确的法律支撑时，要求地方制定相关的规定。但是，由于改革配套制度的相对不完善，很多行为无法规范。因此，把顶层设计转化为具体举措，做到事前有规划、事中有监督、事后有保障，以实现对底层实践问题的解决，就显得尤为重要。具体来说，强化顶层设计与底层实践科学对接需要从以下几点着手。

第一，信息的不对称，使农民处于弱势地位。相关法律法规不完善时，农民一旦权益受损，就会求助无门。例如，采取积极的措施防止工商业资本下乡所带来的侵害行为，进一步强化农地租赁的合法规范与上限监控，预防形成低价"圈地运动"的现象。

第二，政府应做好操作性强的制度监督设计，从源头防范"三变"改革中参与主体的基本权益受损。例如，通过信用评级建立征信体系，将企业在工商部门的工商信息、在税务部门的纳税信息、在司法部门的诉讼记录等一并纳入企业信用系统，编制成《企业信用报告》。

第三，从行政层面、市场层面和社会层面建立惩戒与约束机制，建立失信记录积分制度，加强对失信行为的披露和曝光，强化社会道德的谴责力，约束企业与个人的失信行为。

第四，利用农村土地流转产权交易平台，科学推进农村产权依法自愿公开公正有序交易，不能为了做大效应而搞行政推动强迫执行。制定科学有效的产权流转办法，积极引导第三方专业评估机构来确定资产价格。

（三）加强宣传教育，营造良好的改革环境

加强对农民的权益保护意识和守法意识的宣传教育，让农民群众切实知道自己有哪些权益，如何有效维护这些权益。例如，股东对企业和合作组织有参与权、知情权、收益权等合法权益，以及可以通过参与监事会的事务做好监督工作。同时，还要加强农民群众的守法意识，遵守《合同法》的规定，培养契约精神，不能只顾自己利益，不顾集体和企业经营利益。另外，加强对企业进行行为规范和诚实守信的教育，使企业在"三变"改革的初衷下经营，如实投入后续发展资金。

（四）健全法规，扎紧制度笼子

构建利益机制，重点还在于健全法制，在全社会形成不敢违法的风气。这就需要认真贯彻落实中国共产党从严治党的相关制度规定，推进查处扶贫相关问题的责任追究，严肃问责对利益侵害监督不力的主体责任。同时，要在农村基层建立和完善党组织，发挥党员干部的带头作用；在企业尽快建立党支部，发挥党员的先锋模范作用；使党组织引领农民群众维护自身的权益，规范自己的行为，遵守《合同法》的规定。

第一，把领导干部的权力关进"笼子"里，让与扶贫相关的信息和扶贫资金发放变得更加公开透明；从源头上堵住漏洞、强化监督，让领导干部严以用权和审慎用权。

第二，要不断建章立制，进一步扎紧制度的"笼子"。建立与《贵州省国家公职人员、村（社区）干部落实惠民政策行为规范（试行）》相配套的公示制度及核实抽查制度，以防止损害集体企业和农民群众的利益。

结　论

六盘水"三变"改革是一项解决农村落后面貌的历史性改革。这一改革为传统因素聚集的农村注入了许多现代化的要素，是国家改革探索的新尝试。改革成效有力地推进了"三农"问题的解决，为当下农村问题的解决找到了新思路，实践现实意义和理论指导意义巨大，可以说是马克思主义政治经济学的发展和延伸。任何一项改革的推进，往往涉及多方的利益，而利益纠纷的解决，直接关系到这项改革的成败。因此，对参与主体的利益协调机制进行战略前瞻研究与系统性综合集成研究，尤为迫切而紧要。鉴于改革仍处于"摸着石头过河"的探索阶段，缺乏理论指导和模式借鉴，因此，强化"理论务农"与实践研究依然需要学界、政界和社会各界共同努力。

【参考文献】

[1] 张绪清. 农村"三变"改革助推精准扶贫的政治经济学解析——基于六盘水的地方性实践 [J]. 贵州师范大学学报（哲学社会科学版），2017（7）.

[2] 孔祥智，穆娜娜，农村集体产权制度改革对农民增收的影响研究——以六盘水市的"三变"改革为例 [J]. 新疆农垦经济，2016（6）.

[3] 张周虎，探访米箩——寻找"三变"发源地 [J]，当代贵州，2015（42）.

[4] 梅桂英. 六盘水市农业市场化经营现状及"三变"改革的意义 [J]. 现代农业科技，2016（7）.

[5] 宋迪. 筑牢"三变"改革的法治屏障——走进盘县看"三变"法律服务 [N]. 六盘水日报，2016 – 03 – 30（01）.

[6] 刘远坤，农村"三变"改革的探索与实践 [J]. 行政管理改革，2016，1（1）.

[7] 伍友琴. 深化"三变"做实现代农业发展 [A] // 贵州省社会科学界联合会. 2015 年贵州省社会科学学术年会论文集 [C]. 贵阳：贵州科技出版社，2016.

农业供给侧改革视域下精准扶贫模式探索

——基于砚山县夸溪村的调查

秦　睿　陈世荣　王　猛

（文山学院）

农业供给侧结构性改革和精准扶贫，是我国在新时代改革进程中，以及适应经济新常态的调整过程中都不能绕开的政治、经济主题。2017 年中央一号文件从"推进农业供给侧结构性改革，培育农业农村发展新动能"的角度，十九大报告从"决胜全面建成小康社会""贯彻新发展理念，建设现代化经济体系"的角度，对这两个主题加以强调。农业供给侧结构性改革与精准扶贫有着十分密切的关系，从本质上讲，精准扶贫要解决的是共同富裕的问题，农业供给侧结构性改革要解决的是生产力发展的问题，后者是马克思主义在当代中国最迫切、需要解决的核心问题。那么，能否做到效率和公平齐头并进，甚至相互促进呢？林俐、汪三贵、万良杰、顾云松、孙菲、冉亚清等均从不同角度论证了农业供给侧结构性改革对于精准扶贫的作用：核心在于通过供给侧结构性改革，解决贫困地区产业供需错配、补齐短板，形成经济生态可持续发展模式，从而提升农业效益、增加农民收入，进而实现减贫脱贫。

一、夸溪村贫困的根子

（一）自然资源短板导致贫困

自然条件的限制是夸溪村贫困户致贫的重要原因。夸溪村隶属云南省砚山县者腊乡，下辖夸溪、批洒等 9 个村民小组。砚山县被录入《中国农村扶贫开发纲要（2011—2020 年）》中的全国 14 个集中连片特困地区名录，属于"滇黔桂石漠化区"，被国家列为今后 10 年扶贫攻坚的主战场。砚山县具有与喀斯特地貌重叠的特点，在耕地方面，贫困户耕地资源人均占有量严重不足、土地分散零碎，不利于规模化耕作。根据对夸溪村 550 户精准扶贫户的调查显示，户均综合农业用地占有量不足 2 亩。在夸溪村贫困户的致贫原因中，虽然只有 24.18% 的贫困户意识到自身占有的土地面积不足，但实际占有量不足的人数比例远高于此。例如，水田面积不足 2 亩的有 351 户，占 63.44%；仅有 2 亩的 71 户，占 12.91%；仅有 1 亩的有 66 户，占 12%；不足 1 亩的有 235 户，占 41.82%，其中 158 户完全没有水田，比例高达 28.37%。旱田面积不足 5 亩的有 440 户，占 80%；超过 5 亩的有 110 户，仅占 20%；无旱田面积的有 50 户，占 9.09%。林业方面，全村仅有经济型杉树林 40 亩，这使得夸溪村无法依靠传统的林业来脱贫致富。

（二）人口素质短板导致贫困

从劳动力结构来说，夸溪村贫困户的劳动力人口优势并不明显，表现在两个方面，一是劳动力受教育水平不高；二是劳动力身体健康状况较差。在 550 户贫困户家庭中，劳动力人口整体文化素质偏低。从总体情况看，超过 81% 的村民只具备初中及以下文化程度，表现在：具备高中以上学历的人占 19%，初中占 34%，小学（实际为未上完小学，大多数仅上过小学 1 年级）占 45.5%，文盲或半文盲占 1.5%。受文化素质的限制，夸溪村外出务工人口非常少，共 476 人，占劳动力总数的 17.97%。夸溪村外出务工村民收入普遍不高，仅能够满足个人日常开支，不足以形成积蓄，缓解贫困。更严峻的是，在产业升级换代的时代背景下，很多人面临无工可打的局面，而回村种地又面临着耕地面积稀缺的困境。调查显示，夸溪村贫困户因受教育程度低导致的贫困占比高达 41.82%。（见表 1）

表 1　夸溪村贫困户贫困原因统计表

选项	小计（人）	比例（%）
缺资金	204	37.09
缺技术	230	41.82
缺劳力	263	47.82
无经济来源	1	0.18
缺土地	133	24.18
因病	259	47.09
因残疾	107	19.45
交通落后	92	16.73
因受灾	17	3.09
五保户	10	1.82
教育负担（因学）	9	1.64

夸溪村劳动人口众多，但劳动力的健康水平状况堪忧。调查显示，夸溪村贫困户因病返贫占比 47.09%。与较高比例的劳动力人口形成反差的情况是，夸溪村致贫原因中劳动力缺乏占比达 47.82%。在实地调研中，多数受调查者表示，劳动力缺乏是因为年轻人都外出打工了。事实上，夸溪村的人口老龄化程度并不高。夸溪村在农业生产经营模式粗放的情况下，机械化程度较低，单位面积需要的劳动量加大，劳动更为繁重，需要的劳动力人口就多。这就使得夸溪村出现了劳动力的假性缺乏，而劳动力假性缺乏的背后，则是农闲时劳动力的闲置和过剩，最终农业生产力水平低下所导致的劳动力阶段性闲置造成了收入的单一化。综合以上人口因素，夸溪村要解决劳动力人口受教育水平不高、身体健康状况不良、农闲时劳动力人口相对过剩而农忙时假性缺乏的情况，农业供给侧结构性改革是一个重要的途径。

（三）生产经营短板导致贫困

夸溪村的农业具有产业结构不合理、产品附加值低、经营模式落后、产业融合程度和创新程度低的特点。夸溪村在自然资源和区位条件的限制上，很难发展具有规模化的工业。其支柱产业是农业，占经济总收入的比重高达 98.11%，第二、三产业产值仅占 1.89%。彭万勇、金盛一针见血地指出："贫困地区基于先天和后天的劣势，决定了在这些地区发展工业很难带来显著的经济、社会、生态效益，而旅游业为代表的第三产业又附着于有绝对旅游资源禀赋的少数特困地区，因此贫困地区第二、三产业发展缺乏资源优势，越发凸显了农业尤其是特色优势农业的支柱产业地位。"作为夸溪村支柱产业的农业，则出现了供给侧结构不合理的现象。

1. 农产品品种低劣，不具备产量和市场竞价的优势

玉米和水稻这两种国内已经出现农业产能过剩的低附加值作物，是夸溪村的主要经济作物，种植面积占总耕种面积的 81.91%。烤烟、三七等作物虽然经济效益较好，但对农田的肥沃程度、种植技术、资金投入要求较高，石漠化导致夸溪村农田土层较薄，土壤贫瘠，加之务农人口受教育程度低下，缺乏相关的技术和资金扶持，无法大面积发展。香椿、石榴等具有产量大和价格竞争能力的特色林果产品种植也面临着缺技术、劳动力和市场的局面。夸溪村适合养殖的禽畜产品主要有牛、猪、羊、鹅、鸭、鸡等，其中比较有特色、附加值高的产品是黑山羊。但黑山羊养殖对山林草场面积有一定要求，对于贫困户来说养殖成本较高，并且夸溪村的石漠化半石漠化山林不足以支撑大面积养殖。此外，夸溪村的旱鸭和草鹅也具有较大的特色和经济价值，但主要采用玉米等粮食喂养，贫困户耕地面积有限，所产粮食不足以支撑大规模养殖。猪和牛两大牲畜养殖数量较少，其中，牛养殖头数为 0 的户数高达 57.27%，并且养殖品

种为耕牛,是重要的生产工具,不能出售;猪养殖头数为 0 的有 350 户,占 63.64%。(见表 2)

表 2 夸溪村牛、猪养殖情况表

夸溪村牛养殖情况（2015 年）			夸溪村猪养殖情况（2015 年）		
头/户	小计（户）	比例（%）	头/户	小计（户）	比例（%）
0	315	57.27	0	350	63.64
1	137	24.91	1	60	10.91
2	59	10.73	2	74	13.45
3	20	3.64	3	31	5.64
4	8	1.45	4	13	2.36
5	7	1.27	5	6	1.09
5 以上	1	0.18	5 以上	11	2.00
其他	3	0.55	其他	5	0.91

2. 生产方式和经营方式比较粗放

夸溪村的种植业主要采用传统的人力、畜力耕作方式进行生产,科技含量较低。林果经济等产业因缺乏技术和劳动力,产量很难控制。夸溪村贫困户认为,无法发展规模化特色种植和养殖是由于缺少资金、人力和技术等。事实上,资金的缺乏和劳动力的不足均是由于其粗放的生产经营模式所导致的。夸溪村农业发展缺乏市场化的农业经营模式,主要以家庭为单位进行生产,采用传统的农业耕作模式和养殖模式,机械化应用程度非常低,科技含量较低;尚未建立起农资、农产品与市场的双向顺畅流通渠道。以香椿种植为例,农户由于贫困,在思想上比较保守,在缺乏启动资金和生活保障,而销售量又不稳定的前提下,不敢进行专业规模化种植,不敢承担市场风险。从本质上说,这种现象正是由于其生产经营方式落后造成的,一方面,农户不愿放弃大规模的低产粮食作物种植,就不能保证香椿生产达到一定的规模,而如果只是零散种植,那么再高的附加值也不能保证通过发展香椿产业脱贫;另一方面,农户认为发展香椿产业存在劳动力缺乏的原因,本质上是由于其在香椿上市季节依靠人力、畜力发展其他低产产业,占用了大量的劳动力,不愿意聘请工人采摘所导致的。农户不敢放弃低产作物改种特优产品,也不愿意聘请人力,加之贫困户的农业生产与市场对接度较低,缺乏销售渠道,不能保证特优产品的销售量。

在市场化和改革开放的大背景下,贵州(如晴隆模式)、广西等自然条件、人口因素与之类似的贫困地区，通过发展山地农业、特色养殖、互联网农业等实现脱贫的不在少数。由此可见，夸溪村没有能够自发地建立起与市场高度耦合的农业产业经营模式，是其贫困的深层次原因。

二、夸溪村的扶贫模式探索

表 3　2015 年夸溪村校企合作试验基地蔬菜品种亩产值对照表

农产品类型	亩产量（千克）	收购（单价/千克）	年亩产产值（元）	亩均纯收入（元）	种植成本（元）
大葱（特优产品）	4 000	1.5	6 000	3 500	2 500
卷心菜（特优产品）	8 000	0.5	4 000	3 040	960
玉米（低产作物）	386.1	2.0	772.2	332.2	440
水稻（低产作物）	457.5	3.4	1 555.5	595.5	960

针对夸溪村的贫困根子，文山学院在帮扶过程中采用了以供给侧结构性改革为切入点的产业结构调整型帮扶思路，形成了"高校＋公司＋农户＋基地＋合作社"的"1＋4"精准扶贫模式。具体做法如下。

（一）培育特优品类，淘汰过剩产能

2015 年，文山学院引入中康农业科技公司（后文简称中康公司）的力量，在夸溪村建成农业科技合作基地 1 个。根据夸溪村的地理气候条件，选择日本九条葱等特优蔬菜种植替代夸溪村的低产作物种植（见表 3"大葱"），并以该种植基地作为扶贫基地进行科学研究。在林业方面，结合者腊乡（镇）政府的产业扶贫规划，对夸溪村软籽石榴、脆甜李、梨、油桐、油茶、核桃、板栗等经济林果品种进行科学分析和小范围试点种植，与政府合作推进软籽石榴项目。另外，夸溪村还着重发展了日本和牛这个特色较大、产量较高、增收效果明显的养殖产品。在此基础上，夸溪村探索对石漠化具有高度适应性的特色山地农业和农产品类型，逐步淘汰原有的结构性过剩农产品种类，减少耕种和种植面积，加大特色农产品的种植范围和规模。

（二）校企联动帮扶，发展订单式经营模式

夸溪村由于土地分散零碎，户均土地占有量不足 2 亩，不能发展以家庭农场为基础的新型农业发展模式，也不能实现大规模连片种植，只能以"坝子（即石质山峰之间的小范围平坦土地）"为基础实现小规模连片种植。由于规模较小，企业在农产品订单方面的合作意向不强，文山学院建立了以家庭为单位，合作社为组织基础，企业为技术外包承接主体，学校、企业为产品订单需求方的后勤保障基地，实行订单式生产。具体操作过程是：文山学院与中康公司、云南宣威德和农牧发展有限公司分别签订《校企战略合作框架协议》，中康公司投入 2 000 万元实施商品蔬菜基地建设，云南宣威德和农牧发展有限公司提供禽畜品种，在砚山县政府的配合推动下，引导群众流转土地 2 000 亩，成立种菜、养猪、劳务输出专业合作社 3 个，初步建立了商品蔬菜种植、商品猪养殖基地 2 个，发展无公害蔬菜连片种植和肉牛、生猪、家禽养殖。在经营方式上，农户加入专业合作社后，按照企业要求的技术规范和标准种植蔬菜、养殖禽畜。在产品销售上，分别由中康公司、云南宣威德和农牧发展有限公司、文山学院学生食堂按照各方产品需求，向后勤保障基地下生产订单，并以不低于市场价的保护价收购农产品。其中，在农产品物流运输方面，文山学院按照学生食堂所需的肉食蔬菜以订单形式提交给合作公司，要求公司按需求从合作社定时配送。这就促使贫困农户农业生产经营方式上实现农产品供给和需求方对接，防止了增产不增收的状况发生。同时，基地生产是按照企业和学校的要求进行的，并由企业做技术把控，产品在数量、质量上都能满足特定需求，不会出现供需错配的情况。

（三）发展股份合作，促进机制变革

夸溪村主要通过两个措施来促进经营机制变革，一是土地流转，二是帮扶入股。文山学院引进企业后，通过企业出资，按照市场价每亩 750 元的价格，5 年一个周期，流转土地 1 000 亩，优化农村资源配置。土地流转使劳动力、土地、技术、机械等生产要素得到优化配置，有效提高了劳动生产率、土地产出率。同时，土地流转有利于实现规模化经营，提高农机作业率，提高人均综合经营耕地面积水平。流转后的土地归属各村的农业合作社，由过去的农户家庭单一分散经营，转变为由合作社、农业基地及企业合作经营。土地流转使农民从土地中解放出来。另外，在建立合作社的同时，通过整合多种渠道资源，帮助贫困农户入股企业获得长期可持续收入。截至 2016 年底，通过砚山县整乡推进项目（扶持资金 3 637.87 元/户）和社会帮扶（中国兵器工业集团有限公司扶持资金 2 722 元/户，上海静安区扶持资金 10 000 元/户），夸溪村已经有 238 户贫困农户入股中康公司获得持续股份收入，其中，每户股本为 6 359.87 元，预期平均年收益为 508.79 元。在通过合作社获得固定土地流转收益、股份分红收益的生存保障下，贫困农户的产业发展思路不再局限于家庭拥有的零碎土地，部分农民选择外出打工，留乡农民则选择发展畜牧业和从事第二、三产业等，这使得土地的规模化经营与产业融合发展有了保证，从而形成了经营机制的良性循环。

（四）挖掘"生态"资源，推动产业创新

夸溪村有两个生态资源：一是自然生态资源，二是民族文化生态资源。前一个资源，夸溪村主要通过推动软籽石榴等既能保护"绿水青山"又能制造"金山银山"的生态农业项目来推动。后一个资源，夸溪村在文山学院高校智能优势的助力下，通过非物质文化遗产项目挖掘、申报、保护和宣传，形成一定的影响力和知名度，继而通过政府和文山学院投资的方式，促成文化资源向乡村旅游资源的转变。2015—2017 年，文山学院投资 100 万元，砚山县政府投资 400 万元，在夸溪下辖的批洒村建设了"棒棒灯"传承室、科技活动室、老人亭等，在保护地方特色文化的同时，使夸溪村成为砚山周边市民乡村休闲观光的好去处。在夸溪村下辖的那夺村，成立了一支彝族原生态文化表演小队，以那夺村原汁原味的特色彝族音乐、舞蹈作为表演内容，吸纳了一批受教育程度较低，外出务工渠道狭窄的老、中、青年贫困农民作为职业表演演员，有了一定的收入。在此基础上，在文山学院的推动下，砚山县政府将那夺村彝族文化表演队设立为民族文化保护对象，以非物质文化遗产保护的思路，为表演队员提供了固定的收入，使文化表演队伍稳定下来，并持续扩大。2017 年，那夺村还以特色民族文化资源和乡村民俗风情在村中开展了民俗文化节，吸引了大量周边市民参与，直接或间接地增加了当地贫困农户的就业渠道和收入来源。

三、经验与存在的问题

（一）夸溪村的经验

2015 年，习近平同志在云南考察时指出，扶贫要扶到点上、根上，才能真正让贫困群众得到实惠。夸溪村的穷根在于三个方面：自然资源限制、人口受教育程度限制、生产经营模式落后。夸溪村的"高校＋公司＋农户＋基地＋合作社"的"1＋4"精准扶贫模式，其思路是以农业供给侧结构性改革促进贫困农户的产业结构调整，经营方式转变，农业发展思维转变，继而发展出农业新业态。这种扶贫模式是从根子上进行扶贫，既符合我国经济新常态条件下经济机构重大调整的现实，又符合从产业发展模式上长效扶贫的现实。夸溪村"1＋4"模式与其他产业扶贫模式的区别主要表现在以下几个方面。

1. 订单式生产经营模式，且订单主体固定化、多样化

夸溪村扶贫基地的订单来源主要有企业和高校学生食堂，高校学生食堂能够稳定地消耗小规模的特色优质农产品，有利于实现小规模、品种多样化的基地生产形态的发展。

2. 规模化经营，但规模较小，以合作社为单位

夸溪村与贵州、广西等地的山地生态农业最大的不同在于，它依靠的不是

大规模生产，而是小规模生产，这是与其石漠化和喀斯特地貌叠加的自然条件高度相关联的。

3. 发挥高校的智能优势，将非物质文化遗产保护、乡村旅游和精准扶贫结合起来，创造出新的农村产业发展方向和就业方向。

习近平同志 2013 年 11 月在湘西考察时，提出"扶贫要实事求是，因地制宜"。精准扶贫所谓的"精准"，实际就是要求根据扶贫对象的特点，因地制宜，实事求是地寻找到造成贫困的根源，从而拔掉"穷根"。

(二) 夸溪村模式存在的不足

1. 责任主体问题

责任主体问题中最关键的一个问题是：在学校、企业、基地和农户合作的条件下，在"1+4"模式中，按照当前的责任分配，学校作为夸溪村扶贫的主体，形成一对一帮扶。虽然高校有服务于社会的责任，在扶贫过程中也有着其他机构所不能比拟的智能优势和科技优势，但是将高校中的全体教师成员作为扶贫的主要落实人员，甚至抽调人员组建驻村工作小队，在贫困地区高校本身发展资金不足、师资不足的情况下，会分散高校的精力。当然，高校教师全员参与扶贫，也能够获得科学研究基地、课程实践、学生课外实践基地等相关资源。因此，有利也有弊。但如果将高校作为责任主体，扶贫工作一旦不能如期完成，如何追责？以何种形式追责？当前，扶贫到了攻坚克难期、决胜期，在贫困连片区，扶贫任务量大、工作繁重。

2. 利益分配问题

利益分配问题的核心是扶贫的"精准性"与企业合作的吸引力之间的矛盾关系的处理，换句话说，就是如何保证贫困户在与企业合作中获得利益分配上的倾斜。虽然也有企业出于回报社会的初衷参与扶贫，但在市场经济条件下，靠利益驱动才具有可持续性。夸溪村贫困户固然从扶贫基地中获得了较多的收益，但相比于贫困户，与基地合作的公司获得了更多的收益，土地流转经营、扶贫合作社和基地在经营收益上向公司倾斜的比重比向农户倾斜的更大。

3. 收益增长机制问题

收益增长机制问题表现为收益增长较低和增长机制缺乏问题。在夸溪村农业科技基地，贫困户在扶贫产业中获益的主要渠道是土地流转收入，共计获得固定年收益为 503 250 元，该固定年收益占总收益比例仅为 2.5%，固定年收益增长率为 0。照此计算，10 年后，在夸溪村的扶贫产业投资中，贫困户依靠土地流转和少量临时务工收入能从中获得约 25.16% 的收益。这种产业扶贫模式中，贫困户单独依靠土地流转和企业聘用产生的少量临时收入，不足以体现扶贫产业的精准性和长效性。

4. 劳动权利保护问题

劳动权利保护问题的实质是产业经营机制变革与劳动权利保护之间的关系问题。在土地流转过程中，夸溪村的贫困户虽然获得了固定的收益，但是并没有与基地和企业签订固定的劳动聘用合同，这就意味着在市场化条件下，贫困户随时可能失业。同时，夸溪村的贫困户普遍受教育程度较低，而受教育程度较低的人又年龄较大，接受再教育和技能培训获得职业技能提升的机会较小；农业合作基地、公司在务工方面并没有与农户及扶贫主体达成契约，每年仅有少量失地农民能够获得在基地和公司打短工的机会，"闲置"下来的贫困人口的劳动安置和劳动权利保护又形成了新的问题。

因此，在引入多方力量进行农业供给侧结构性改革的过程中，既要把蛋糕做大做好，又要分配好蛋糕。一方面，要使扶贫产业项目的利益增长同扶贫对象的收入增长紧密联系起来。另一方面，要注意与合作企业签订协议，保证贫困户进入企业务工的比例，通过多种渠道保障贫困户的劳动安置和劳动权益。所以，在以供给侧结构性改革为切入点进行精准扶贫的过程中，要时刻注意扶贫是目的，产业发展是手段，只有这样，才能提高扶贫的精度和效度，实现靶向扶贫。

南盘江流域石漠化治理问题研究

——以平果县石漠化治理为例

祝励璠

（百色市平果县社科联）

南盘江发源于云南省曲靖市马雄山东麓，由北往南流入云南省沾益、曲靖，至陆良上折西流，至宜良上折南流，到开远折东北流至八大河南岸进入广西，至三江口北岸进入贵州省望谟县双江口与北盘江汇合。南盘江自珠江源至北盘江汇合口全长9 914千米，流域面积为56 809平方千米，其中广西境内5 548平方千米，贵州境内7 713平方千米，云南境内43 548平方千米，是滇、黔、桂三省（区）的重要经济区域和生态宝库。

一、南盘江流域石漠化的生态特点和危害

喀斯特石漠化的生态特点是山区陡峭，岩石裸露率高，岩溶极其发育，地貌类型多样，岩溶漏水性强，地表贮水能力差，成土能力差，土壤浅薄，植被覆盖小，土壤流失严重。

石漠化给当地群众的生产生活带来了很大危害，是当地经济发展的主要障碍。一是降低土壤肥力，破坏土地资源，影响农业生产。由于植被遭到严重破坏，林草覆盖率降低，坡面表土大量流失，岩石裸露，土地石漠化面积不断扩大，土壤黏结力减小，土层变薄，氮、磷、钾及有机质含量变小，耕地肥力降低，严重制约着农作物单产的提高。暴雨中陡坡耕地的水土流失特别严重，据科学观测，15～25度的坡耕地每年每公顷流失水量400～600立方米，流失土壤30～150吨。田间持水能力降低，不耐旱，又加剧了干旱的发展，其结果是农作物产量很低，群众生活贫困。二是加速地表淤积过程，降低水利工程寿命。严重的水土流失造成水库、坝塘淤积严重，每逢雨季，农田、沟渠、河道被淤的情况时有发生。三是生态环境恶化。生态环境的恶化导致土地减少，土地退化，耕地严重不足，极度缺水，自然灾害频发，严重影响地方经济发展和社会稳定。

二、南盘江流域石漠化分布现状和治理现状调查

我国西南岩溶地区是我国石漠化最严重的地区之一。南盘江流域岩溶区涉及滇、黔、桂3个省（区）7个州（市）30多个县（市、区）。石漠化地区面临着生态恶化与贫困交织的发展难题，是全国生态建设和扶贫工作的重点和难点。南盘江流域石漠化最严重的是丘陵谷地，占石漠化总体的50.95%，其次才是占38.8%的峰丛洼地。从结果来找原因，南盘江上游流域丘陵居多，有部分峰丛。相比之下，低矮的丘陵恰恰因为更便于耕种，从而走向了石漠化。调查还显示，在1999—2008年南方8个省（市、区）石漠化统计表中，滇、黔、桂恶化数据合计占91%，云南遥遥领先。滇、黔、桂三省（区）的岩溶面积在全国是三甲，它的岩溶生态左右着中国岩溶的数据报表。

（一）南盘江流域各州（市）石漠化分布现状调查

南盘江流经云南省曲靖市、昆明市、玉溪市、红河州、文山州，贵省黔西南州，广西百色市等7个州（市）。云南省珠江流域石漠化土地面积10 200平方千米，占全省石漠化土地面积36.2%。

表1　2011年南盘江流域各州（市）石漠化面积统计表

州（市）	国土总面积 （平方千米）	石漠化面积 （平方千米）	占国土面积 比（%）	潜在石漠化面积 （平方千米）
曲靖	28 963.35	5 190	17.92	3 357.10
昆明	21 582	1 190	5.51	960
玉溪	15 285	710	4.65	410
红河	32 930	2 780	8.44	2 590
文山	31 456	8 160	25.94	1 966
黔西南	16 804.3	6 094.65	36.27	1 260.32
百色	36 252	5 450	15.03	4 400

1. 曲靖市南盘江流域石漠化分布现状调查

曲靖市土地总面积28 963.35平方千米，岩溶面积14 195.80平方千米，占全市土地面积的47.55%；石漠化土地面积4 445.30平方千米，占岩溶面积的31.31%。其中，轻度石漠化2 289.03平方千米，占51.5%；中度石漠化1 653.22平方千米，占37.2%；重度石漠化379.59平方千米，占8.5%；极重度石漠化123.54平方千米，占2.8%。潜在石漠化土地面积3 357.10平方千

米，主要分布在曲靖市中部、南部地区及南盘江和金沙江流域。作为滇中重镇的曲靖，同样成为石漠化的重灾区，在全省 65 个重点县监测名单中，曲靖的麒麟、沾益、马龙、宣威、富源、师宗、罗平、会泽、陆良 9 个县（市、区）均在此列，而在南盘江流域范围的有麒麟、沾益、富源、师宗、罗平、陆良 6 个县（区）。沾益石漠化面积 745.34 平方千米，占国土面积比为 26.6%，潜在石漠化面积 183 平方千米；陆良石漠化面积 781.51 平方千米，占国土面积比为 38.88%，潜在石漠化面积 183.85 平方千米；罗平石漠化面积 845.24 平方千米，占国土面积比为 37.6%，潜在石漠化面积 227.61 平方千米；师宗石漠化面积 1 262.66 平方千米，占国土面积比为 45.37%，潜在石漠化面积 424.61 平方千米；富源石漠化面积 865.41 平方千米，占国土面积比为 26.6%，潜在石漠化面积 662 平方千米。

2. 昆明市南盘江流域石漠化分布现状调查

昆明市位于中国西南云贵高原中部，南濒滇池，三面环山，滇池平原，为山原地貌。地势大致北高南低，多溶洞和熔岩地貌，熔岩盆地有石林坝子。昆明市土地总面积 21 582 平方千米，石漠化土地面积 2 703.02 平方千米，占土地总面积 12.52%。潜在石漠化土地面积 960 平方千米。其中轻度石漠化 837.48 平方千米，占 3.88%；中度石漠化 1 169.08 平方千米，占 5.42%；重度石漠化 696.46 平方千米，占 3.23%。昆明市下辖 7 个市辖区、1 个县级市、4 个县、3 个自治县。昆明市南盘江流域主要有宜良、石林县，宜良县石漠化面积（含路南部分）993 平方千米，占国土面积比为 26.14%；石林县石漠化面积 483.57 平方千米，占国土地面积比为 28.75%，潜在石漠化土地面积 182.32 平方千米。

3. 玉溪市南盘江流域石漠化分布现状调查

玉溪市位于云南省中部，地处云贵高原西缘，地势西北高，东南低，山地、峡谷、高原、盆地交错分布，山区面积占 90.6%，境内有哀牢山、高鲁山、梁王山、磨豆山、大水井岩头山、螺峰山等山脉。玉溪市总面积 15 285 平方千米，石漠化土地面积 787 平方千米，占土地总面积的 5.15%，潜在石漠化土地面积 410 平方千米。全市辖 2 个市辖区、4 个县、3 个民族自治县，南盘江流域主要有澄江、江川、华宁、海通、峨山等县。澄江石漠化面积 132.7 平方千米，占国土地面积比为 17.7%；江川石漠化面积 55.91 平方千米，占国土地面积比为 4.2%，潜在石漠化土地面积 33.91 平方千米；华宁石漠化面积 208.03 平方千米，占国土地面积比为 16.64%，潜在石漠化土地面积 59.04 平方千米。

4. 红河州南盘江流域石漠化分布现状调查

红河哈尼族彝族自治州位于云南省东南部，全州地处低纬度亚热带高原型湿润季风气候区，在大气环流与错综复杂的地形条件下，气候类型多样，具有独特的高原型立体气候特征。红河州面积 32 930 平方千米，岩溶区地跨红河、珠江流域，地质复杂，岩溶最为发育，岩溶面积 18 777.29 平方千米，占全州面积的 55%；石漠化土地面积 5 929.1 平方千米，占土地总面积的 32%；潜在石漠化土地面积 2 590 平方千米。其中，轻度石漠化 1 055.66 平方千米，占 17.9%；中度石漠化 2 430.07 平方千米，占 40.9%；重度石漠化 2 444.1 平方千米，占 41.2%。红河州辖 4 个市、6 个县、3 个自治县，南盘江流域主要有开远、沪西、建水、蒙自、石屏、弥勒等县（市）。其中，开远石漠化土地面积 414 平方千米，占土地总面积的 20.61%；沪西石漠化土地面积 381.88 平方千米，占土地总面积的 22.82%；建水石漠化土地面积 741 平方千米，占土地总面积的 19.56%；蒙自石漠化土地面积 528 平方千米，占土地总面积的 23.70%；石屏石漠化土地面积 147 平方千米，占土地总面积的 7.71%；弥勒石漠化土地面积 1 123.9 平方千米，占土地总面积的 28.1%。

5. 文山州南盘江流域石漠化分布现状调查

文山州是典型的岩溶地区，全州面积 31 456 平方千米。根据 2012 年全国第二次石漠化监测成果，文山州岩溶面积 13 529 平方千米，占国土面积的 43.01%；石漠化面积 8 153 平方千米，占国土面积的 25.92%；潜在石漠化面积 1 966 平方千米，占国土面积的 6.25%；非石漠化面积 3 410 平方千米，占国土面积的 10.84%；其中，岩溶面积居全省第一位，是全国、全省石漠化防治重点区域。文山州辖 7 县 1 市，南盘江流域主要有砚山、丘北、广南等县。其中，砚山县岩溶面积 1 977 平方千米，石漠化面积 862.37 平方千米，占国土面积的 22.54%；丘北县岩溶面积 2 034 平方千米，石漠化面积 1 580.06 平方千米，占国土面积的 31.62%；广南县岩溶面积 2 895 平方千米，石漠化面积 1 841.28 平方千米，占国土面积的 23.58%。

6. 黔西南州南盘江流域石漠化分布现状调查

黔西南州位于滇、黔、桂三省（区）结合部，属珠江水系南北盘江流域，是珠江上游重要生态屏障。全州面积 16 804.3 平方千米，岩溶面积 10 129.51 平方千米，占国土面积的 60.28%；石漠化面积 6 094.65 平方千米，占国土面积的 36.27%。其中，轻度石漠化 3 430.87 平方千米，占石漠化面积的 56.29%；中度 2 238.51 平方千米，占石漠化面积的 36.73%；重度 441.78 平方千米，占石漠化面积的 7.25%；极重度 13.5 平方千米，占石漠化面积的 0.22%。全州辖 1 市、7 县（市）、1 区，南盘江流域基本覆盖全州所有县（市、区）。其中，兴义市石漠化面积 1 062.94 平方千米，占国土面积比为 36.51%；兴仁县石漠化面积 690.32 平方千米，占国土面积比为 38.67%；安龙县石漠化面积 1 195.67 平方千米，占国土面积比为 53.45%；贞丰县石漠化面积 907 平方千米，占国土面积比为 60%；普安县石漠化面积 592.53 平方千米，占国土面积比为 41.46%；晴隆县石漠化面积 517 平方千米，占国土面积比为 38.93%；册亨县石漠化面积 332.32 平方千米，占国土面积比为 25.1%；望谟县石漠化面积 888.28 平方千米，占国土面积比为 29.56%；六盘水代管的县级市盘州市石漠化面积 1 187.4 平方千米，占国土面积比为 29.27%。

7. 百色市南盘江流域石漠化分布现状调查

百色地处珠江上游，也是喀斯特地貌发育的典型地区，石漠化地区主要分布在红水河和右江流域，影响着珠江下游地区的生态安全，生态区位十分重要。百色市土地面积 36 252 平方千米。据 2005 年岩溶地区石漠化监测结果，全市岩溶土地面积 12 970 平方千米，占土地总面积的 35.8%；石漠化土地面积 5 450 平方千米，占岩溶土地面积的 42%，位列广西第二，占百色土地总面积的 15.03%；潜在石漠化土地面积 4 400 平方千米，占岩溶土地面积的 33.9%。在石漠化土地中，重度石漠化土地占石漠化土地面积的 81.7%，位列广西第一。南盘江流域主要有隆林、西林等县，其中，隆林县石漠化面积 472.80 平方千米，占国土面积的 13.34%；西林县石漠化面积 75.06 平方千米，占国土面积的 3.73%。

（二）南盘江流域各州（市）石漠化治理现状调查

南盘江流域石漠化综合治理工程，至 2017 年 7 个石漠化严重州（市）30 多个县（市、区）全部纳入工程建设范围，实现了全覆盖。根据不完全统计，从 1998—2017 年，国家、地方、社会三方投资达 35 亿多元，国家投资项目主要有"长防""珠防""天保"、退耕还林等国家重点工程，石漠化治理取得显著成效。

1. 曲靖市南盘江流域石漠化治理现状调查

自 1998 年以来，曲靖市完成水土流失治理面积 5 438.2 平方千米，营造水土保持林 2 511.6 平方千米，治理岩溶面积 1 230.87 平方千米，治理石漠化面积 700 平方千米，完成人工造林 670.65 平方千米、封山育林 1 578.31 平方千米、草地 189.27 平方千米、其他方式 650.6 平方千米。

2. 昆明市南盘江流域石漠化治理现状调查

自 1998 年以来，宜良、石林两县完成治理岩溶面积 74.4 平方千米，石漠化治理面积 345.79 平方千米，人工造林面积 81.66 平方千米，封山育林面积 103.79 平方千米，退耕还林面积 71.04 平方千米。

3. 玉溪市南盘江流域石漠化治理现状调查

自 1998 年以来，玉溪市完成石漠化综合治理岩溶面积 732 平方千米，石漠化综合治理面积 720.43 平方千米，人工造林面积 177.94 平方千米，封山育林面积 501.14 平方千米。

4. 红河州南盘江流域石漠化治理现状调查

自 1998 年以来,红河州完成岩溶和石漠化综合治理面积 3 420.46 平方千米,封山育林面积 2 817.33 平方千米,人工造林面积 1 583.33 平方千米,植被修复面积 133.33 平方千米。

5. 文山州南盘江流域石漠化治理现状调查

自 1998 年以来,文山州完成岩溶治理面积 1 899.85 平方千米,石漠化治理面积 1 410.50 平方千米,封山育林育草面积 735.61 平方千米,人工造林面积 272.20 平方千米(全州人工造林 1 635.33 平方千米),防护林面积 141.97 平方千米,经济林面积 112.26 平方千米,其他面积 17.97 平方千米,人工种草面积 2.58 平方千米。

6. 黔西南州南盘江流域石漠化治理现状调查

自 1998 年以来,黔西南州完成治理岩溶面积 1 713 平方千米,治理石漠化面积 1 483 平方千米,人工造林面积 396.8 平方千米,封山育林面积 327.46 平方千米,草地建设面积 573 平方千米。

7. 百色市南盘江流域石漠化治理现状调查

自 1998 年以来,百色市以隆林县为主要区域,完成岩溶治理面积 75.18 平方千米,石漠化治理面积 464.51 平方千米,人工造林面积 313.47 平方千米,封山育林面积 113.67 平方千米。

(三)南盘江流域石漠化治理措施调查

在南盘江流域石漠化治理过程中,云南、贵州、广西三省(区)采取了很多治理措施,主要有生态修复、人工造林、封山育林、退耕还林等。主要模式有混交模式、林草模式等,值得借鉴的有红河州的"社会参与治理模式"、曲靖市的"导向治理模式"、百色平果的"任豆模式"、文山州的"六子登科模式"和黔西南州的"晴隆模式""顶坛模式"。

(四)南盘江流域石漠化治理成效和动态分析

自 1998 年以来,南盘江流域经过 20 年的治理,植被覆盖率提高,森林蓄积逐年增加;水土流失减少,土地生产力有所提高;大力发展特色产业,民生得到持续改善。

表2 2005—2011年南盘江流域各州（市）石漠化监测面积分布表
（以云南省5州市为例）

州（市）	2005年 （平方千米）	2011年 （平方千米）	增减 （平方千米）	增减率 （%）
曲靖	4 446	5 190	744	16.73
昆明	1 182	1 190	8	0.68
玉溪	878	710	-178	-9.78
红河	3 268	2 780	-488	-14.93
文山	8 309	8 160	-149	-1.79

1. 石漠化面积大幅减少

根据表2有关全国第二次石漠化监测结果显示，南盘江流域监测区岩溶土地面积、石漠化土地面积、潜在石漠化土地面积减少，表明石漠化土地森林植被正逐步恢复。

2. 石漠化程度逐步减轻

南盘江流域石漠化土地中，轻度、中度、重度、极重度石漠化土地面积减少，土地石漠化向轻度转化，表明通过人工造林和封山育林，石漠化程度正逐步减轻。

3. 生态状况明显改善

南盘江流域岩溶地区林地面积增加，石漠化土地生态状况得到改善，继续退化面积减少，治理速度大于破坏速度。

4. 治理模式科学适用

南盘江流域石漠化治理过程中各省（区）总结出"六字"方针，即"封"（封山育林）、"造"（人工造林）、"退"（退耕还林）、"管"（加强林木管护）、"沼"（建设沼气池）、"补"（对石山灌木林实行森林生态效益补偿），石山人工造林树种选择适宜，探索出多种治理模式，建立了一批治理示范点，对大石山区自然生态环境的保护、立体农业的可持续发展、土地的有效利用等方面具有典范意义。

5. 生态与经济互促共赢

通过石漠化治理，局部石漠化得到遏制，促进了农村经济发展和农民增收，许多石山区农村呈现出"石山增绿、群众增收、村在林中、家在绿中"的景观。

三、南盘江流域石漠化治理存在的问题

（一）生态危机意识不强

石漠化带来的危害和灾难时常发生，但生态危机意识不强，没有纳入政府任期目标管理，地方资金投入少，生态、生存条件导致群众贫困。在南盘江流域石漠化严重的县（市、区）都是贫困地区，因此在脱贫攻坚战中应加强石漠化治理。

（二）社会参与率低

在石漠化治理中，资金基本都是政府投入，社会参与率低，群众不关心，认为是政府的事。这需要政府做好引导工作，动员全社会力量参与治理工作。

（三）石漠化成因研究滞后

目前，在全国范围内研究石漠化成因的不多，没有成立专门的研究机构，专业性不强，不能针对石漠化成因开展治理。

（四）治理方案编制不合理

在石漠化治理过程中，治理方案编制不合理、不科学，不是追求生态效益，就是追求经济效益，过多地考虑群众生存问题，没有根据立地条件进行合理、科学治理，如珠江源一些地段立地条件不适合种草，对水地保持作用不大。

（五）后期管理乏力

在大量投入治理的石漠化工程中，有很好的治理措施，有很好的治理成效，但没有建立社会参与管理机制，后期管理乏力。因此，可以适当划出部分治理好的石漠化面积由当地群众管理，引导和调动社会力量参与管理。

四、平果县石漠化治理模式研究

（一）平果县自然概况

平果县位于广西西南部，辖 9 镇 3 乡 181 个行政村（社、区），总面积为 2 151.67 平方千米，其中耕地、林地、草地、未利用地面积分别是 1 356.07 平方千米、308.4 平方千米、254.07 平方千米、565.93 平方千米，分别占全县总面积约 54.6%、12.40%、10.2%、22.8%。大石山区面积 1 564.87 平方千米，占全县总面积的 62.9%，其中石漠化土地 833.67 平方千米；潜在石漠化土地 148.6 平方千米；最严重石漠化土地 801.4 平方千米，占该区石漠化土地面积的 96.1%。石漠化问题已成为平果县生态环境的突出问题，严重制约了石山区和全县经济社会的发展。实施石漠化治理工程，主要途径是尽快恢复森林植被，

加强森林生态建设。

（二）平果县石漠化造林模式

平果县在石漠化治理中探索出 10 多个造林模式，2000—2002 年被列为全国石漠化治理试点县、广西区石漠化治理试点县，被国家林业局列为重点扶持县，其组织国内外学者进行考察研究，并向四川、云南、贵州、广东、湖南推广。2003 年全国西南地区、全区石漠化治理试点现场会在平果召开。

1. "任豆树 + 丛生竹"混交造林模式

岩溶山地中下部，岩石裸露 40% ~ 50%，造林密度任豆树 750 ~ 900 株/公顷，吊丝竹 450 ~ 600 株/公顷。

2. "任豆树 + 木豆"混农林造林模式

石山下部缓坡地带，岩石裸露少，水热条件好，土壤含砾量多，土壤有一定深度。造林密度任豆树 900 ~ 1 200 株/公顷；木豆 5 000 ~ 8 000 株/公顷，木豆作为饲料，可以增加农民收入。

3. "任豆树 + 金银花"林药造林模式

岩石裸露在 50% 以上的多石窝、石缝地带，石窝种任豆树，石缝种金银花，任豆树 750 ~ 1 000 株/公顷，金银花 150 ~ 250 丛/公顷。金银花能增加农民收入。

4. "任豆树 + 银合欢"混交造林模式

岩溶石山中、下部，局部有土穴土坑，两个树种可作为动物饲料，银合欢蛋白质含量较高，根瘤又可固氮，根系发达，土坑大处种任豆树，土浅处种银合欢，混交比例 1:1，造林密度 1 200 ~ 1 800 株/公顷。

5. "任豆树 + 山葡萄"乔藤造林模式

岩石裸露在 50% 以下的坡下位，坡度较平缓，石穴种植任豆树，土层较深处种植山葡萄，任豆树 750 ~ 1 000 株/公顷，山葡萄 150 ~ 250 丛/公顷。

6. "任豆树 + 苏木"混交造林模式

岩石裸露在 30% ~ 50%，土壤含砾较多，土层浅薄，植被稀少地带，立地条件较差，造林密度 1 500 ~ 2 000 株/公顷，任豆树与苏木混交比例 6:4。

7. "任豆树 + 剑麻"混交造林模式

岩石裸露在 50% 以下的坡下位，坡度较平缓，石穴种植任豆树，土层较深处种植剑麻，任豆树 750 ~ 1 000 株/公顷，剑麻密度 1 米 × 1.5 米。

8. 任豆树造林模式

石山中、上部，局部有土坑，土层较深，水肥条件较好，造林地岩石裸露较多，株行距为 2 米 × 3 米，造林密度 1 666 株/公顷。

9. 竹子造林模式

山谷、洼地，土层深厚湿润，地下水位高，土壤水分充足，造林密度3 米×3 米。

10. 相思树造林模式

石山中、下部平缓地带，相思树株行距为 2 米×3 米。

11. 封山育林恢复植被治理模式

主要适宜石山植被总盖度在 30% 以上的悬崖及远山石漠化山地。

（三）造林树种和造林方法的选择

石漠化治理工程是森林生态建设的重点工程，而石山造林绿化是治理工程的首要任务。石山造林绿化的第一个科技问题是石山优良树种的选择问题，然后是选择什么造林方法，适地适树。

1. 选择任豆树在石山造林是平果县树种选优成果

平果县乡土树种资源丰富，有许多优良速生珍贵树种，选择耐干旱，耐瘠薄的乡土树种对干旱的大石山区造林更为重要。20 世纪 70 年代，平果县林业局会同百色地区林科所科技人员走遍了全县的大石山区，对石山上长的天然树种进行调查研究，采集任豆树、茶条木、牛尾树、酸枣、朴树、银合欢、构树、香椿等树种进行多个树种育苗和造林对比试验，从实地调查情况和实验数据综合分析，结果表明任豆树喜光忌荫，能适应石山高温干旱环境。任豆树根在岩隙中穿透力强，萌芽力强，在山顶、石头上、石缝里都能生长，速生、年长高1.5 ~ 2 米，木材经过浸泡后可作民用建筑用材和家具用材，树叶可作饲料喂羊，树枝可作柴火，解决群众用材和烧柴问题，同时可发展养殖业，增加农民收入。经过科技成果鉴定，专家认定任豆树适应石山造林，是石山造林绿化的先锋树种。任豆树被列为国家二级保护植物，成为平果县的名树，享誉区内外。

2. 造林技术研究也很有成就

把试验的任豆树从采种、育苗、造林及病虫害防治技术方面进行总结，形成完整的技术资料。如任豆树采取全垦雨后直播造林、截干造林、营养杯造林，竹子采取小苗移筐造林，成活率达 85% 以上，为石山造林选择了良种和造林方法。

（四）平果县石漠化治理措施和经验

1. 以点带面，积累经验，全面推进

榜样的力量是无穷的，1998—2000 年平果县设立了多个示范点，以点带面，为平果县 2001 年全面开展石漠化治理工作大会战提供了宝贵经验。平果县在果化镇布尧、龙色村，凤梧镇龙江、龙宏村，设造林绿化点。各造林绿化点原来自然条件都很差，经过造林绿化后，都改变了面貌。

以果化镇龙色村龙东屯为例。龙东屯是典型的大石山区，全屯 72 户 335 人，总面积 2 797 亩，其中耕地面积 184 亩，水田 78 亩，旱地 106 亩，人均耕地 0.58 亩。1988 年以前，人均收入不足 100 元，人均有粮不足 100 斤，是全县特困村屯之一。1998 年以后，根据县委、县政府的决策部署，全屯在原来开荒的山头全部种上任豆村、竹子，封山育林，至今拥有任豆树、竹子林 1 721 亩，封山育林 651 亩，退耕还林 141 亩，沼气池 72 座，入户率 100%。由于大量种任豆树和竹子，恢复了森林植被，改善了石山的原生态，减少了水流失，涵养了水源，原来几乎断流的山泉又恢复了流水，78 亩旱田变成了保水田，全屯养牛羊 388 头，2017 年全屯农民人均纯收入 5 966 元，全屯 72 户中有 58 户建起了砖混结构新楼。果化镇龙色村龙东屯的变化极大地鼓舞了山区群众建设家乡的热情，县委和县政府抓住这个典型开会宣传，组织干部群众参观学习，有力推动了面上石山造林绿化的开展。

2. 多种措施结合，综合治理

治理石漠化，要以恢复森林植被为中心，生物措施和工程措施相结合，与经济社会发展和脱贫致富结合起来，采取封、造、管、治、保、扶、移、圈、用、补的石漠化综合治理，这是石漠化治理有效的途径。20 世纪 80 年代以来，平果县委、县政府把石漠化综合治理工作列入议事日程，通过采取植树造林，封山育林，异地开发，人口搬迁，大办沼气，推广节能灶、液化气，改燃节能，退耕还林，建田头水柜等措施，石山区的生态环境有了很大的改观。全县石漠化治理面积 459.27 平方千米，其中完成任豆树造林 146.67 平方千米，竹子种植 74.67 平方千米，封山育林 237.93 平方千米，集雨水柜 10 863 座，砌墙保土 3.34 万亩，沼气池 6.8 万座，沼气入户率达 73.7%，石山区 6.8 万亩耕地得到了明显的改良，森林覆盖率从 1990 年的 22.8% 提高度现在的 53.94%（含灌木林）。

3. 改善人居环境，促进贫困村脱贫致富

平果县通过石漠化综合治理，加强森林生态建设，人工造林，封山育林，增加森林覆盖率，砌墙保土，建山塘水柜，减少水土流失，解决了人畜饮水。大办沼气，推广使用沼气、电、液化气，减少对森林资源的消耗，保护森林生态，改善了群众的生产生活条件，达到人口、资源、环境合理配置，促进经济、社会协调发展。果化镇龙东泉流域龙色、东孟、布尧三个村总面积 68 745 亩，过去自然条件差，水土流失严重，山是光秃秃的，"半天挑担水，半天打把柴"是大石山区石漠化严重、群众生活贫困的一个真实写照。通过石漠化综合治理后，净增森林面积 29 805 亩，森林覆盖率由过去的 10% 提高到现在 53.36%；群众劳务输出年收入 578 万元，人均收入从 2008 年的 1 500 元增加到 2017 年的

6 106 元，多数农户起了新楼房，通路、通水、通电、通广播电视，房前屋后种有竹子和果树，人居环境得到大大改善。

结 语

平果县在加强石山区森林生态建设方面取得了一定的成效，但石漠化综合治理的任务还很重，在今后工作中还会遇到许多困难和问题。但是，只要有决心，坚持下去，石山区石漠化这个地球"癌症"是会消除的，人居环境也将得到更好改善，从而实现人与自然和谐相处。

南盘江流域边远贫困少数民族
山区精准扶贫工作面临的困难及对策

——以凌云县沙里瑶族乡弄谷村为例

罗永波　林和战　席凤鸣

（凌云县社科联）

　　我国扶贫开发已进入啃硬骨头、攻坚拔寨的冲刺期，要全面实现建成小康社会目标，扶贫脱贫是关键，而要确保贫困人口到 2020 年如期脱贫，精准扶贫精准脱贫是根本。2015 年 6 月，习近平同志强调，要切实做到精准扶贫。扶贫开发贵在精准，重在精准，成败之举在于精准。各地都要在扶持对象精准、项目安排精准、资金使用精准、措施到户精准、因村派人（第一书记）精准、脱贫成效精准上想办法、出实招、见真效，并提出了"四个一批"，为我国的精准扶贫精准脱贫指明了方向和目标。

　　近年来，中央及地方各级政府加大了对贫困地区的扶持力度，并取得了明显成效。但由于历史、自然、社会、经济等方面的原因，在边远贫困少数民族聚居地区，精准扶贫工作的难度和压力依然很大。

　　为了更全面、更准确地了解边远贫困少数民族聚居地区贫困落后的原因和推进精准扶贫工作面临的困难，有针对性地提出一些化解对策，助力边远贫困少数民族聚居地区精准扶贫工作，我们选取了地处半石漠化边远山区少数民族聚居村——凌云县沙里瑶族乡弄谷村为调研对象，通过现场实地调研、召开座谈会、发放调查问卷、入户调查了解等方式收集该村的人口、资源、生产生活条件和经济社会发展指标等相关资料，对掌握的具体资料进行分析归纳，从中总结出具有普遍性的启示与规律。

一、弄谷村基本情况调查

（一）人口文化素质

　　全村有 13 个自然屯 299 户，全部是背陇瑶，总人口 1 566 人，其中少年儿童

493 人，青壮年 886 人，老年 187 人。全村有超生户 118 户，超生人口 246 人，超生户户均超生近 2 人，超生人口占人口总数的 15.7%。有劳动力 865 人，其中文盲 223 人，占人口总数的 25.8%；小学文化 481 人，占人口总数的 55.6%；初中文化 120 人，占人口总数的 13.4%；高中文化 35 人，占人口总数的 4.4%；大专在读 6 人，占人口总数的 0.4%（新中国成立以来出过 6 位大学生，目前都在外地工作）；劳动力中接受过职业技能培训的有 58 人，占劳动力人口总数的 6.7%。

（二）环境资源条件

全村面积 31 500 亩，其中喀斯特高山深谷地貌 29 500 亩，占 89.4%，土山丘陵地貌 3 500 亩，占 10.6%；耕地面积 678.2 亩，其中水田 65 亩，占 9.6%，岩溶山坡台土旱地 613.2 亩，占 90.4%，人均耕地面积 0.43 亩；生态公益林 8 708 亩，人均面积 5.56 亩；经济林 2 500 亩，人均 1.6 亩；地表没有任何河流，只有两处出水量很小的山泉，人畜饮水基本上依靠建立水柜收集雨水解决。全村建有水柜 170 座，户均 0.6 座；总容积 13 000 立方米，人均 8.3 立方米。

（三）区位交通条件

弄谷村位于凌云县城东南方，距县城 55 千米，距乡政府 15 千米，距最近的二级公路 30 千米；全村通水泥路 4 个屯 85 户，简易沙石路 9 个屯 214 户，未通路 0 户。

（四）当地农业基础设施及农业产业化发展情况

当地没有任何水利灌溉设施，农业灌溉全靠天然降水；有小型耕田机 10 台，机耕农田 60 亩，占耕地总面积的 9%；没有成立农村专业合作社或农村专业技术协会指导农户从事任何种植养殖项目，目前驻村第一书记正在引导成立一个小型养殖合作社，计划由 1 名养殖大户带动 5 户农户饲养 3 000 只乌鸡。

当地规模比较大的种养种类是种植油茶和养殖山羊，其中种植油茶 1 500 亩，户均 0.96 亩，种得最多的户有 32 亩；养殖山羊 2 500 只，户均 1.8 只，养得最多的户有 65 只。油茶和山羊在当地群众经营性收入中所占分量比较大。

当地目前种植和养殖农产品都是常规技术常规品种，种植油茶是老品种，没有进行低产改造，结果少，出油率低；养殖山羊也是老品种，野外放牧，没有进行杂交改造或圈养，没有普及推广农业新技术、新品种，也没有打造出什么农产品品牌，科技对当地群众脱贫致富的贡献还不突出。

（五）当地经济发展指标

1. 全村年度生产总值

（1）农业生产总产值 3 983 400 元，人均 2 544 元。其中：

种植类农作物品种主要有水稻、玉米及杂粮蔬菜，年产值 373 402 元，人均 238 元；年纯收入 245 800 元，人均 157 元；粮食年产量 222 960 斤，人均 142 斤。其中水稻 65 亩，亩产 600 斤，年产量 39 000 斤，人均 25 斤，年产值 58 500 元，年纯收入 32 500 元；玉米 613.2 亩，亩产 300 斤，年产量 183 960 斤，人均 117.5 斤，年产值 264 900 元，年纯收入 153 300 元；在玉米地套种红苕、黄豆、南瓜、蔬菜等 500 亩，年产值 100 000 元，年纯收入 60 000 元；

林业年产值 1 380 000 元，人均 881 元；年纯收入 885 000 元，人均年纯收入 565 元。其中种类主要有：八角 200 亩，亩产 300 斤，年产值 90 000 元，年纯收入 60 000 元；油茶 1 500 亩，亩产茶籽 80 斤，年产值 1 200 000 元，年纯收入 750 000 元；杉木 300 亩，年产值 90 000 元，年纯收入 75 000 元；

养殖业年产值 2 230 000 元，人均 1 424 元；年纯收入 507 500 元；人均纯收入 324 元。其中，羊 2 500 只，年产值 850 000 元，年纯收入 250 000 元；牛 50 只，年产值 100 000 元，年纯收入 50 000 元；马 30 只，年产值 60 000 元，年纯收入 30 000 元；猪 450 只，年产值 450 000 元，年纯收入 67 500 元；鸡 10 000 只，年产值 700 000 元，年纯收入 100 000 元；鸭 1 000 只，年产值 70 000 元，年纯收入 10 000 元。

（2）工业产值。全村境内没有任何厂矿、公司、企业，也没有任何群众开办的小型农副产品加工作坊及销售点，工业产值为零。

（3）服务业产值。全村没有任何从事服务业的机构、公司和人员，服务业产值为零。

2. 全村年度总收入

（1）经营性纯收入。全村种植和养殖等经营性纯收入 1 638 300 元，年人均 1 040 元。

（2）外出务工工资收入。全村有 320 人外出务工，年工资收入约 3 001 800 元。

（3）财产性收入。全村没有土地流转或集体投资收益分红，财产性收入为零。

（4）政策性收入。全村政策性总收入 1 551 900 元，人均 990 元。其中国家生态公益林补偿 107 500 元，人均 68 元；农业补贴 98 600 元，人均 63 元；民政低保补贴 984 700 元，人均 629 元；学生教育补贴 450 000 元，人均 287 元。

综上，全村年度总收入为 6 192 000 元，人均纯收入 3 950 元。

（5）全村外出务工人员务工结构及收入情况调查

表1　弄谷村外出务工人员务工结构及收入情况表

分　类	就业人数	占比（%）	年就业月数	就业工种	人均年收入
临时工	177	55.6	3	杂工	5 400
季节工	121	38.1	6	杂工	12 000
长期工	22	6.3	10	技术类	27 000
合计	320				

从外出务工人员务工结构及收入情况看，外出务工人员主要从事技术含量低的工种，就业时间短，工资收入少。

（6）弄谷村贫困儿童营养、教育情况调查。全村0~18周岁少年儿童493人，其中0~6周岁学龄前儿童179人，7~12周岁小学学龄儿童165人，12~18周岁初、高中学龄149人。0~6周岁学龄前儿童，在哺乳期基本上没有喝过奶粉等营养品，没有上幼儿园接受学前教育，早餐大部分是热点剩饭应付，平时也没有什么零食，因而儿童营养摄入不足，大部分受调查的学龄前儿童发育迟缓，体重比全国农村同龄儿童平均水平低5~7千克，身高低7~10厘米。发育迟缓加上学校离得远，大部分学龄前儿童要等到8~9岁以后，稍微有点生活自理能力，才被送去寄宿制小学读书。全村学龄前儿童平均入学年龄7.8岁，比规定的入学年龄晚近2岁。小学完成率80.5%，比全国平均完成率低10个百分点；初中完成率60%，比全国平均完成率低15个百分点。在调查中发现，女童在营养和教育方面与男童存在差异。

（7）易地搬迁情况。即使按人均年有粮300斤的低标准计算，当地粮食年总产量222 960斤，可以承载743人，需易地搬迁823人。也就是说，以弄谷村的自然环境资源只能养活现有人口的一半，另一半的家庭和人口需要易地搬迁安置。当地政府积极落实中央建档立卡贫困户易地搬迁政策，在县城和乡政府所在地建立易地搬迁安置点，出台了许多优惠政策，动员符合条件的贫困户易地搬迁。目前弄谷村尚没有贫困家庭主动报名易地搬迁。不敢报名易地搬迁的理由或顾虑主要是：安置地集中在县城或乡（镇）政府所在地，无法为搬迁户提供土地山林等生产资料；搬迁到安置地居住后，找不到稳定的务工岗位，没有稳定的收入来源；搬迁安置地的生活成本更高，易地搬迁后生活更为艰难；生活习俗与易地搬迁点不同，无法融入搬迁安置地的社会环境等。

二、弄谷村精准扶贫工作面临的困难和问题

通过对调查对象的基本环境条件和经济发展状况的深入调查，我们深切感受到，弄谷村经济社会发展滞后，致贫返贫因素多，脱贫手段有限，是典型的"一方水土养不活一方人"的地方。弄谷村长期贫困的主要根源除了自然资源环境恶劣，生产生活条件差等自然禀赋先天不足外，还有群众文化低、思想保守，资源开发深度不够，主导产业发育迟缓，农民增收缺乏支撑等主观因素，精准扶贫工作面临的困难和问题比较多。

（一）资源禀赋差、人口承载力低、发展潜力不足，脱贫手段有限

弄谷村地处偏僻喀斯特高山深谷地区，且大部分喀斯特地貌由于人口密度高、过度开发垦荒已呈现半石漠化状态。交通不便，没有地表河流，人畜饮水困难，人多地少，农业成本高，适宜种养的品种有限。很多贫困户人均耕地面积不足 0.1 亩，大部分耕地都是山坡石头缝里垒起来的台地，地块小，土层薄，肥力低，无法进行机械化耕作和产业化开发，农作物产量低，收入少，人均产粮不到 150 斤，人均生产经营性纯收入只有 1 000 元左右，群众日常生活所需农产品大部分依靠向外购买，收入来源大部分来自外出务工所得和国家的政策性转移支付，没有第二产业和第三产业带动就业。

（二）贫困面大、贫困程度深，与全国同步实现小康难度大

弄谷村建档立卡贫困户达 155 户，占全村总户数的 52%；建档立卡贫困人口 794 人，占全村人口数的 51%；领取低保金人数 617 人，占人口数的 40%。建档立卡贫困户和贫困人口均超过半数以上。2016 年全村人均年纯收入只有 3 950 元，不足 4 000 元，同期全国、全区、全市、全县、全乡的人均年纯收入分别是 12 363 元、10 359 元、8 537 元、7 443 元、5 817 元，弄谷村人均年纯收入只达到全国的 32%、全区的 38%、全市的 46%、全县的 53%、全乡的 68%。部分没有劳动力外出务工收入的贫困户，人均年纯收入徘徊在 2 000 元左右，即使精准识别得分勉强超过贫困线而脱贫出列的农户，其收入也是在贫困线附近徘徊，存在返贫的风险。弄谷村贫困面之大、贫困程度之深，在百色乃至广西都不多见，是比较典型的特困村。以如此低的起点，要在 2020 年与全国同步实现小康，每年的人均纯收入增长率必须高于 30% 以上，难度很大。

（三）超生人口多，人均占有资源少

弄谷村有 65% 的建档立卡贫困户是超生户，超生已经成为很多家庭致贫返贫的重要因素。全村有超生户 118 户，超生人口 256 人，户均超生超过 2 人，最多的户超生达 6 人，超生人口占总人口数的 15.7%。弄谷村环境恶劣，资源

十分贫乏，收入很低，还要背负庞大的人口负担，导致人均资源更少，发展生产脱贫致富的难度更大。以农村最为重要的资源——耕地为例，弄谷在20世纪80年代分田到户时每家基本上是2～3亩薄旱地，到21世纪初每家只有一亩或几分地了。在耕地质量很差的情况下，弄谷村人均耕地面积只有0.43亩，是全国的32%、全区的33%。另外，其他生产生活资源人均占有量也很少。

（四）生产生活基础设施落后，农业产业化程度低，农业新技术的普及推广相对滞后

弄谷村资源禀赋差，农民无力投入或因耕地分散不愿投入农业基础设施，没有抵御自然灾害的能力，返贫现象突出。贫困群众的市场观念和竞争意识不强，主动拓展市场、销售的能力不足，无法培育形成有一定规模和影响力的农产品品牌，农产品销售收入在家庭收入中占比不高。

（五）劳动力文化素质低，在家生产收入少，出门务工工资低，增长空间有限

弄谷村是纯背陇瑶聚居地，由于历史、自然、社会、经济等方面的原因，文化发展相对滞后，劳动力文化素质偏低。在全村865位劳动力中，文盲占25.8%，小学文化占55.6%，初中以上文化不到20%，劳动力中接受过职业技能培训的人员不足10%。在我们入户精准识别排查及帮扶联系过程中发现，许多家庭主妇不会讲当地通行的汉语、壮语，也听不懂普通话，只会讲本民族语言，沟通交流十分困难，需要请当地村组干部在旁边翻译；在确认帮扶事项需要她们本人签字时，由于不会写自己的姓名，只能请旁人代签，自己按手印。部分中年以上劳动力由于不识字，无法单独出远门，外出务工必须由识字的熟人带领。外出打工大多从事低端的纯体力劳动，工资性收入在低水平徘徊，增长空间有限。在家务农延续的是传统落后的生产方式，科技含量极低。

（六）群众"等、靠、要"思想严重，自立自强的拼搏精神不足，不敢报名易地搬迁到条件更好的地方创业致富

弄谷村领取低保的群众人数比较多，每月低保金发放日，大部分低保户就会相约到乡信用社领取消费。这一方面反映了这些群众贫困程度深，低保金就是他们重要的收入来源；另一方面也说明了当地群众依赖政府扶持救助的思想严重。当地生产生活条件恶劣，"一方水土养不活一方人"，政府组织易地搬迁，出台了许多优惠政策，全村目前还没有贫困户主动报名。

（七）经济新常态使精准扶贫工作面临新的压力和挑战

我国近几年来的经济新常态导致经济增速缓慢，厂矿、企业、公司经营规模收缩，可提供的就业岗位数量减少，薪酬下降，贫困地区劳动力转移就业的竞争更为激烈，农民外出务工更为艰难，收入更少。同时，弄谷村所在的凌云

县属全国扶贫重点县和生态功能区划地区，限制开发强度，厂矿、企业、公司数量少，也没有什么农业产业化项目。国家出台的精准扶贫户每户 50 000 元扶贫小额信贷，贫困户自身没有项目不敢贷、贷不出，而通过转贷给企业或能人以资金入股方式分红，当地能够接纳的并不多，金融扶持和产业扶持的效果不尽如人意。

三、弄谷村精准扶贫工作攻坚克难的对策和建议

面对边远贫困少数民族聚居地区精准扶贫工作面临的困难和问题，要加快精准扶贫开发进程，理清思路，创新方法，完善机制，努力提高精准扶贫工作实效。

（一）扶贫先扶智，精准扶贫必须下大力气抓人口素质提高

要提高弄谷村人口素质，我们认为需要从三方面精准发力。

1. 进一步加强对贫困儿童的救助扶持力度，阻断贫困的代际传递

近年来，政府在教育扶贫方面做了很多工作，也取得了一定成效。长期以来，扶贫部门偏重于将扶贫资金用于产业项目，而忽视了教育扶贫的作用。农村贫困地区难以通过知识更新、素质教育的渠道来贯彻科教兴农的战略，也缺乏高素质人力资源来支持高效农业和现代工业及服务业的发展。弄谷村贫困家庭特别是超生贫困家庭有大量的贫困儿童，受到自然、观念、家庭贫困等因素影响，营养不良、受教育水平低现象突出。

儿童期是生命周期中最为脆弱的阶段，这一阶段经历的贫困往往会影响儿童的健康成长。贫困儿童因缺乏营养、教育、医疗等基本保障，其生理和心理发育会受到影响。在弄谷村，笔者认为可以利用闲置校舍改建公办幼儿园、村小增设附属幼儿班，扶持民办幼儿园建设，并对贫困家庭儿童入园给予必要的资助；在寄宿制小学设立专门的寄宿学生生活护理人员，提高寄宿生生活补助，进一步改善寄宿生的营养状况；关注并采取措施解决学生特别是女学生厌学、辍学的问题，保证贫困家庭儿童完成九年义务教育；开展贫困生职业学历教育，通过定向委培特困生等方式，帮助贫困生完成中专以上职业学历教育。

2. 加大对贫困地区劳动力人口的职业技能培训力度，促进贫困区域劳动力转移，增加贫困农户的现金收入

职业技能培训要有针对性和实效性。对在家从事生产经营活动人员的培训，应着重培训与当地产业发展密切相关，群众急迫需要掌握，可以快速提高效益收入的农村实用技术，如山羊养殖与病疫防治、山茶油低产改造、本地中草药栽培技术、山区特色种养技术等，提高产量、品质和市场竞争力，增加贫困户收入，增强贫困村可持续发展能力。针对外出务工人员，应大力实施农村劳动

力转移就业培训，着重培训社会需求量大，与务工人员文化基础相适应的实用技术，让他们在竞争中找到工作，获得稳定的收入。同时，有计划地培养造就有文化、懂技术、会经营的新型农民，一方面加强科技培训，普及推广先进适用、农民易学易懂易用的技术；另一方面，要从实际出发，让贫困农民参加具体的科技扶贫项目，从实践中接受锻炼，增长致富本领。

3. 进一步引导当地群众移风易俗，摒弃阻碍经济发展的陋习，倡导永不放弃、敢于拼搏、自强自立的新风气

当地背陇瑶俗称"过山瑶"，由于自然、历史、经济、社会等因素，尚存在不重视子女教育、早婚早育、得过且过等陋习，在一定程度上束缚了当地经济社会的发展，影响群众脱贫致富进程。在目前精准扶贫工作重"输血"，更重"造血"的背景下，应引导他们树立敢于拼搏、自强自立的风气，变被动等待上门扶持救助为主动作为、积极参与精准扶贫工作，变政府要我脱贫为我要努力脱贫；继续推行计划生育基本国策，倡导优生优育，适当控制当地人口数量，提高人口素质。

（二）发展特色优势产业，培育贫困户新的收入增长点

发展特色优势产业是提高贫困群众生产经营性收入，尽快自主脱贫致富的关键。按照村有增收产业、户有脱贫门路、个人有致富技能的要求，在充分调查了解的基础上，结合当地情况、贫困户的能力，及时找准和发现问题，收集贫困户的意见，为贫困户脱贫出点子，寻找种植、养殖的短、平、快项目，加大对贫困户发展特色优势产业的政策、资金扶持力度，大幅度提高群众生产经营性收入。

（三）适当调整扶贫资金的投入重点和范围

扶贫资金应在保证贫困区域和重点贫困村、贫困户投入的基础上进行适当调整。一是向提高农民素质方面倾斜，加大对贫困农民的职业技术培训投入，促进贫困区域劳动力转移，增加贫困农户的现金收入。二是向贫困区域基础设施建设倾斜，按照公共财政原则，采取财政投入、补贴、贴息等多种形式，加大对农业和农村基础设施投入，增强抵御自然灾害的能力，尽快改善贫困乡村群众的生产生活条件。三是向贫困地区农业产业化开发倾斜，扶持龙头企业和产业化基地，带动更多的贫困农户通过产业脱贫。四是向贫困地区的农村教育和卫生医疗方面倾斜，对贫困农民看病及子女上学给予适当补贴，减轻贫困农户的负担。在确定农民增收项目时，以人畜饮水、乡村通路、通电视等为重点，支持贫困地区改善基础环境，坚持因村制宜、因户制宜，逐户落实增收项目，努力避免短期行为、重复性项目，减少资源浪费。充分尊重贫困农户的意愿，严格按规划安排和实施项目，逐步形成参与式扶贫开发机制。在扶贫资金分配

上，充分考虑综合因素，注重扶贫工作成效。县里对乡村的资金分配，坚持在科学规划、贫困农户参与项目规划的基础上，统筹安排项目资金。同时，实行"定脱贫项目、定资金扶持额度、定脱贫项目实施验收"的考核办法，促进扶贫开发工作。

（四）拓宽融资渠道，管好用好扶贫资金

打破条块分割，整合各类扶贫项目，统筹安排扶贫资金，合理配置扶贫资源。打破行业界限和所有制形式，创新扶贫机制，引导社会各类闲散资金参与扶贫开发，兴办龙头企业，带动产业扶贫。同时，各类扶贫资金要实行专户管理，封闭运行，实行合同制、报账制管理。纪检、财政、审计部门定期对扶贫资金进行监督检查，防止挤占挪用扶贫资金，要使扶贫资金切实发挥作用。

（五）创新机制，形成合力，提高精准扶贫工作成效

当前精准扶贫工作主体单一化、行政管理条块化现象比较严重。农村扶贫的资金筹措主要由各级政府负责，这虽然有利于利用政府的强大动员能力来提升扶贫效果，但却导致扶贫工作主体的单一化。由于缺乏管理社会组织的能力，缺乏引导社会组织参与的配套政策准备，社会力量难以为农村扶贫事业贡献力量。同时，条块分割的行政管理体制使得共同参与扶贫行动的各个部门合作不足，扶贫工作效率低下，成效不突出，造成许多不必要的资源浪费。因此，提倡和建立多部门合作机制，整合机关事业、企业、社会组织和公民个人的力量，以多种形式参与扶贫开发迫在眉睫。

在部门整合上，按照"统一规划、各司其职、捆绑使用、用途不变、各记其功、形成合力"的原则，整合农业、林业、交通、水利、教育、卫生及文广等部门的涉农资金，集中投入实施水、电、路、宽带、环境改善等工程，从根本上改变改善贫困群众的生产生活条件。

积极引导社会组织参与扶贫。民间公益组织较之于统一性的社会保障更具灵活性，且能够发挥自身的社会号召力吸引更多的公益组织与公益人士参与，实现公益效应的扩大化。它们通常以特定的项目为载体，以特定的群体为目标，指向清晰、互动性强。引导社会组织参与扶贫，将对精准扶贫、精准脱贫起到很好的补充作用。

加强对帮扶联系领导和干部的管理。帮扶联系领导要深入一线，切实检查、落实、督办脱贫攻坚的每一环节，推广先进总结经验，帮助后进振作精神。帮扶联系干部要做到群众流了多少汗，干部也要流多少汗，与村民结对帮扶。对于脱贫认识不到位、精力不集中、措施不得力、成效不显著的，必须追究帮扶联系领导和干部的责任。充分树立贫困群众的主体性地位，所有的精准扶贫措施最终都要落实到贫困群众头上。要加大宣传力度，采取群众喜闻乐见的形式，

把精准扶贫政策讲深讲透，营造良好的氛围，让群众真正体会到党和国家的亲切关怀，认清形势，明白利好，从而激发自身积极性，树立信心，主动作为。要把精准扶贫工作与群众脱贫致富的强烈愿望结合起来，共同努力，形成合力。要尽快转变群众思想，防止群众形成扶贫依赖症和低保依赖症。

（六）动员群众易地搬迁，拓宽发展空间

对生存环境差，不具备基本生存发展条件的贫困人口，要下大力气宣传动员，落实优惠政策，打消贫困户的疑虑，让他们搬迁到条件更好的地方创业致富，有效拓宽搬迁贫困户和当地贫困户的生存发展空间。

中国扶贫开发已进入啃硬骨头、攻坚拔寨的冲刺期。中西部部分地区和弄谷村一样，贫困人口规模较大，剩下的贫困人口贫困程度较深，减贫成本更高，脱贫难度更大。实现到 2020 年让全国 7 000 多万农村贫困人口摆脱贫困的既定目标，时间十分紧迫，任务相当繁重。要稳定实现农村贫困人口不愁吃、不愁穿，义务教育、基本医疗和住房安全有保障；实现贫困地区农民人均可支配收入增长幅度高于全国平均水平，基本公共服务主要领域指标接近全国平均水平；确保我国现行标准下农村贫困人口实现脱贫，贫困县全部摘帽，解决区域性整体贫困。决战脱贫攻坚，没有捷径，必须撸起袖子加油干。

让"非遗产业"成为精准扶贫
"造血机"和"增长极"

——以云南省砚山县"棒棒灯"的传承与保护为例

龙　符　恩荣泽　周光常

（文山学院）

一般来说，作为一个地方的非物质文化遗产项目，都是有特点、有特色、有生命力的项目，并且受到国家政策和知识产权的保护，有的还具有不小的市场潜力。因此，地方党委、政府把"非遗"与扶贫攻坚工作相结合，不仅可以传承保护民族文化，还可以探索"精准扶贫、技能就业"的非遗帮扶模式，让"非遗"技艺成为精准扶贫的"造血机"和"新动力"。

应该说，"非遗"代表性项目具有悠久的历史文化，有的属于大众文化产品，有的属于小众商品，且都具有一定的市场客户和市场消费者。在市场细分的今天，只要选择好容易学、见效快、能增收的"非遗"项目作为培训内容，就既能给贫困户、贫困人员的生活带来生机和希望，又能使传统文化得到传承和弘扬。

要让"非遗"技艺成为精准扶贫的"造血机"，一方面需要政府的政策扶持、资金支持，为"非遗"产品的生产和销售拓宽渠道，开放绿灯。在整合各类"非遗"文化资源的同时，根据贫困人员的特点，选择一些适合他们学习制作的项目，纳入"非遗"传承人培训，让他们学到相关的知识和技艺。另一方面，要大力宣传本地的"非遗"产品，通过广告支持，扩大产品知名度，开辟新的旅游市场。当然，更为重要的是要通过对"非遗"产品的生产、管理和控制，切实保证商品的质量，提高产品的附加值，真正让贫困人员、贫困家庭通过"非遗"保护传承体系获得更多脱贫致富的技艺本领，源源不断地提升脱贫的"造血"能力，让贫困人员在劳动中实现有尊严的致富。

一、"非遗产业"是因地制宜开展精准扶贫非常有效的方式和方法

2015 年 11 月 23 日，中共中央政治局召开会议，审议通过《关于打赢脱贫

攻坚战的决定》。会议确定,到 2020 年通过产业扶持、转移就业、易地搬迁、教育支持、医疗救助等措施解决 5 000 万左右贫困人口脱贫,完全或部分丧失劳动能力的 2 000 多万人口全部纳入农村低保制度覆盖范围,实行社保政策兜底脱贫。专家指出,这是首次明确了社保兜底与其他脱贫路径的具体规模。笔者认为,精准扶贫是打赢扶贫攻坚战、实现"十三五"扶贫目标的重要保障,"非遗"扶贫是符合精准定位,符合因地制宜开展扶贫工作的一大重要举措,也必将成为中国精准扶贫的一大亮点。

(一)精准扶贫的含义

"精准扶贫"是粗放扶贫的对称,是指针对不同贫困区域环境、不同贫困农户状况,运用科学有效程序对扶贫对象实施精确识别、精确帮扶、精确管理的治贫方式。

(二)"精准扶贫"重要思想的源流

2013 年 11 月,习近平同志到湖南湘西考察时首次做出"实事求是、因地制宜、分类指导、精准扶贫"的重要指示。这是"精准扶贫"重要思想的来源。2014 年 1 月,中办详细规制了精准扶贫工作模式的顶层设计,推动了"精准扶贫"思想落地。2014 年 3 月,习近平同志参加"两会"代表团审议时强调,要实施精准扶贫,瞄准扶贫对象,进行重点施策,进一步阐释了精准扶贫理念。2015 年 1 月,习近平同志新年首个调研地点选择云南,强调坚决打好扶贫开发攻坚战,加快民族地区经济社会发展。

5 个月后,习近平同志在贵州省强调要科学谋划好"十三五"时期扶贫开发工作,确保贫困人口到 2020 年如期脱贫,并提出扶贫开发"贵在精准,重在精准,成败之举在于精准"。2015 年 10 月 16 日,习近平同志在 2015 减贫与发展高层论坛上强调,中国扶贫攻坚工作实施精准扶贫方略,增加扶贫投入,出台优惠政策措施,坚持中国制度优势,注重六个精准,坚持分类施策,因人因地施策,因贫困原因施策,因贫困类型施策,通过扶持生产和就业发展一批,通过易地搬迁安置一批,通过生态保护脱贫一批,通过教育扶贫脱贫一批,通过低保政策兜底一批,广泛动员全社会力量参与扶贫。

在党中央、国务院的战略指导下,各级政府正在打响精准扶贫攻坚战,以实现 2020 年全面脱贫的目标。笔者认为,发展"非遗产业",是滇黔桂石漠化地区深度贫困县地方政府实施精准扶贫非常有效的方式和方法。

二、"棒棒灯"——壮族民间舞蹈的"活化石"

砚山,除了盛产驰名中外的名贵中草药三七之外,还盛开着一朵已生长 1 300 多年生生不息的民族民间艺术奇葩——壮语呼为"龙眉登",汉语称为

"棒棒灯"。这枚壮族民间舞蹈的"活化石",从唐朝伊始,就一直生长在壮族村寨壮家儿女心中,代代传承、从未凋谢。2009年,"棒棒灯"成为"云南省第二批非物质文化遗产"。

砚山壮族舞蹈丰富多彩,尤以"棒棒灯"为最甚,其不但神话传说优美、故事动人,历史悠久,而且舞步雄健,感情细腻,风格古朴,千百年来影响巨大。"棒棒灯"深受本民族珍爱和其他民族欢迎,在省、州、县演出中均获奖,曾到过北京演出。

砚山县是云南省非物质文化遗产"棒棒灯"的发源地,这里有着浓厚的民族文化、民族风情,传统建筑、自然景观、居住环境布局合理,意象独特,植被茂密,空气清新,景色秀丽。"棒棒灯"文化不仅是该县的一大特色,还是壮族人民宝贵的精神文化遗产,是砚山县乃至全州闻名遐迩的民族文化品牌。

砚山者腊乡批洒村是壮族传统文化民风浓郁、传统深厚的地方。者腊是壮语地名,者为"中间",腊为"山梁",者腊意为"山梁中间的村寨"。批洒为壮语地名,《云南省砚山县地名志》载:批为"偏坡",洒为"细毛管草",批洒意为"细毛管草坡"。该村因地处"细毛管草多的山坡上"而得名。

(一) 壮族传统祭祀舞蹈"棒棒灯"的发源地

批洒村是具有1 300多年历史的壮族传统祭祀舞蹈"棒棒灯"的发源地,被列入第二批"中国传统村落"名录。全村均为壮族同胞,共有人口240户1 016人,其中建档立卡贫困户46户214人。至今,村民饮食、服装、礼仪、歌舞、节庆、生产、宗教等均保留着壮族传统文化特色,尤其以"棒棒灯"闻名。为促进民族经济发展、民族文化繁荣、民族关系和谐,者腊乡整乡推进、精准扶贫,目前批洒村基本建成基础设施相对完善、管理维护机制基本健全、民族文化传承较好、产业发展初具雏形的美丽乡村。

全乡下辖7个村委会79个自然村85个民族小组6 777户3.18万余人,其中壮族2.26万余人,占总人口的71%。全乡民风淳朴,交通便利,土地肥沃,水源充沛,主要依靠发展特色农业和山地牧业增收,是典型的贫困乡。清朝年间,地处边疆、偏僻落后、交通闭塞的批洒村,出了砚山县首个壮族进士——侬朝俊,成为该县文化教育史上的一件大事。汉族儒学教育深入而深刻地影响并改变着壮族的民俗文化,这是中原文化与壮族文化又一互动与交流的典型例证。

(二) 历史悠久的壮族传统古代村落

批洒村历史悠久,是者腊乡民族文化特色较突出的一个壮族村落,有着富于民族特色的古建筑,在自然景观、环境意象、空间等方面有着独特的地域文化特色。在这里,除了可以观看"棒棒灯"表演以外,还可以品尝到壮家自制的花糯饭、凉米粉和飘香美酒等美食。

批洒村主体建筑群平面呈正方形，规整的建筑平面与不规整的外围庭院形成对比，既营造出人与自然和谐的气氛，又避免过于死板。中心建筑群建筑格局基本一致，堂面宽度均在 12 米左右，进深均在 15 米左右，高达 5~7 米，前后高低的布局非常利于通风，适应本地特征。建筑材料采用本地丰富的木料和土古石料。全村由 3 条主路贯通村头村尾，岔道四通八达，方便村民日出而作、日落而归。

据悉，中国传统村落是指村落形成较早，拥有较丰富的文化与自然资源，具有一定历史、文化、科学、艺术、经济、社会价值，应予以保护的村落。中国传统村落是农耕文明的精髓和中华民族的根基，蕴藏着丰富的历史文化信息与自然生态景观资源，是我国乡村历史、文化、自然遗产的"活化石"和"博物馆"，是中华传统文化的重要载体和中华民族的精神家园。全国共有 750 个中国传统村落列入 2016 年中央财政支持范围，入围的传统村落将获专项补助资金，主要用于传统建筑和历史遗迹保护性修缮、建筑防灾减灾、环境综合整治，以及污水垃圾等基础设施和公用设施建设，整体保护和改善传统村落的历史遗存和人居环境。

（三）批洒村是第一批少数民族特色村寨保护与发展项目之一

批洒村特色村项目是省财政厅、省民委 2014 年第一批少数民族特色村寨保护与发展项目之一。项目规划总投资 596 万元，其中，省级补助资金 100 万元，自筹及整合资金 496 万元。建设内容包括民生改善、壮族特色文化墙体美化亮化、特色产业培育、特色文化传承发展、民族团结进步活动创建等五大工程。

目前，已完成总投资 500 余万元，完成环山路及休闲场地、民族文化广场及附属设施建设，完成进村路、村中道路硬化及村内环境卫生整治，完成具有壮族特色的墙体彩绘壁画，老人亭、村小组活动室拆除重建，开展种养殖技术及具有民族特色传统工艺技术的培训和推广，组建农民专业合作社 1 个，组建"棒棒灯"传统歌舞民族文艺队 1 支。这支固定的演奏表演队伍共 13 人，最大年纪 78 岁，最小 39 岁，每人各掌握一种演奏技巧。另外，建成民族团结进步创建活动宣传栏、展板 4 块，开展"民族团结家庭""壮族文化传承先进家庭""脱贫致富先进家庭"等评选活动。通过项目建设，批洒村焕然一新，呈现出一派欣欣向荣的景象，达到预期目标。

（四）"棒棒灯"是边歌边舞的一种祭祀性传统舞蹈和民间艺术

"棒棒灯"主要是以祭祀为主、舞蹈为辅的一种表演形式，起源于唐朝，主要是以木棍、手巾和灯为道具，伴有鼓点节奏边歌边舞的一种祭祀性舞蹈。步伐有跳步、跃步、转身、弓步、蹲裆步，弓法套路有横排、竖排、圆圈、小四门、大四门、关里易、前弓、后正、尾郎、打卡、穿花、编篱笆等。

"棒棒灯"舞蹈场面热烈、生动活泼、变化多端、栩栩如生，是宗教、祭祀、文艺、体育、娱乐浓缩的民间艺术。"棒棒灯"起源传承历史的时间从唐朝迄今已有1 300多年，是砚山县壮族地区的一个原生态舞蹈形式，属于民间祭祀舞蹈，口传身教于民间。

"棒棒灯"体系严整、形态完备，在长期的发展过程中一直保持着歌舞艺术特有的固定模式，充分体现了壮族人民的凝聚力和团结拼搏、勇于斗争的顽强精神，是壮族人民与各民族交流来往的主要活动方式之一，对促进民族团结具有现实意义。

"棒棒灯"的舞蹈动作矫健优美，和谐多变，动感鲜明，将音乐、舞蹈、花灯、说唱、民间体育、武术等融为一体，已成为具有浓郁壮族舞蹈风格和特色的精品节目。

三、砚山县以"棒棒灯"为龙头的"非遗"保护工作的成功举措和经验

近年来，砚山县按照"保护为主、抢救第一、合理利用、加强管理"的要求，切实加大对文物保护的投入和扶持力度，全力做好非物质文化遗产保护工作。

一是在组织机构上"加强"。成立非物质文化遗产传承保护中心，专门安排编制充实工作人员，落实经费保障，进一步完善组织管理机构，切实加强对全县非物质文化遗产的普查、挖掘、整理、申报、传承和保护工作。目前，全县非物质文化遗产已形成省、州、县三级名录保护体系，收集整理文字、录音、录像、图片、音乐、舞蹈、乐谱等资料220余份，其中省级保护名录4项，州级保护名录7项，县级保护名录7项，壮族"棒棒灯"、彝族"弦子舞"正在申报国家级"非遗"保护项目。

二是在人才培养上"帮扶"。全面落实"以奖代补"促"非遗"工作。实行目标管理责任制，与省级"非遗"传承人签订目标管理责任书，规定每年开展传习活动不低于12次，传授传承人5人以上，有计划地培养"非遗"传承人；强化考核促发展，以"非遗"项目的宣传、培训和"传帮带"传承人的成效为主要评价标准，加强日常管理和年度考核，经考核合格的给予每年每人3 000元补助。逐级培养传承人，加强与各级管理部门联系，争取支持，重点培养省级传承人，有针对性地培养州级传承人，大量培养县级传承人。目前，全县共有省级"非遗"传承人5人、州级19人、县级50人，传承人王昌兰、李志维、项正忠被云南艺术学院、文山学院聘为技艺教师。

三是在奖励机制上"促进"。出台《砚山县文艺创新奖奖励办法》，把"非

遗"工作纳入奖励范畴,鼓励传承人参加各类大赛,推进传承基地和展示点建设,扩大知名度。如壮族"草人舞"多次到省及北京表演,山歌民间艺人丁自祥参加云南首届酒歌大赛中获银奖。加强"非遗"载体建设,在盘龙法土龙片区民族文化生态园建设壮、苗、彝三个主体民族传统文化保护传承馆,促进"非遗"繁荣发展。目前,壮族和彝族馆已建成,苗族馆主体工程建设已建成并投入使用。

四是在舆论宣传上"力推"。积极营造良好舆论氛围,举办非遗项目图片展、"棒棒灯"非遗研讨会、民间艺术展览等"非遗"保护活动 20 余项。积极实施"精品工程",加强对具有砚山特色和重要艺术价值的原创艺术的宣传,完成具有各类精神文化的产品 100 余件,其中《弦子吡多来》《串红了瑶山》获国家级奖项,《棒棒灯》《顶灯跳弦》获省级奖项,《春墙》《纵弦》《乌鸦拾柴》等 15 件作品获州级奖项。

四、"非遗"项目"棒棒灯"开展精准扶贫的具体做法和可喜尝试

自"挂包帮""转走访"工作开展以来,文山学院结合自身优势和挂钩帮扶的砚山县者腊乡实际,通过"12345"工作法精准帮扶,按照"高校 + 公司 + 基地 + 合作社 + 贫困户"的模式开展帮扶工作,发展"订单农业",当地农户实现流转土地增收、基地务工增收、种植优质水稻增收、养殖生猪等增收、种植青贮饲料增收、资金入股增收"六增收",每年农户实现增收 1 400 万元,户均增收 1.5 万元,人均增收 3 000~5 000 元。

文山学院抓住"棒棒灯""非遗"项目传统歌舞进入云南省非物质文化遗产名录的有利契机,成立"棒棒灯""非遗"项目课题调研组,开展"文山州壮族舞蹈'棒棒灯'的保护与传承""地域性框架下的壮族传统舞蹈研究——以文山为例"等课题研究,推动砚山县者腊乡民族民间优秀传统文化传承创新,促进学校转型发展提速、学术科研水平提升、人才培养和创业就业能力提高,支撑批洒村"棒棒灯"祭祀舞蹈"非遗"项目的传承、保护与发扬。

坚决打赢脱贫攻坚决胜战,实现脱贫摘帽目标。实现砚山脱贫摘帽宏伟目标,是新时代赋予砚山县各族人民的光荣使命。砚山县提出,要把脱贫攻坚作为必须完成、不容有失的重大政治任务,牢固树立"军令状"意识,拿出"脱皮掉肉"的实干精神,紧盯 50 个贫困村、19 500 名贫困人口脱贫退出,在文山州率先实现砚山贫困县脱贫摘帽。

在精准扶贫攻坚进程中,云南省砚山县者腊乡还将自身打造为观光体验的乡村旅游地。砚山县流传甚广的壮族特色演出"棒棒灯"已列入云南省省级非物质文化遗产保护名录,现在正在借助文山学院的智力支撑,积极申报国家级

非物质文化遗产保护名录。

棒棒灯的演出被誉为"壮乡的民间春节晚会"，各族人民喜闻乐见，所以，者腊乡还将大力发展"棒棒灯"的演出形式，将它放入乡村体验游中，让者腊乡不仅只是一个农业基地，更成为一个旅游目的地，从而扩大创收渠道。

五、"非遗"项目精准扶贫攻坚路径与方法，以及可以借鉴的成功案例

（一）实施"非遗"五大工程

实施"非遗""五大工程"助推精准扶贫攻坚行动，路径与方法如下：一是实施非遗传承保护发展示范村工程。二是实施传统工艺工作站工程。砚山县要探索建立"高校＋企业＋学员"传统工艺工作站，以之推动"传承人＋合作社＋农户"连心同技共富工程。三是实施"非遗"研培计划，推动就业创业工程。四是实施"非遗"生产性保护示范基地工程。五是实施"非遗"节俗活动交流展演工程。砚山县除了积极支持"非遗"传承人及团队外出州外、省外甚至境外展示交流增加收入外，主要通过州内每年举办壮族"三月三"、祭竜节、红饭节、尝新节等地方大型民俗传统活动，以及连续举办中国三七特产文化节、评选"三七姑娘"、一年一度的丘北普者黑"花脸节"等重大活动推动"非遗"会展经济发展。

（二）"坡芽歌书"成功案例

"坡芽歌书"背后的大学团队，就是可以借鉴的成功案例。

文山学院是地处老、少、边、穷、山、战地区文山壮族苗族自治州的一所地方高校。多年来，文山学院积极做好以壮族文化为先导的地方民族文化的挖掘、研究、保护和传承工作，先后开展了壮族稻作文化、句町文化、地母文化、坡芽歌书、太阳鸟母文化、云南壮剧等民族文化的调查、挖掘、整理与研究，出版《壮族文化》《云南壮族美术史》等一批研究成果，开设了"民间美术""滇东南地区少数民族原生态音乐""非物质文化遗产学"等课程。其中，美术学被确定为省级优势特色重点学科。这些成果和特色学科建设对地方民族文化的传承起到了较好的支撑作用。

数年前，文山学院通过对坡芽歌书文化的调查、挖掘和研究，为"坡芽歌书"列入国家非物质文化遗产项目提供了有力的智力支撑。2006 年 7 月，云南文山壮族苗族自治州富宁县坡芽歌书合唱团远赴俄罗斯，夺得第九届世界合唱团歌唱比赛冠军组无伴奏民谣组别金奖。在 2018 年 4 月初文山 60 年州庆晚会上，富宁坡芽歌书合唱团用天籁之音抒发了对壮族文化的热爱之情。值得一提的是，张艺谋执导的全新观念演出《对话·寓言 2047》第二季相中了"坡芽歌书"。据悉，《对话·寓言 2047》第二季北京首演于 2018 年 5 月 21 日开票，于

6 月起在国家大剧院进行首轮演出,7 月开启全国巡演。

在这个全部由非专业歌唱演员组成的坡芽歌书合唱团中,有多位成员毕业于文山学院。其团长黄祥就是文山学院艺术学院的优秀毕业生。而在文山学院,同样有一个由在校学生组成的坡芽歌书合唱团,为传承弘扬坡芽歌书文化提供了人才支撑梯队。

传承坡芽歌书文化是文山学院弘扬民族民间文化的一个缩影。文山学院充分挖掘文山丰富的民族民间文化资源,让更多的民族民间文化进入大学课堂,融入学生的血脉之中。

一言以蔽之,滇黔桂石漠化地区深度贫困县的各级党委、政府应该加强"顶层设计",把"非遗"与精准扶贫攻坚工作紧密结合,积极探索"精准扶贫、技能就业"的"非遗"帮扶模式,通过技术传授和技艺培训,探索出以"非遗"手工艺加工为依托,带动贫困人员创业就业增收的新路子。要加强"非遗"衍生产品的研发设计、市场拓展等能力建设,不断引导扶持企业走向规模化、产业化、专业化发展。对"非遗"项目的文化创意产品,必须走时尚化、国际化的路子,为脱贫产业拓宽增收渠道,将"非遗产业"转化为商品,让"非遗产业"成为精准扶贫的"造血机"和"增长极"。

南盘江流域融入"一带一路"发展研究

岑大明

(贵州省黔西南州政府经济发展研究室)

"一带一路"是中国实施对外开放的国家战略,是借用古代"丝绸之路"的历史符号,搭建成国际合作平台,积极发展与沿线国家的经济合作伙伴关系,共同打造政治互信、经济融合、文化包容的利益共同体、命运共同体和责任共同体。南盘江流域不仅具有融入"一带一路"的区位优势,还具有加快融入"一带一路"的资源优势和政府优势。融入"一带一路"发展,可共享国际国内开放市场,促进南盘江流域资源开发,拉动区域经济加快发展。

第一,融入"一带一路"是南盘江流域借力发展的最佳选择。南盘江流域地处滇、黔、桂三省(区)结合部,流域面积 54 900 平方千米,流域人口近1 000 万人,贫困人口约 100 万人。由于地处边远,交通闭塞,封闭落后,自我发展能力弱,经济发展相对滞后。南盘江流域要实现区域脱贫、区域振兴、同步小康,必须融入"一带一路"重大开放战略,在打开山门、全面开放中获得发展的新机遇、新动力。一是获得开放的市场带动。市场是拉动经济发展的原动力,"一带一路"是国家实施对外开放的重大创举,以发展与沿线国家的经济合作伙伴关系为重点,全面扩大国际产能合作,带动中国制造和中国服务走出去。南盘江流域融入"一带一路",便能参与国际产能合作、经济贸易,从中分享国际市场大"蛋糕",获取国际商品市场份额,带动南盘江流域各类产业产品的开发与发展。二是获得巨大的投资拉动。南盘江流域是欠开发、欠发达地区,基础设施、产业发展投资严重不足,流域发展迫切需要投资拉动。"一带一路"是聚集利用外资的重要平台载体,南盘江流域融入"一带一路"发展,将拓宽融资渠道,有效提高外资引进的总量和质量,获取国际投资的份额,利用外资拉动南盘江流域加快开发。三是获得充裕的人才推动。南盘江流域人才匮乏是不争的事实,经济要加速、产业要发展,必须有一支强有力的人才做支撑。南盘江流域融入"一带一路"发展,便可参与享受国际人才供需调节,流域各类人才需求，必将使国际充裕的人才资源向流域流动，解决流域人才匮乏的问题，推动流域产业发展。

第二，南盘江流域具有融入"一带一路"的有利条件和优势。南盘江流域处于"丝绸之路经济带"上，同时又是中国西南部融入"21世纪海上丝绸之路"的前沿，具有融入"一带一路"发展的有利条件和自身优势。一是区位优势明显。虽然南盘江流域交通条件没有全面改善，但从地理空间上看，区位优势依然明显。一方面，南盘江流域地处中国南部滇、黔、桂三省（区）结合部，处于昆明、贵阳、南宁三个省会城市经济圈辐射范围内和"丝绸之路经济带"上。另一方面，南盘江流域是中国西南部进入南亚、东南亚的前沿，距上海、广州、福州等"21世纪海上丝绸之路"重要港口和枢纽机场不到1 000千米，1 000千米以内聚集了重庆、海口、深圳、湛江、珠海、香港、澳门等重要港口城市，南盘江红水河水运通道进入珠海仅1 280千米，为融入"海上丝绸之路"创造了有利条件。二是资源优势突出。农业资源丰富，山地面积广阔，海拔落差较大，立体气候明显，是发展山地特色高效农业的宝地；矿产资源富集，储藏着煤炭、黄金、铝、锌、锡、铟、铊、镉等上百种矿产，黄金、铝、锌、锡、铟、铊、镉等储量全国第一，贵州省黔西南州被授以"中国金州"，云南被称为"有色金属王国"，是发展山地新型工业的宝地；旅游资源独特，峰林、峡谷、溶洞等自然景观星罗棋布，沿江有独特多姿的峡谷风光、历史沧桑的古渡码头、各具特色的沿江小镇、各显风情的布依寨、神秘多彩的民族文化等，是发展山地全域旅游的宝地。南盘江流域优越的资源组合，为融入"一带一路"实施产业全面开放提供了资源优势。三是政策优势叠加。南盘江流域系贫困人口聚集区、少数民族人口聚集区，享有众多国家脱贫攻坚、民族区域发展等政策。2012年国发2号文件《国务院关于进一步促进贵州经济社会又好又快发展的若干意见》赋予贵州省财税、投资、金融、产业、土地、人才、对口支援等诸多扶持政策；2015年国务院批复的《左右江革命老区振兴规划（2015—2025年）》将南盘江流域全部纳入规划，提出"进一步加大扶持力度，着力加强基础设施和发展特色产业，打造产业集聚、经济繁荣的活力老区"；2016年12月国务院正式印发实施的《"十三五"旅游业发展规划》，将南盘江流域"滇、黔、桂民族文化旅游区"纳入全国重点培育的20个跨区域特色旅游功能区。众多国家层面的扶持政策在南盘江流域叠加，为融入"一带一路"吸引利用外资创造了优越的政策环境。

第三，加快推进南盘江流域特色产业融入"一带一路"发展。南盘江流域是一块有待深度开发的绿色宝地，要充分利用区位优势、资源优势、政策优势，融入"一带一路"，实施全方位产业开放，既要"请进来"利用外资推进山地特色产业发展，又要"走出去"推进山地特色产品出口。一是推进山地农业融入"一带一路"发展。南盘江流域传承着深厚的农耕文化和悠久的农耕文明，应充分利用流域山地农业资源、立体气候优势，全面实施山地特色农业对外开放，强化流域产业区域化布局、专业化分工，全产业链推进薏仁米、中药材、食用菌、精品水果、精品干果等农业特色化发展、标准化建设、品牌化经营，着力打造全国山地精品农产品出口基地。二是推进山地工业融入"一带一路"发展。充分发挥南盘江流域资源优势，加快推进以资源深度开发为重点的对外开放，利用外资推进流域资源的生态化、产业化开发。用好《左右江革命老区振兴规划（2015—2025 年）》支持地方发展自备电的政策优势，坚持区域资源整合利用、优化配置、互济发展，走"煤电网产"融合发展之路，整合流域煤炭资源，发展流域地方电力，做强地方电网，培育区域地方电价优势，开展对外合作，推动流域矿产资源全产业链开发，共建有色金属工业产品出口基地。大力发展以贵州木纹石为重点的特色建材业，以薏仁米、油茶、糯米等精深加工为重点的农副产品加工业，以民族服饰为重点的民族手工业，推进一批山地特色产品出口创汇。三是推进山地旅游融入"一带一路"发展。充分发挥黔西南州作为国际山地旅游大会永久承办地的平台作用，加快南盘江流域山地旅游对外开放，坚持区域旅游资源统筹，联合编制南盘江千里精品旅游线开发规划，高端策划包装一批高质量的旅游项目，出台促进南盘江流域全域山地旅游发展配套政策，加大南盘江流域旅游项目国际化招商力度，推进南盘江流域旅游业加快发展。紧紧围绕"一带一路"沿线国家，加大南盘江流域旅游宣传推介力度，加快发展跨国旅游，推进旅游产品"走出去"，吸引国外游客"走进来"，将南盘江流域打造成为面向南亚、东南亚开放的国际山地旅游聚集区。

第四，构建推进南盘江流域融入"一带一路"发展联动机制。南盘江流域是地理空间、资源组合、自然条件相互联系和相互制约的区域，只有坚持区域统筹、联动发展，推进资源互补、产业互配、信息互通、市场互济，增强区域发展竞争优势，才能有效地融入"一带一路"发展。一是联动推进立体交通建设。充分利用《左右江革命老区振兴规划（2015—2025 年）》《国务院关于进一步促进贵州经济社会又好又快发展的若干意见》，以及贫困山区、民族地区的政策支撑，联合推进南盘江流域铁路、公路、水路、航空等交通基础设施建设，构建南下"两广"、北上贵阳、西出云南的立体快速交通体系，主动融入"一带一路"骨干交通网。当前，特别是要联手加快推进几条重要通道建设：推进兴义至盘县、兴义至百色高速铁路，兴义至永州铁路建设，构建南盘江流域的铁路枢纽；推进贞丰经册亨至隆林高速公路建设，打通南盘江融入珠三角、东南亚经济圈的公路快速通道；推进兴义经文山至河口高速公路建设，打通南盘江融入滇西经济圈的公路快速通道;推进红水河水运航道龙滩、岩滩千吨级过船设施建设,打通南北盘江出海水运大通道;推进南盘江流域各地州机场互通航线,加快国际航线开发,逐步开通"一带一路"沿线国家客货航线,打开空中开放走廊。二是联动推进发展平台建设。南盘江流域融入"一带一路"发展,需要精准谋划流域发展定位,创新构建支撑流域区域统筹发展的共享平台。南盘江流域既是中国西南部南下出海的前沿,又是珠江流域的重要生态功能区,南盘江流域的发展既要考虑流域加快发展、同步小康,又要兼顾生态建设、可持续发展,守好发展和生态两条底线。这就要求南盘江流域在发展定位上,要积极探索产业发展与生态建设相融合的生态经济发展之路。近年来,黔西南州按守好"两条底线"的要求,充分利用立体气候资源优势,全力推进"两江一河"立体生态经济带开发,即:在沿南北盘江开发千里精品旅游线、在低热河谷海拔 800 米以下地带开发千里精品水果产业带、在海拔 800 米以上区域开发千里干果产业带,既推进了产业发展,又促进了生态建设。黔西南州"两江一河"立体生态经济带发展定位,可以作为南盘江流域产业发展定位,建议南盘江流域各地市联合向国家层面申报创建全国立体生态经济示范区,将其建设成为融入"一带一路"发展的开放平台。三是联动推进合作机制建设。南盘江涉及的三省(区)各地州,应充分发挥南盘江流域区位、资源、生态、政策等优势,坚持区域化整体开发,建立科学有效的区域合作联动开发机制,合力打造中国西南部立体生态经济示范区。建议构建产业规划联动机制,坚持区域统筹,根据各地市资源特点,共同编制南盘江流域产业发展规划,力求各地市产业发展规划相互协调、相互补充、联动发展,增强区域产业发展的整体竞争力。建议建立南盘江流域大交通体系建设联动机制,各地市联合编制盘江流域铁路、公路、水路、航空等立体交通建设规划,共同争取中央支持,推进南盘江流域内通外联大交通网络建设。建议构建生态环境治理和保护联动机制,各地市联合实施南盘江流域生态环境综合治理,共同保护南盘江流域的绿水青山,培育区域发展的后发优势。建议构建市场共享联动机制,各地市加快建立资源互济、品牌共享等市场共享机制,规避恶性竞争、无序竞争,共同打造区域产业品牌,推动南盘江流域产业集群形成。

总之,南盘江流域具有融入"一带一路"的区位条件、资源条件和政策优势,推进南盘江流域融入"一带一路"发展,将有力推动南盘江流域加快发展、助推流域脱贫攻坚,实现同步小康。只要坚持区域统筹,强化区域优势培育,切实推进山地特色农业、山地新型工业、山地全域旅游全面开放,积极主动融入"一带一路"发展,联合推进立体交通、发展平台、合作机制三大建设,定能推动南盘江流域的全面振兴。

【参考文献】

[1] 国家发展改革委，外交部，商务部．推动共建丝绸之路经济带和21世纪海上丝绸之路的愿景与行动［R］．2015.

[2] 李克强．2018年国务院政府工作报告［R］．2018.

[3] 国务院．国务院关于进一步促进贵州经济社会又好又快发展的若干意见（国发〔2012〕2号）［R］．2012.

[4] 国家发展改革委．左右江革命老区振兴规划（2015—2025年）［R］．2015.

[5] 国务院．"十三五"旅游业发展规划［R］．2016.

北盘江—红水河水运发展及展望研究

赵光辉[1]　朱谷生[2]　沈凌云[3]

(1. 曲靖市社会科学院；2. 贵州财经大学公共管理学院；

3. 曲靖师范学院学报编辑部)

一、北盘江—红水河水运发展评估

（一）北盘江—红水河水运现状

北盘江是珠江流域西江水系的一级支流，发源于云南省曲靖市沾益区马雄山西北麓，流经云南省宣威市，至都格进入贵州省境，向东南流经茅口、盘江桥、白层至望谟县之蔗香两江口，与南盘江汇流后入红水河。北盘江全长442千米，其中贵州境内长296千米。北盘江流域面积26 590平方千米，其中贵州境内20 982平方千米，流域面积大于1 000平方千米的一级支流有新屯河、拖长江、可渡河、乌都河、麻沙河、打邦河、红辣河、大田河等8条。其中拖长江口以上称革香河，长124千米，平均比降7.5‰，均属云南省。可渡河口以上为上游，长146千米，平均比降8.87‰。拖长江口至可渡河口（都格）为云贵两省界河，河段长23千米，平均比降16.4‰。本河段滩多流急，两岸多乱石堆积，水面宽7～40米。可渡河口至打邦河口为中游，长189千米，平均比降2.99‰。本河段有虎跳石滩、罗海棠滩、构皮滩、高坎滩等大小滩险14处，其中高坎滩长4.5千米，落差达57.5米。本河段多为高山峡谷，水面宽20～60米。打邦河口以下至蔗香两江口为下游，长107千米，平均比降0.65‰，有摆龙滩等大小滩险69处。本河段河道开阔，水流平缓，水面宽50～150米。

目前，北盘江的董箐枢纽至两江口航道已达到四级航道标准，航道长103千米，其中白层至两江口航道规划为全国内河高等级航道。董箐枢纽至白层18千米航道维护尺度为1.6米×30米×300米（单线，水深×直线段宽度×弯曲半径，下同）。白层至两江口85千米航道维护尺度为1.6米×50米×330米（双线）。龙滩枢纽按坝前375米水位运行，其中董箐枢纽至坝韦滩尾45千米处于龙滩水库回水变动区，坝韦滩尾至两江口 52 千米处于龙滩水库常年库区。

红水河包括南盘江、北盘江汇流处的两江口至柳江的三江口河段，全长 656 千米，落差 254.5 米，平均坡降 0.387‰，流域面积 77 650 平方千米。红水河河床一般宽 150 米，最宽 350 米。红水河较大支流有蒙江、曹渡河、布柳河、赐福河、刁江、清水河等。目前，红水河从上至下已建成龙滩、岩滩、大化、百龙滩、乐滩、桥巩等 6 座梯级电站，桥巩水利枢纽以上河段已成为连续渠化的库区航道，淹没了大部分河段的碍航滩险，较大地改善了河流的航行条件。

红水河的两江口至石龙三江口段航道规划为全国内河高等级航道，已达到四级航道标准，航道长 656 千米。其中，两江口至曹渡河口为贵州省与广西壮族自治区的界河，航道长 107 千米，处于龙滩枢纽常年库区，航道维护尺度为 1.6 米×50 米×330 米；曹渡河口至石龙三江口位于广西壮族自治区境内，航道长 549 千米，航道维护尺度为 2.5 米×50 米×330 米，其中曹渡河口至桥巩枢纽坝址河段已成为连续渠化的库区航道，桥巩枢纽坝址至石龙三江口河段仍处于天然状态。

红水河枢纽发展。目前，红水河从上至下已建成龙滩、岩滩、大化、百龙滩、乐滩、桥巩等 6 座梯级，其中龙滩枢纽没有通航设施，岩滩枢纽建有 250 吨级升船机，大化、百龙滩、乐滩、桥巩等枢纽建有 500 吨级船闸。岩滩枢纽 250 吨级垂直升船机的承船厢有效尺度为 40 米×10.8 米×1.8 米（长×宽×门槛水深，下同），按一次通过 1 艘 250 吨级船舶建设，设计年双向货运量 180 万吨。大化、百龙滩、乐滩、桥巩等 4 座枢纽 500 吨级船闸的闸室有效尺度为 120 米×12 米×3 米，近期按一次通过 1 顶 2×250 吨级船队，设计年双向货运量 180 万吨；远期按一次通过 1 顶 2×500 吨级船队，设计年双向货运量 670 万吨。

（二）北盘江—红水河航道滩险①发展

1. 北盘江的险滩发展

当龙滩枢纽按坝前375米水位运行时，龙滩水库正常蓄水位与其上游的董箐枢纽相衔接，天然状态下的碍航滩险被淹没；当龙滩枢纽的坝前水位下降到死水位运行时，已淹没滩险又可能恢复碍航。董箐枢纽至坝韦滩河段为龙滩水库回水变动区航道，航道长45千米，共有滩险19个，分别是白层滩、这洞滩、平赖滩、坝坊滩、坝坊下滩、岩赖滩、坝油滩、芭蕉滩、龙渡滩、里便滩、喜眉滩、坝社滩、扯平滩、扯平下滩、爱上滩、竹山滩、乐园滩、乐园下滩、坝韦滩。坝韦滩至两江口为龙滩枢纽常年库区，水面宽阔、水深较大，淹没了全部滩险，通航条件良好。经过多年系统的治理，北盘江的白层滩至坝尾滩河段已达到通航500吨级船舶的四级航道标准，但还不能满足通航1 000吨级船舶的三级航道标准。

2. 红水河险滩发展状况

红水河的两江口至龙滩枢纽坝址135千米处于龙滩枢纽常年库区，天然状态下的碍航滩险全部被淹没，已成为深水库区航道。龙滩枢纽坝址至石龙三江口的5座水利枢纽中，除桥巩枢纽与其上游乐滩枢纽死水位衔接外，其他枢纽基本是库区正常蓄水位与其上游枢纽相衔接。当各枢纽的坝前水位降落在死水位运行时，龙滩、岩滩、大化、百龙滩等枢纽坝下部分航段由通航条件良好的

---

① 根据滩险的河床组成分为石质滩险和沙卵石滩险，石质滩险可根据滩险成因分为基岩滩、崩岩滩、溪锥滩、礁石滩等类型。（1）石质滩险。①基岩滩：基岩滩在峡谷河段产生峡谷急流，河槽狭窄，流急、浪大，滩段比降大，进出口产生跌水坎，一般是中洪水期碍航；在宽阔河段形成过渡性浅滩、岔流滩、散乱或不定型浅水段等。这类滩险暗礁密布，航槽不清，航道弯曲、狭窄，以枯水期滩险居多。②崩岩滩：崩岩滩束狭河谷，形成卡口，产生剪刀水，滩段流急、浪大，滩尾两岸流态紊乱，崩岩落入河中形成暗礁碍航。③溪锥滩：溪锥滩的形成与溪沟的地质、构造、土质、植被、降雨、人类活动及干支流深切程度等有直接的关系。在山区，溪沟的谷坡陡峻，纵坡很大，如遇山洪暴发，导致山体滑坡或岩嘴坍塌，石块滚入沟底后会被山洪冲出沟口。冲积锥的形成，有的是荒溪中冲出的洪积物逐年堆积、发展而成，有的是罕见的一两次山洪造成的，后者具有较大的石块，在一般年份中则比较稳定。溪锥滩的冲积锥侵占河床而形成碍航河段。北盘江的坝油滩当属该类滩典型。比较发育的溪锥滩几乎将河流阻断，河床过流断面被严重束窄，使枯中洪水期泄水面积不足，滩头产生跌水坎，滩段落差大，滩尾两侧常形成回流、泡漩等险流。④礁石滩：谷坡坍塌或溪水中大的石块，被洪水冲出溪口后，又被干流水流乘势搬运至河口下游一定距离，在搬运过程中，块石棱角被打磨，呈浑圆状，当遇到河流中洪水主流的转向段、河道突然放宽和峡谷出口等情况时，石块会停止运动，逐渐堆积形成新的碍航滩险。（2）砂卵石浅滩。由于南、北盘江年内流量变化大，受河床形态影响，各级流量下沿程流速变化较大，较大的流速变化使得沿程砂卵石推移质输沙率变化很大，极易在宽浅河段堆积成滩，从而形成不良过渡段、岔流、不规则浅水段等不同类型砂卵石浅滩。在中洪水期，航槽不易分辨，枯水期水流分散，航宽、航深不足，船舶航行困难。

库区航道恢复到天然的山区航道,沿线已淹没的滩险又可能恢复碍航。据统计,红水河龙滩枢纽以下库区共有滩险 43 处,自上游往下游分别是岩滩水库的龙滩、包谷滩、六排滩、瓦窑滩、巴棉滩、八打滩、六佰滩、上丘英、下丘英、云榜滩等 10 个滩险,大化水库的侧滩、永滩、磊滩、班夫滩、拉铝滩、八移滩、纲滩等 7 个滩险,百龙滩水库的流空滩、大马滩、小马滩、颇买滩、镰刀滩、大黄牛滩、大湾滩、拉之头滩、百龙滩坝上等 9 个滩险,乐滩水库的百龙滩、红渡桥、定庙滩、敌锡滩、北绞滩、上张伞滩、张伞滩、张伞大石滩、龙湾滩、小糯米滩、乱石滩等 11 个滩险,桥巩水库的三坳滩、拉好滩、大勒喉滩、小勒喉滩、古滩、黄滩等 6 个滩险。红水河各水库内多为基岩滩,有少量砂卵石滩。滩险河段总长度约为 48 千米。经过系统治理,红水河的龙滩至黄滩河段已达到通航 500 吨级船舶的四级航道标准,其中 30 个滩险达不到通航 1 000 吨级船舶的三级航道标准。

(三)北盘江—红水河跨河桥梁概况

根据"珠江水系主通道跨河桥梁技术标准状况表(贵州段)"和"红水河曹渡河口至石龙三江口跨河桥梁通航主要技术参数表"等相关调查资料,北盘江的坝草至红水河的石龙三江口段航道共有跨河桥梁 24 座,从桥梁的通航净高看,大于 10 米(含 10 米)的桥梁有 16 座,大于 8 米(含 8 米)小于 10 米的桥梁有 7 座,小于 8 米的桥梁有 1 座。从桥梁通航孔的通航净宽来看,所有桥梁的通航净宽大于 55 米,其中大于 110 米的桥梁有 2 座,桥梁通航净宽都满足通航 2×1 000 吨级船队的单向通航要求。北盘江—红水河跨河桥梁情况详见表 1。

表 1 北盘江—红水河(坝草至石龙三江口)跨河桥梁现状表

序号	桥梁名称	结　构	设计最高通航水位(米)	通航孔净高(米)	通航孔净宽(米)
1	贞丰县百层大桥	拱桥	372	20	100
2	岩架大桥	梁桥	408.5	9	120
3	罗天乐大桥	梁桥	400.22	14	90
4	天峨县龙滩大桥	拱桥	241.54	12.86	85
5	天峨公路大桥	拱桥	235.97	14.6	120
6	东兰大桥	拱桥	228.7	13.8	
7	大化瑶族自治县巴龙大桥	拱桥	224.27	9.8	100
8	岩滩大桥	拱桥	162.55	16.5	95

续　表

序号	桥梁名称	结　构	设计最高通航水位（烛）	通航孔净高（米）	通航孔净宽（米）
9	大化大桥	拱桥	136.3	10.7	80
10	大化二桥	拱桥	136.2	14.9	75
11	临江公路特大桥	梁桥	131.7	14.2	
12	水南高速公路红水河大桥	梁桥	129.48	8	
13	都安瑶族自治县红渡大桥	拱桥	123.7	10	80
14	都安瑶族自治县龙湾铁索桥	其他	121.1	14.4	
15	忻城红渡大桥	拱桥	108.27	11	80
16	来宾溯社铁索桥	其他	88.62	8	
17	来宾马鞍大桥	梁桥	86.09	8	
18	里兰铁索桥	铁索桥		8	
19	来宾迁江大桥	拱桥	83.36	7	80
20	磨东高速公路大桥	拱桥	79.5	10	70
21	来宾二桥	梁桥	79.2	10	90
22	来宾公路大桥	拱桥	78.48	9.5	95
23	来宾铁路一桥	梁桥	77	10	75
24	来宾铁路二桥	梁桥	76.94	10	92

（四）北盘江—红水河港口发展

目前，北盘江的白层至红水河的石龙三江口段航道上共有港口6个，分别是贵州省的贞丰港、望谟港、册亨港、罗甸港和广西壮族自治区的河池港、来宾港，共有码头泊位50个，年综合通过能力740万吨、310万人次。红水河的龙滩枢纽通航建筑物尚未建成，北盘江的董箐枢纽至龙滩枢纽间仅能实现库区通航；龙滩枢纽至石龙三江口段航道刚实现250吨级船舶的全线通航，加之北盘江—红水河的码头设施刚起步建设，港口集疏运道路等级偏低，致使北盘江—红水河港口的港口运营规模普遍较小。北盘江—红水河港口现状详见表2。

表2　北盘江—红水河港口现状表

序　号	港口名称	生产用泊位数（个）	主要用途	通过能力	
				货物（万吨）	客运（万人次）
1	贞丰港	5	货运	250	
2	望谟港	1	客、货	70	110
3	册亨港	2	客、货	30	20
4	罗甸港	4	客、货	127	180
5	河池港	3	货运	60	
6	来宾港	35	货运	203	
合计		50		740	310

资料来源：来宾港的泊位数、通过能力仅包括其位于红水河的忻城、合山、来宾等3个港区。

（五）北盘江—红水河运输服务

1. 船型及营运组织现状

近年来，北盘江—红水河四级航道的建成投产，促进了水路客货运输的发展和船舶大型化。北盘江—红水河水路运输以机动船为主，机动船具有灵活、机动、速度快、操纵性能好等特点，较好地适应了北盘江—红水河滩多流急的自然条件和货物批次多、单次量少的运输市场发展需要。当前，龙滩库区有贵州金州港船舶运输有限公司建造的25艘500吨级和1000吨级船舶投入运营，船型尺度分别是55.0米×10.8米×1.6米（总长×型宽×设计吃水，下同）和67.5米×10.8米×1.6米；龙滩枢纽以下航道水路货物运输以300～500吨级机动船为主，其中龙滩枢纽至来宾市河段有少量100吨级小型采砂船，还有部分普通客船开展短途旅客运输，龙滩枢纽以下河段500吨级机动货船船型尺度为42.2米×9.0米×2.2米。

2. 货物运输现状

由于龙滩枢纽尚未建成通航建筑物，贵州省运输船舶无法通过龙滩枢纽，致使北盘江—红水河水运以龙滩为界分为上、下两段航道分区通航，难以实现黔、桂两省（区）水运货物的直达运输。近年来，北盘江—红水河的水路运输发展较为缓慢，水路货运量规模也较小。据统计，贵州段水路完成货运主要货类为煤炭、木材、石油、粮食和其他；广西段水路主要货类为煤炭、非金属矿石和其他。

二、北盘江—红水河现状评估与主要问题

(一) 北盘江—红水河现状评估

1. 北盘江—红水河水运是实现流域水资源综合利用的重要内容

北盘江—红水河水资源较为丰富,能够满足沿江两岸的工农业生产及生活、发电、航运、旅游、养殖等综合利用的发展需求。发展水运是北盘江—红水河水资源综合利用的重要内容,梯级开发与航道整治相结合,综合开发和有效利用北盘江—红水河水资源,既能发挥北盘江—红水河水资源的发电、防洪、灌溉等效益,也能发挥北盘江—红水河水资源的运输通道作用,满足地区经济社会发展的运输需求。发展北盘江—红水河水运,是坚持我国水资源综合利用的基本方针,实现北盘江—红水河水资源综合利用效益最大化的客观要求。

2. 北盘江—红水河水运是沿江经济社会发展的重要基础设施

北盘江—红水河两岸煤炭、石灰石等矿藏资源丰富,但经济发展相对滞后。发展北盘江—红水河水运,将有效缓解流域内因交通基础设施能力不足对沿江矿产资源开发利用、旅游业发展的制约,极大地改善沿江地区投资环境,夯实招商引资的基础条件,促进沿江两岸经济发展。因此,北盘江—红水河航运不仅服务于腹地矿产资源的开发利用,还为沿江两岸工农业生产资料、产成品运输提供了运输保障,成为沿江地区经济社会发展的重要基础设施。

3. 北盘江—红水河是贵州水运出省、南下珠江的重要通江达海通道

北盘江—红水河是贵州省黔西南、黔南地区连接珠江沿线各地市及珠江三角洲地区的天然纽带,是贵州水运出省、南下珠江三角洲地区的通江达海运输通道。推进北盘江—红水河航道的开发利用,有利于促进贵州省与珠江沿线其他省、区间的经济合作与物资交流,有利于发挥贵州省的矿藏资源丰富的优势,拓展与周边地区的经济合作空间和领域,增强北盘江—红水河流域及贵州省的经济社会可持续发展后劲。

4. 北盘江—红水河水运是改善沿江居民的生产生活条件和促进山区脱贫致富的重要依托

北盘江—红水河流域高原山地较多,山地、丘陵、石山约占总面积的90%,喀斯特地貌生态环境较为脆弱,沿岸聚集着苗族、瑶族、壮族、彝族等少数民族,水运是沿河两岸陆路交通不便地区居民出行的重要方式。发展北盘江—红水河水运,不仅有效地利用了自然河流资源,在一定程度上提高和改善了陆路交通不便的老少边穷地区居民的生产生活条件和对外交通运输条件,而且还增加了就业机会和居民收入,促进了社会和谐稳定,在实现人口、资源、环境的和谐发展中发挥着重要作用。

（二）北盘江—红水河水运的主要问题

近年来，北盘江—红水河水运得到了一定发展，但按照国家交通强国战略要求，与腹地经济社会发展对水运需求相比，仍然存在着一些比较突出的问题。

1. 对北盘江—红水河水运发展重要性认识不足

虽然各级政府高度重视北盘江—红水河水运发展，但各方对如何正确处理航电之间的关系没有真正形成共识，航电结合、综合利用的指导思想在实际工作中没有得到体现。同时，通航设施建设迟缓，设计建设标准不能满足航运需求，同时在建设各类园区和产业集聚时，缺乏对北盘江—红水河水运方式的统筹考虑，严重影响了水运潜能和优势的充分发挥。

2. 北盘江—红水河水运资源没有得到充分利用

已建成的南北盘江、红水河水运通道年理论通过能力可达 2 000 万吨，如果对省内乌江、赤水河、清水江、都柳江等水运通道进行系统建设，北盘江—红水河水运通道的通过能力将大大突破。目前，北盘江—红水河水运年完成的货物运输量与"一带一路"建设、三省水运发展要求以及潜在的资源优势不相对应。

3. 碍航闸坝严重制约着水运发展

目前，贵州省主要通航河流除赤水河可以直接通长江外，乌江、清水江、南北盘、江红水河、都柳江等近 1 100 多千米航道受水电站闸坝未建通航设施影响，都不能直通。其中，红水河断航 36 年，乌江和清水江断航 10 年，出省水运通道全部变成了区间通航，北盘江—红水河水运的中长途运输优势几乎丧失，通江达海运输任务难以实现。

4. 北盘江—红水河水运投入严重不足

受水运投融资渠道不畅通等因素影响，与其他运输方式发展速度比较，北盘江—红水河水运投入明显不足。新中国成立 60 多年来，贵州、云南和广西水运建设投入的资金不足，按照航道平均计算，每千米投入资金不足 55 万元，致使三省 70% 以上的航道只能通航 100 吨级及以下的船舶，港口码头设施 90% 利用自然岸坡和人工装卸作业，运输船舶标准化程度低、技术经济性能差。

5. 北盘江—红水河水运缺乏高效的联动机制

北盘江—红水河水运发展涉及和水电站建设的协调，及与通航河流下游三个省（区）的协调，但长期缺乏联动高效的协调机制，难以形成合力。

（1）龙滩枢纽（水电站）未同步建设通航设施，致使西南水运出海中线通道"不通"。北盘江—红水河高等级航道上共规划有 6 座梯级，其中龙滩水电站是红水河梯级开发的龙头控制性工程。2008 年底，龙滩枢纽全部机组投产发电，但由于贵州省与大唐电力公司在水电站蓄水位方案（375 米和 400 米）、移民搬迁和发电收益分配等方面没有形成统一意见，使得龙滩枢纽未能与水电站同步建成通航建筑物。虽然龙滩枢纽下游的岩滩、大化、百龙滩、乐滩、桥巩等5座枢纽均已建成通航建筑物，但由于龙滩枢纽的碍航，致使贵州省船舶只能在龙滩库区内开展短途客货运输，无法实现南下经济发达、资源匮乏的粤港澳地区，库区两岸丰富的矿藏资源优势难以转化为经济优势。龙滩枢纽的"不通"已成为贵州省水运南下粤港澳地区的控制性碍航节点，成为西南水运出海中线通道即北盘江—红水河高等级航道全线贯通的"瓶颈"。

（2）部分航段通航标准偏低，致使西南水运出海中线通道"不畅"。虽然红水河龙滩枢纽以下航段现已成为连续的渠化航道，但由于岩滩枢纽的通航建筑物仅有可通航250吨级船舶的升船机，以及大化枢纽可通航500吨级船舶船闸的上、下游引航道及渡槽，百龙滩枢纽可通航500吨级船舶船闸的下游引航道，都只能满足250吨级顶推船队的通航要求，致使红水河多处航段的通航标准偏低，存在多处碍航瓶颈，无法实现500吨级船舶的直达运输，制约着西南水运出海中线通道即北盘江—红水河航道功能整体效益和内河水运潜在优势的发挥。

（3）港口设施普遍落后。北盘江—红水河沿线港口岸线资源开发利用程度低，已有港口设施普遍落后、服务能力差。多数码头以自然岸坡为主，装卸设备少、装卸工艺落后，港口经营规模小；基本为简单的货物装卸，港口功能单一，整体服务水平低；港口的集疏运条件差，与公路、铁路等其他运输方式之间缺乏有效衔接，港口运输服务范围小。因此，北盘江—红水河的港口及水运还不能为腹地丰富的矿藏资源开发、沿江产业布局及发展提供高效、便捷的水运服务。

三、北盘江—红水河水运发展展望

北盘江—红水河两岸面临着与全国同步全面建成小康社会的新任务，面临着统筹城乡发展、落实交通强国战略新要求，面临着加快转变经济发展方式、构建现代产业发展体系的新机遇。未来一段时期，北盘江—红水河两岸各地将加快资源优势转化为经济优势的发展步伐，进一步提高对外开放水平。

（一）腹地统筹推进新型工业化发展，北盘江—红水河水运将大力提供运输保障

随着"一带一路"倡议的推进，交通强国战略进入实质推进阶段。新一轮西部大开发战略的实施，将使北盘江—红水河沿线各地进入加快发展期。因此，北盘江—红水河沿线应本着突出特色、调整优化、强化集群的原则，巩固提升煤炭、冶金等传统支柱产业，培育发展百亿元产业集群，打造千亿元工业园区，

迅速做大工业总量，提高产业核心竞争力；[1]充分发挥资源、区位优势和红水河水道作用，大力培育发展民族医药、汽车（机械）配件、铝精深加工、船舶修造等新兴产业，形成新的增长点。随着沿江产业带规模的扩大，外向型经济的发展壮大，腹地交通运输需求将大幅增长。由于沿江两岸地处高原地区，建设高等级公路、铁路的难度很大，且投资巨大，通过能力有限，因此，大多数东部转移来的企业和各类产业一般选择依水建设，城市发展也是依水而兴，老少边穷交通不便地区居民更视水路为其生活、出行的"生命线"，旺盛的客、货运输需要北盘江—红水河水运提供运输保障。

（二）加快推进沿线资源富集区开发建设，北盘江—红水河水运优势将尽显神通

北盘江—红水河腹地各类资源十分丰富，各地区将大力培植和发展特色资源产业，加快发展煤炭、有色金属、大理石等资源优势产业，形成产业积聚区，而大量的矿藏资源开发及其深加工产品运输是水路运输的适宜货物；沿江市县利用丰富的农、林业资源开发的特色蔬菜、瓜果、各类特色中药材及产品、林产品等，要求水运提供安全、高效、便捷的运输服务；旅游是腹地内各县重点开发的支柱产业，随着旅游资源的开发利用，水路客运量将会大幅度增长，要求航道及码头等设施满足水上旅游发展需要。

（三）完善区域综合交通运输体系，北盘江—红水河水运将加快发展

北盘江—红水河腹地资源的开发、利用，以及沿江两岸经济社会的发展，要求交通运输体系提高有效能力供给，克服交通"瓶颈"制约。随着腹地黔桂、湘桂铁路能力的扩大，以及G75、G210、G323等高速公路和省县际多条干线公路的建成通车，流域内陆路交通体系日趋完善，迫切要求加快相对滞后的北盘江—红水河水运发展，促进水路干支直达运输，进一步发挥水运的运能大、能耗低、占地少、对自然环境污染小的优势，满足沿江流域经济社会发展带来的重大件、大宗货物、集装箱和化危品等货物的中长途运输需要。[2]加快北盘江—红水河水运发展，既是完善区域综合交通运输体系的需要，也是发挥各种运输方式优势，形成既有竞争又相互配合的区域运输市场的需要。

（四）经济加速发展，北盘江—红水河经济带实现经济社会历史性跨越

未来一段时期，北盘江—红水河沿线各市县将加快经济社会发展，为全面建成小康社会打下坚实基础。六盘水市GDP将达到1 200亿元，年均增长16%以上，全社会固定资产投资5年累计达4 000亿元左右，年均增长30%以上；黔西南州GDP将达到660亿元以上，财政总收入突破143亿元、年均增长20%以上，全社会固定资产投资累计达到2 400亿元以上、年均增长30%以上；河池市GDP年均增长13%，财政收入年均增长15%，全社会固定资产投资年均

增长 18%，规模以上工业增加值年均增长 15%，四项指标比 2010 年翻一番；来宾市 GDP 年均增长 12% 以上，比 2010 年翻一番，财政收入年均增长 15% 以上，全社会固定资产投资年均增长 23% 以上。

（五）北盘江—红水河将拉动区域经济发展，加快推进"黔桂走廊经济带"和"红水河流域经济带"建设

北盘江—红水河沿岸市县将充分发挥资源富集优势，坚持资源优势与深加工能力相结合，提高资源的就地转化率，进一步构建形成煤炭、有色金属深加工、煤化工、建材等特色鲜明、优势突出的工业集群，将资源优势转化为现实的竞争优势，并积极引导优势产业向园区集聚，发展壮大园区经济，形成红水河流域工业园区产业集聚带。六盘水市大力扶持红桥、红果、水月、董地、鸡场坪、保田、大湾、汪家寨、发耳、玉舍、蟠龙、木岗、岩脚、郎岱等产业园区发展，力争建成 1 个国家重点工业园区、2 个省级工业园区和 12 个市级工业园区。黔西南州规划投资约 1 200 亿元建设 14 个工业园区，其中 6 个园区产值超过 100 亿元，4 个园区产值超过 50 亿元。河池市积极发展罗城、天峨、都安、大化等县域工业园区，加快培育东兰、巴马、凤山等特色产业园区，到 2015 年，打造 2 个年产值超 100 亿元的园区，2 个年产值超 50 亿元的园区，园区工业产值占全市工业总产值比重达 60% 以上。来宾市大力推进迁江工业园、凤凰工业园、河南工业园、兴宾区红河工业集中区、合山市产业转型工业园、武宣工业园、象州县石龙工业集中区、忻城县红渡工业园和金秀县桐木工业集中区，力争每个县都有一个以上 A 类工业园区，到 2015 年，工业园区总产值突破 1 000 亿元。

（六）北盘江—红水河发展将推动三省（区）利用国内外两种资源、两个市场，提高开放合作水平

北盘江—红水河沿线各市县将抓住西部大开发和东部产业转移的有利机遇，积极融入泛珠三角经济区和湘桂黔渝经济协作区，加强与珠三角和港澳地区的经贸往来，扩大招商引资规模和质量，积极引进国内外大企业、大集团、大财团等战略投资者，充分利用国内外资金、技术、市场等资源，大力发展内外联动、互利共赢的开放型经济，加快构建对内对外开放新格局。[3]加快推进出口商品结构多元化，大力培育新的贸易增长点。到 2015 年，河池市进出口总额达 13 亿美元；来宾市进出口总额达 5 亿美元，年均增长 24.4%。

（七）北盘江—红水河将推进三省（区）综合交通基础设施互联互通，为三地经济社会发展乃至西部地区经济社会全面发展提供运输保障

贵州省提出加快推进以快速铁路和高速公路为重点的交通基础设施建设，着力扩大路网规模，提高通达能力和通畅水平；推进红水河"黄金水道"建

设，按航道规划标准建设龙滩枢纽过船设施和改造岩滩枢纽过船设施，着力解决闸坝碍航和提升航道等级，完善水运配套设施，提高南下珠江的内河通航能力，加快形成连通内外、覆盖城乡、便捷、安全、高效的现代综合交通运输体系。广西提出以打造"一纵两横"三大综合运输通道为主体，构建规模适度超前、各种运输方式统筹协调的综合交通网络，初步形成基础设施完善、网络衔接一体、技术装备先进适用，[4]安全、畅通、便捷、高效、可持续发展的现代综合交通运输体系，基本满足"十三五""十四五"时期经济社会发展和国内外多区域经济合作对综合交通运输的新要求。

四、研究结论

（一）提升北盘江—红水河航道规划等级是必要的

北盘江—红水河流域既是资源富集地区，也是滇黔桂石漠化集中连片贫困地区。长期以来，因红水河部分梯级建设时未同步建成通航设施，北盘江—红水河不能实现全线畅通，水运的运能大、成本低等优势难以发挥。同时，陆路交通基础设施能力无法满足地区经济社会发展需要，交通基础设施能力不足成为长期制约地区经济社会发展的"瓶颈"。北盘江—红水河流域为与全国同步全面建成小康社会，需要加快把资源优势转化为经济优势，带来交通运输量的大幅攀升，所以，要求综合交通基础设施提供运输保障。北盘江—红水河流域地形以高山为主，生态环境脆弱，修建陆路交通基础设施难度高、投资多、对生态环境影响大。[5]北盘江—红水河航道是流域综合交通基础设施的重要组成部分，是贵州省南下珠江、沟通两广及珠江三角洲地区的重要出省水运通道，是贵州省实施工业强省和城镇化带动两大战略的重要交通支撑保障。北盘江—红水河水运可以有效弥补因陆路交通基础设施能力不足对地区经济社会发展的"瓶颈"制约。预计到 2020 年、2030 年、2040 年，北盘江—红水河水运量将分别达到 1 518 万吨、3 384 万吨、5 250 万吨，而其现有的四级航道的通航目标及通过能力将难以满足流域经济社会发展对水运的长远发展需要。近年来，贵州省人民政府高度重视和积极推动北盘江—红水河水运发展。2012 年 11 月批复的《贵州省内河水运发展规划》，将北盘江的董箐枢纽至红水河的曹渡河口段航道等级由《全国内河航道及港口布局规划》确定的四级航道标准提高为三级航道标准，为船舶大型化发展、进一步降低货物运输费用奠定了基础条件。因此，提升北盘江—红水河航道的规划等级和扩大其航道通过能力，是畅通黔桂、连接珠江三角洲地区水运大通道，更好地发挥水运的运能大、能耗低、占地少、对生态环境污染小等潜在优势，进一步提升水运服务能力和运输效益的需要；是提高水路运输资源的竞争力，与公路、铁路等运输方式共同构建网络设施配套衔接、便捷、高效、安全的综合交通运输体系的需要；是深入实施国家西部大开发战略，促进北盘江—红水河流域资源开发、区域内外经济合作与物资交流，为石漠化连片贫困地区全面建成小康社会提供运输保障的需要；是发挥水资源最大效益，保护流域内土地资源及生态环境，满足以人为本和经济社会可持续健康发展的需要。

（二）提升北盘江—红水河航道规划等级存在技术可能性

北盘江—红水河是我国水电基地之一，北盘江的董箐枢纽及红水河的龙滩、岩滩、大化、百龙滩、乐滩、桥巩等规划梯级已经基本建成。提升北盘江—红水河航道规划等级涉及现有通航建筑物的升级扩能、部分库尾段航道治理及部分跨河桥梁净空不足等因素。总体上看，提升北盘江—红水河航道规划等级，虽然存在着一定的工程技术难度，但通过设计、建设及科研等单位的联合攻关是可以解决的，在技术上总体可行。各水利枢纽改扩建通航建筑物技术上总体可行，库尾回水变动区按三级航道标准整治总体可行，航道的现有跨河桥梁通航净空尺度基本满足三级航道的通航要求，但仍有个别桥梁不满足通航要求。考虑到北盘江—红水河已经成为渠化航道，出现最高通航水位的历时将短于天然状态时间，加之水库蓄水后水流平缓，且以机动单船运输为主，加强桥梁航道段的通航安全管理并辅以必要设施，跨河桥梁净空尺度可基本满足三级航道的通航要求。

（三）提升北盘江—红水河航道规划等级具有经济合理性

航道是社会公益性基础设施，提升北盘江—红水河航道规划等级，有利于提升国民经济效益。北盘江—红水河航道及各梯级通航设施如按三级航道标准实施，既能进一步降低船舶运输费用，也能更好地满足流域经济社会发展需要。在完成北盘江—红水河航道规划期相同货运需求的前提下，三级航道将比四级航道标准实施更节约航道建设投资、日常维护费用、船舶运输费用等综合费用，有利于挖掘北盘江—红水河航道的发展潜力和更有效地发挥北盘江—红水河水运的规模运输效益，进一步改善沿江地区的交通运输条件和投资环境，更好地服务流域经济社会发展。因此，北盘江—红水河航道的三级航道规划方案优于四级航道规划方案，提升北盘江—红水河航道规划等级具有明显的经济合理性。同时，提升北盘江—红水河航道规划等级，也可提升船舶运输效益，降低船舶密度，提高航行安全性，具有明显的节能减排和规模化运输效益。

（四）提升北盘江—红水河航道规划等级需要加强相关协调工作

近年来，贵州省人民政府高度重视北盘江—红水河水运发展，多次组织有关部门、科研院所等单位就北盘江—红水河航道的升级扩能问题开展专题研究，并积极推进相关工作。总体来看，贵州省各级政府基本认可按三级航道标准规划建设北盘江—红水河航道。2012 年 8 月，广西壮族自治区交通运输厅在红水河航道提级和扩能调研工作的座谈会上表明：黔桂在"十三五""十四五"战略合作框架协议条件下，共同向交通运输部汇报，争取交通运输部支持。但广西壮族自治区人民政府对按三级航道标准规划建设红水河航道尚没有答复文件。2012 年 8 月，交通运输部《省部级领导来访接待纪要》中提出："建议贵州省开展专题研究论证工作，统筹考虑河道特性、水资源情况、流域经济社会发展需要，尤其要重视河道上已建水电通航设施改扩建的代价及技术可行性。部原则支持贵州省提出的规划调整建议。"总体来看，提升北盘江—红水河航道规划等级，既要做好贵州省、广西壮族自治区、水电站业主单位之间的协调工作，也要做好与国家高等级航道规划标准、水运交通主管部门之间的协调工作。

（五）相关政策建议

一是北盘江—红水河按三级航道标准建设涉及与不同层面相关规划的衔接、水利枢纽调度运行、个别桥梁改造等诸多问题，需要协调的部门较多，建议有关单位加强与相关规划、涉水相关部门及省区之间、业主之间的协调和衔接工作，积极推进提升航道规划等级的相关协调工作。二是当前提升北盘江—红水河航道规划等级的首要任务是争取按通航 1 000 吨级船舶的三级航道标准改扩建龙滩枢纽和岩滩枢纽的通航建筑物。龙滩枢纽没有同步建成通航设施，成为红水河全线贯通的关键环节；岩滩枢纽建有 250 吨级升船机，成为红水河全线畅通的"瓶颈"所在。当前，广西有关单位正在积极准备实施岩滩枢纽升船机改造升级工作。因此，建议有关单位与大唐国际发电有限公司、广西壮族自治区加紧磋商工作，争取按三级航道标准建设龙滩、岩滩的通航建筑物。三是北盘江—红水河按三级航道规划建设的资金需求量很大，资金筹措任务重，需要发挥各级政府和相关水电企业的积极性，保障航道建设资金的投入规模。[6]四是北盘江—红水河的各梯级通航设施升级扩能改造涉及面广、技术复杂，包括地质勘探、地形测量等基础资料准备和多工程方案的研究论证比选工作，项目前期工作周期长，建议贵州省在航道规划目标基本确定后，积极协调有关省区和有关业主单位及时开展相关前期工作。五是加快北盘江—红水河水运市场的培育与发展，积极引导水运市场有序、健康、可持续发展，为提升北盘江—红水河航道规划等级创造基础支撑条件。

【参考文献】

[1] 赵光辉，田仪顺，李莲莲，单丽辉. 我国水路交通服务发展成效及其战略 [J]. 水运管理，2015（7）.

［2］赵光辉. 长江经济带战略下水运物流研究——以乌江为例［J］. 物流技术，2015（12）.

［3］聂太广. 北盘江流域乡村旅游模式探析［J］. 理论与当代，2018（2）.

［4］罗志远，吴名剑，尹智力，谭剑波. 贵州省河流水系概况及基本特征分析［J］. 吉林水利，2017（12）.

［5］张建林，张兵. 北盘江的动与静［J］. 珠江水运，2016（11）.

［6］戴卫平，骆雪娇. 构建环南北盘江流域生态经济协作圈合作研究［J］. 兴义民族师范学院学报，2015（8）.

后　记

　　根据云南省社科联、贵州省社科联、广西壮族自治区社科联"南盘江流域发展论坛"组委会 2017 年曲靖会议的决定，2018 年度第四届"南盘江流域发展论坛"由文山壮族苗族自治州社科联具体承办。

　　2018 年 5 月 10 日，第四届南盘江流域发展论坛筹备会在文山举行，文山壮族苗族自治州社科联、曲靖市社科联、贵州省黔西南布依族苗族自治州社科联、广西壮族自治区百色市社科联的领导参会。云南省社科联党组书记、主席张瑞才到会指导并做重要讲话，对论坛的主题以及进一步提高论坛质量，不断扩大论坛的影响力提出了明确要求。强调论坛一定要坚持以习近平新时代中国特色社会主义思想为指导，坚持"以人民为中心"的研究导向，坚持创新、协调、绿色、开放、共享的发展理念，推进区域合作，促进南盘江流域融入国家发展战略，更好地服务南盘江流域经济社会发展。

　　本次论坛以"新时代南盘江流域的新使命——精准扶贫、精准脱贫"为主题，共征集到论文 200 余篇，经过初评、复评，并报云南省社科联、贵州省社科联、广西壮族自治区社科联审核同意，共评选出荣誉奖 4 项、一等奖 4 项、二等奖 9 项、三等奖 13 项。这些论文紧紧围绕主题，对南盘江流域精准扶贫、精准脱贫进行了深入的调查研究和剖析，对南盘江流域精准扶贫、精准脱贫取得的成效和经验做了科学总结。对难点问题做了细致分析，对南盘江流域如期实现脱贫，和全国一道全面建成小康提出了对策和建议。既有理论的深度，又有实践的力度，充分展示了社科工作者的责任担当。

　　2018 年 9 月 5 日至 7 日，第四届南盘江流域发展论坛在文山壮族苗族自治州举行，云南省社科联党组成员、副主席王建华，云南省扶贫办主任助理杨根全，中共文山州委常委、州委秘书长、宣传部部长杨廷友，贵州省社科联党组成员、秘书长刘丰泉，广西壮族自治区社科联副巡视员、秘书长何明，云南省社科联秘书长阮凤平等领导参加开幕式，文山州直各部门、各人民团体、企事业单位的主要领导出席论坛，聆听专家学者的真知灼见和意见建议。

　　本书的编辑出版得到了云南、贵州、广西三省区社科联和有关单位的关心和帮助。感谢云南省社科联党组书记、主席张瑞才，贵州省社科联党组书记、副主席包御琨，广西壮族自治区社科联党组书记、主席洪波！

感谢中共文山州委、州人大常委会、州人民政府、州政协、中共文山州委宣传部、曲靖市社科联、黔西南州社科联、百色市社科联、昆明市社科联、玉溪市社科联、红河州社科联！感谢文山州财政局、文山州扶贫办及州直各部门的支持和帮助，感谢中国大百科出版社领导和编辑！在本书的编辑过程中，云南省社科联秘书长阮凤平、科研部副主任金丽霞给予了极大的关心，文山州社科联李维金、王怀文、张友燕、王燕波、王文菊、李飞、何艾阳、聂迎春、何光才、龙周雅妮、何建萍参与编辑、校对，在此一并表示致谢！

由于时间紧，编者水平有限，书中难免存在疏漏之处，敬请读者批评指正并予以谅解。

编　者
2018 年 12 月